Ewige Weisheit

Teil 2

Gespräche mit
Sri Mata Amritanandamayi

Zusammengestellt von
Swami Jnanamritananda Puri

Übersetzung aus dem Malayalam von
M. N. Namboodiri

Mata Amritanandamayi Center, San Ramon
Kalifornien, Vereinigte Staaten

Ewige Weisheit – Teil 2
zusammengestellt von Swami Jnanamritananda

Publiziert von:
Mata Amritanandamayi Center
P.O. Box 613
San Ramon, CA 94583
Vereinigte Staaten

———————— *Eternal Wisdom 2 (German)* ————————

Erstausgabe vom MA Center: September 2016

In Deutschland: www.amma.de

In der Schweiz: www.amma-schweiz.ch

In Indien:
inform@amritapuri.org
www.amritapuri.org

Amma,

*Laß jede meiner Handlungen
eine Verehrung Deiner,
in völliger Selbsthingabe sein.*

*Laß jeden Laut, der über meine Lippen kommt,
das Singen Deines Mantras sein.*

*Laß jede Bewegung meiner Hände
ein Mudra der Verehrung sein.*

*Laß jeden meiner Schritte
eine verehrende Umrundung Deiner sein.*

*Laß all mein Essen und Trinken
Gaben für Dein heiliges Feuer sein.*

*Laß meine Nachtruhe
eine Verneigung zu Deinen Füßen sein.*

*Amma, laß all meine Handlungen,
und jede Bequemlichkeit,
eine Verehrung Deiner sein.*

Inhalt

Vorwort

Mahatmas (große Seelen), die fähig sind, das ganze Universum im Selbst (Atman) und Atman im Universum zu sehen, sind in der Tat selten. Aber selbst wenn wir sie als Mahatmas erkennen, mag es sein, daß sie nicht geneigt sind, mit uns zu sprechen, bzw. uns Ratschläge zu erteilen, da ihr Bewußtsein eingetaucht ist in die ewige Stille des Selbst. Deshalb ist es ein großes Glück für uns, wenn ein verwirklichter Mahatma dazu bereit ist, uns mit der sanften Liebe einer Mutter und dem unerklärlichen Mitgefühl eines Gurus Ratschläge zu erteilen und Disziplin zu lehren. Auf der ganzen Welt bewirken der darshan (der Anblick, Segen) von Sri Mata Amritanandamayi Devi und ihre weisen Worte Veränderungen im Leben von Hunderttausenden. Dieses Buch, so unvollständig es auch sein mag, ist eine kostbare Sammlung von Gesprächen zwischen Amma und ihren Schülern, Anhängern und Besuchern in der Zeit von Juni 1985 bis September 1986.

Die Weisheit der Mahatmas, deren Aufgabe es ist, die Welt emporzuheben, hat sowohl unmittelbare als auch ewige Bedeutung. Auch bei der Erläuterung von ewigen Werten, gehen sie auf die jeweilige Epoche ein, in der sie leben, und ihre Worte sind eine Antwort auf den Puls der Zeit.

Ammas unsterblichen Worte zielen darauf ab, Veränderungen in der Gesellschaft zu bewirken zu einer Zeit, in der der Mensch seine traditionellen Werte, seine noblen Ansichten und den inneren Frieden verloren hat. Die Verstrickung des Menschen in sinnliche Vergnügungen, das Streben nach Macht und Prestige, sowie die Unkenntnis des Selbst haben ihm den Verlust der Harmonie und des Segens in seinem Leben gebracht. Der Mangel an Glaube, Angst und das Gefühl ständiger Konkurrenz, haben die persönlichen und familiären Bande zerstört. Liebe ist in der Kultur des übermäßigen Konsums nicht mehr als eine Illusion.

Die selbstlose Gottesliebe ist von einer Art der Hingabe abgelöst worden, die völlig von persönlichen Wünschen gesteuert wird. Die Menschen messen dem Verstand, der immer nach dem unmittelbaren Gewinn trachtet, übermäßige Bedeutung bei. Die ewige Herrlichkeit hingegen, die wahre Weisheit verspricht, wird verworfen. Das Leben des Menschen der Gegenwart wird nicht von hohen spirituellen Prinzipien und noblen Erfahrungen getragen, denn solche Werte sind zu leeren Worten geworden. In einer solchen Zeit wendet sich Amma in einer Sprache vollkommener Hingabe und Weisheit an uns. Sie spricht die Sprache des Herzens und berichtet uns von der Liebe, die ihr ganzes Leben ausmacht. Ihre nektargleichen Worte haben sowohl eine der Zeit entsprechende als auch eine unvergängliche Bedeutung.

Amma hat zahllose Probleme persönlich angehört, die Hunderttausende von Menschen ihr anvertrauten. Die Weisheit in ihren Antworten zeigt ihren tiefen Einblick in die Menschen. Sie erkennt deren Bedürfnisse und begibt sich auf die jeweilige Ebene, z.B. die des Rationalisten, des Gläubigen, des Wissenschaftlers, des Durchschnittsmenschen, der Hausfrau, des Geschäftsmannes, des Gelehrten, des Analphabeten, sowie derjenigen von Mann, Frau und Kind. Sie gibt einem jeden die geeignete Antwort, gemäß den jeweiligen Erfordernissen.

Amma bezieht sich auf ihr eigenes Leben mit folgenden Worten: „So wie ich alles als die Wahrheit oder Brahman ansehe, so verbeuge ich mich vor dieser Wahrheit, vor meinem Selbst. Ich diene jedem, denn ich betrachte jeden als das wahre Selbst.“ Amma sieht die Philosophie des *advaita* (Nicht-Dualität) als die höchste Wahrheit an; trotzdem ist der Pfad, den sie gewöhnlich vorschlägt, eine harmonische Mischung aus *mantra japa*, Meditation auf eine göttliche Gestalt, hingebungsvollen Gesängen, *archana*, *satsang* und selbstlosem Dienst an der Menschheit.

Ihre Ratschläge sind nicht einfach theoretischer Art, sondern überaus praktisch und im täglichen Leben wurzelnd. Ihre Anweisungen werfen Licht auf die Notwendigkeit spiritueller Schulung und von sadhana (spirituellen Übungen) für das Leben des einzelnen als auch der Gesellschaft insgesamt. Sie beleuchtet ebenso die Rolle des selbstlosen Dienens bei der Suche nach dem wahren Selbst, die Wichtigkeit des ernsthaften, hingebungsvollen Gebets und der reinen Liebe. Sie bezieht sich ferner auf Fragen, die den Verhaltenskodex für Familien, die Probleme des täglichen Lebens und des dharmas in der Beziehung zwischen Mann und Frau betreffen und gibt praktische Ratschläge für spirituell Suchende. Manchmal bietet sie uns auch wahre Rätsel philosophischer Natur an.

Wir können hören, wie sie ihre Kinder dazu anhält, in ihrem Leben der Spiritualität zu folgen, den Luxus aufzugeben, schlechte Angewohnheiten auszumerzen und Leidenden zu dienen. Amma sagt: „Kinder, Gottverwirklichung ist das eigentliche Lebensziel." Spiritualität ist nicht lediglich blinder Glaube, sondern das Ideal, das die Dunkelheit beseitigt. Sie ist das Prinzip, das uns lehrt, jedweden ungünstigen Umständen oder Hindernissen mit einem Lächeln zu begegnen. Es ist eine Lehre, die auf unsere Einstellung abzielt. Amma betont, daß wir wirklich alle Gelehrtheit vernachlässigen können, wenn wir dieses spirituelle Wissen aufnehmen.

Ammas unendliche Weisheit fließt als Trost zu denjenigen, die Probleme oder Fragen haben, die das tägliche Leben betreffen, als Antwort zu jenen, die etwas über Spiritualität erfahren möchten und von Zeit zu Zeit als Anweisungen zu ihren Schülern. Jede Antwort entspricht der Wesensart und den Umständen des Fragenden. Selbst wenn der Fragende nicht dazu in der Lage ist, seine Gedanken Amma vollständig darzulegen, gibt sie, die die Sprache des Herzens kennt, die entsprechende Antwort. Es ist keine ungewöhnliche Erfahrung für diejenigen, die zu ihr kommen, daß Amma ihnen antwortet, bevor sie eine Frage oder einen Zweifel äußern konnten.

Amma handhabt die Beantwortung einer Frage, die speziell von einer einzelnen Person gestellt wird, oft so, daß sie auch Rat für einen schweigenden Zuhörer enthält. Nur dieser wird verstehen, daß es eine Antwort auch für ihn war. Wer sich mit Ammas Lehren befaßt, sollte sich dieser speziellen Qualität Ammas bewußt sein.

Die Worte eines Mahatmas haben verschiedene Ebenen der Bedeutung. Wir sollten die Bedeutung in uns aufnehmen, die für uns am meisten paßt. Eine bekannte Geschichte in den Upanishaden erzählt was geschah, als Brahma das Wort „da" äußerte: die Dämonen deuteten es als Ratschlag, Mitgefühl (daya) zu zeigen, die Menschen hörten es als Aufruf zu geben (dana) und die himmlischen Wesen faßten es als Anordnung auf, Beschränkung zu praktizieren (dama).

Es ist eine kostbare Erfahrung, Amma zuzuhören und zu beobachten, wie sie mit lebhaftem Ausdruck und vollendeter Gestik spricht. Ihre Sprache ist einfach und gleichzeitig mit äußerst passenden Geschichten und Analogien aus ihrem Umfeld ausgeschmückt. Die Liebe, die aus Ammas Augen leuchtet und ihr strahlendes, mitfühlendes Gesicht bleiben im Geiste der Zuhörer als Bilder für die Meditation gegenwärtig.

Heutzutage gibt es jede Menge spirituelle Literatur, trotzdem bleibt die traurige Tatsache bestehen, daß die höchsten Ideale auf die Worte der Menschen beschränkt bleiben, aber nicht von ihnen gelebt werden. Amma hingegen spricht von dem, was sie täglich lebt. Sie gibt niemals Anleitungen, die sie nicht selbst durch ihr eigenes Leben demonstriert. Sie erinnert uns immer wieder daran, daß spirituelle Prinzipien und Mantren nicht bloß auf unseren Lippen bleiben, sondern in unser Leben umgesetzt werden sollten. Das Geheimnis hinter den tiefgründigen spirituellen

Grundsätzen, die in einem kontinuierlichen Fluß von Amma, die weder heilige Schriften studiert, noch Anleitung von einem Guru erhalten hat, ausgehen, ist nicht anderes als ihre direkte Erfahrung des Selbst.

Das Leben der Mahatmas ist der Grundstein der Schriften. Ammas spricht Worte wie: „Die ganze Welt gehört demjenigen, der die Wirklichkeit erkannt hat." „Freundlichkeit den Armen gegenüber ist unsere Pflicht Gott gegenüber." „Wenn du Zuflucht zu Gott nimmst, dann wird er dir das bringen, was du brauchst, in dem Moment, in dem du es brauchst." Sie sind Spiegel ihres eigenen Lebens. In jeder ihrer Bewegungen schwingen das Mitgefühl für die ganze Welt und die Liebe für Gott mit. In der Tat ist diese Einheit von Gedanke, Wort und Tat in Ammas Leben die Basis für ihre Aussage, daß es nicht notwendig sei, irgendwelche anderen Schriften zu studieren, wenn man ihr Leben gründlich betrachtet und analysiert. Amma erstrahlt inmitten der Gesellschaft als eine lebendige Verkörperung des Vedanta.

Die Mahatmas, die die Welt durch ihre Gegenwart heiligen, sind tirtas, bewegliche heilige Orte der Wallfahrt. Regelmäßige Wallfahrten und Gottesdienst in Tempeln reinigen unseren Geist nach vielen Jahren, während schon ein einziger darshan, eine Berührung oder ein Wort eines Mahatmas uns heiligt und in uns den Samen eines erhabenen samskara legt.

Die Worte eines Mahatmas sind nicht nur Sprache. Mahatmas verströmen mit den Worten ihre Gnade. Ihre Worte erwecken das Bewußtsein sogar in jemandem, der ohne Verständnis für die Bedeutung zuhört. Wenn sie uns in der Form eines Buches erscheinen, wird das Studium der Worte satsang und wertvollste Meditation. Mahatmas wie Amma, die die Wirklichkeit erfahren haben, transzendieren Zeit und Raum. Ammas unsterbliche Worte zu hören oder zu lesen ermöglicht es uns, mit ihr innerlich verbunden und dazu in der Lage zu sein, ihren Segen zu empfangen. Das ist die wirkliche Größe des Studiums solcher Bücher.

Demütig bieten wir diese Sammlung von Ammas unsterblichen Worten dem Leser mit dem Gebet an, daß er inspiriert werden möge, den erhabenen spirituellen Idealen nachzueifern, die stets durch Ammas Leben leuchten, und auf dem Weg der letztendlichen Wahrheit voranzuschreiten.

Die Herausgeber

Amma lauscht den Worten über das Bhagavatam

Kavyakaustubham[1] Ottoor erörterte das Shrimad Bhagavatam vor dem *kalari*[2] Ein nektargleicher Strom der Hingabe ergoß sich und war nahe daran überzufließen. Alle waren tief ergriffen. Amma befand sich unter den Zuhörern, die der Geschichte von Krishnas Kindheitsstreiche lauschten. Ottoor, der schon weit über achtzig Jahre alt war, und dessen Gedanken stets bei Krishna weilten, erzählte die Geschichte, als ob sie sich vor seinen Augen abspielen würde.

„...Was für Flausen hat er jetzt im Kopf? Wer weiß? Er hat den Topf entzwei gebrochen, und alles ist mit Joghurt überschwemmt - einschließlich Krishna. Daher läßt sich leicht herausfinden, wohin er gegangen ist. Es sind ein paar mit Joghurt beschmierte Fußspuren da. Nach ein paar Schritten jedoch ist nichts mehr zu sehen ... keine Fußspuren mehr.

Nun, wir befinden uns in einer ähnlich mißlichen Lage. Mit Hilfe von verschiedenen Zeichen können wir drei oder vier Schritte auf den Herrn zugehen - nur ein paar Schritte unter Verwendung aller Upanischaden und Puranen - aber das ist auch schon alles. Danach müssen wir ihn durch unsere eigene Suche finden.

Yashoda sucht nach Krishna. Sie weiß sehr gut, wo sie nach ihm suchen muß. Man muß einfach schauen, wo Butter oder Milch aufbewahrt wird! Du kannst ihn nicht verfehlen! Welch

---

[1] Der Edelstein *kaustuhba* unter den Dichtern." (Vishnu trug den wertvollen Kaustubha-Edelstein auf seiner Brust.) Diesen Titel wurde Ottoor Unni Namboodiripad als herausragender Dichter verliehen. Er war ein berühmter Dichter und Sanskritgelehrter, sowie der Autor von Ammas 108 Namen. Seine letzten Jahre verbrachte er im Ashram.

[2] Der kleine Tempel, in dem in der ersten Zeit der Bhava-Darshan abgehalten wurde. In Ammas Kindheit befand sich dort ein Kuhstall, der dann zu einem Tempel umgebaut wurde.

ein Segen wäre es, wenn wir den Herrn so einfach zu Gesicht bekämen! Aber so war es: Wann immer du ihn sehen wolltest, mußtest du dich einfach umschauen.

So macht sich Yashoda auf die Suche und findet ihn auf einem Mörser hockend, den er umgedreht hat. Es umgibt ihn eine wahre Armee - die Armee Sri Ramas![3] Die Kampfgenossen strecken alle ihre Hände aus und verschlingen die Köstlichkeiten. Krishna bedauert, daß er zwei seiner vier Arme im Gefängnis gelassen hat, denn tausend Arme wären zu wenig, um all die Affen zu füttern.[4] 'Beeilt euch!' fordert er sie auf. 'Ihr müßt alles essen, bevor Mutter kommt!' Und in kurzen Abständen schaut der alles sehende Zeuge heimlich umher. Dann erblickt er sie!

Es heißt, daß eine Krähe und der Wind nur in einen Raum kommen, wenn der Weg hinein und hinaus frei ist. Krishna hat ebenfalls entsprechend vorgesorgt. Er hat sich einen Fluchtweg offen gehalten. Als er um Haaresbreite vom Zugriff seiner Mutter entfernt ist, macht er einen Satz.

Warum läuft er weg? Nun, Yasoda hält einen Stock in ihrer Hand, und Krishna weiß sehr wohl, daß sie noch nicht in dem Alter für einen Gehstock ist... Es ist ihm klar, daß der Stock für ihn gedacht ist; also rennt er davon."

„...und seine Mutter folgte Ihm, den selbst der geübte und enthaltsame Geist eines Yogis ohne dessen Gnade nicht erreichen kann".

—Bhagavatam 10.9

---

[3] Ottoor bezieht sich hier auf die Gopas, die Kuhhirten, die Krishnas Spielgefährten waren, als „Sri Ramas Armee der Affen."

[4] Bei seiner Geburt befanden sich Krishnas Eltern, Devaki und Vasudeva, im Gefängnis seines Onkels Kamsa. Krishna erschien seinen Eltern als herrlicher, vierarmiger Vishnu und nahm anschließend wieder die Gestalt des Menschenkindes an. Die Macht *mayas* (Illusion) ließ seine Eltern sofort ihre Vision vergessen.

Während der *satsang* weiterging, erhob Amma sich und ging auf die Westseite des Ashrams zu. Zwischen Kalari und *Vedanta*schule blieb sie vor ein paar Topfpflanzen stehen, die von den Balken des Schulgebäudes herunter hingen. Sanft strich sie über jede Kletterpflanze; anschließend nahm sie jeden einzelnen Zweig aller Pflanzen in die Hand und küßte sie. Sie berührte die Pflanzen so liebevoll wie eine Mutter ihr Neugeborenes.

Ein Mädchen wandte sich mit einer Frage an Amma, aber Amma gab ihr ein Zeichen, still zu sein. Als das Mädchen die Hand nach einer Pflanze ausstreckte, hinderte Amma sie daran, die Pflanze zu berühren, als ob sie befürchtete, daß der Griff des Mädchens der Pflanze Schmerzen bereiten würde. Amma fuhr eine Weile fort, mit den Pflanzen zu kommunizieren. Vielleicht hatten sie - wie Ammas menschliche Kinder - das Bedürfnis, dieser ihren Kummer mitzuteilen. Wer außer Amma konnte sie trösten?

Inzwischen war der Satsang zu Ende. Amma kehrte zum *kalari mandapam* (der offenen Veranda des kleinen Tempels) zurück und setzte sich.

Tyaga

Ein Haushälter: „Amma, du sprichst immer über die Wichtigkeit von *tyaga* (Entsagung). Was ist Tyaga?"

Amma: „Sohn, jede Handlung, die nicht im Hinblick auf eigene Bequemlichkeit oder Eigennutz geschieht ist Tyaga. Amma bezeichnet jede Handlung als Tyaga, die Gott zum Nutzen der Welt dargebracht wird, ohne irgendein Gefühl von „ich" oder „mein" oder Interesse an eigener Bequemlichkeit. Bemühungen im eigenen Interesse können nicht als Tyaga betrachtet werden."

Der Haushälter: „Könntest du das erklären, Amma?"

Amma: „Wenn dein Kind krank ist, bringst du es ins Krankenhaus. Wenn es erforderlich ist, gehst du zu Fuß, selbst, wenn der Weg sehr weit ist. Du bist bereit, jeder Anzahl von Menschen zu Füßen zu fallen, damit dein Kind ins Krankenhaus aufgenommen wird. Und sind die Räume belegt, so bist du auch gewillt, mit deinem Kind auf dem schmutzigen Fußboden zu schlafen. Du nimmst dir einige Tage frei, um beim Kind sein zu können. Aber weil es sich um dein eigenes Kind handelt, können all diese Mühen nicht als Tyaga bezeichnet werden.

Leute sind gewillt, unzählige Male die Stufen des Gerichtes hinauf- und hinunter zu gehen, nur um für ein kleines Stück Land zu kämpfen. Sie tun es jedoch für sich selbst. Menschen machen Überstunden und opfern Schlaf, um Überstunden bezahlt zu bekommen. Das ist kein Tyaga. Wenn du jedoch auf alle Bequemlichkeiten verzichtest, um jemandem zu helfen, so handelt es sich um Tyaga. Wenn du einem armen Mitmenschen mit dem Geld hilfst, das du hart erarbeitet hast, so ist es Tyaga. Nehmen wir einmal an, das Kind deines Nachbarn sei krank, und es gibt niemanden, der bei ihm im Krankenhaus bleibt. Wenn du bei diesem Kind bleibst, ohne von irgend jemandem etwas zu erwarten, nicht einmal ein Lächeln, so läßt sich das als Tyaga bezeichnen; desgleichen Ausgabeneinschränkung, indem man auf einige persönliche Annehmlichkeiten verzichtet und das somit Ersparte für einen guten Zweck verwendet.

Durch solche aufopfernden Handlungen klopfst du an die Tür, die zum Reich des Selbst führt. Durch solcherlei Taten gewinnst du Zugang in jene Welt. Solches Handeln wird als *karma yoga* bezeichnet. Andere Tätigkeit führt nur zum Tod. Die mit der Einstellung von „ich" und „mein" ausgeführten Handlungen können niemals von wirklichem Nutzen für dich sein.

Besuchst du eine Freundin, die du lange nicht gesehen hast, überreichst du ihr vielleicht einen Blumenstrauß. Aber zuerst freust du dich über die Schönheit und den Duft der Blumen; darüber hinaus erfährst du die Freude am Geben. Desgleichen kommen dir automatisch Freude und Frieden aus deinen selbstlosen Tyaga-Handlungen zu.

Kinder, findet jemand, der Tyaga ausübt, keine Zeit für *japa* (Wiederholung eines Mantras), wird er trotzdem die Unsterblichkeit erreichen. Sein Leben wird für andere wie Nektar sein. Ein von Tyaga erfülltes Leben ist die größte Art des Satsang[5], da es anderen als sichtbares Beispiel dient.

Ratschläge zum Thema Japa

Br.: „Amma, ist es gut, auf Schlaf zu verzichten und nachts aufzubleiben, um Japa zu machen?"

Amma: „Seit vielen Jahren bist du es gewohnt zu schlafen. Damit abrupt aufzuhören, wird Störungen verursachen. Schlafe mindestens vier oder fünf Stunden, nicht weniger als vier. Reduziere den Schlaf nicht abrupt, sondern allmählich."

Br: „Ich verliere häufig die Konzentration beim Singen meines *mantras*."

Amma: „Das Mantra sollte mit großer Aufmerksamkeit gesungen werden. Achte entweder besonders auf den Klang oder auf die Bedeutung des Mantras; du kannst beim Rezitieren auch jede einzelne Silbe visualisieren. Eine weitere Möglichkeit besteht darin, dir dabei deine geliebte Gottheit vorzustellen. Lege fest, wie viele Male am Tag du insgesamt das Mantra wiederholen willst. Das wird dazu beitragen, Japa mit Entschlossenheit auszuüben. Sei jedoch nicht unachtsam dabei, lediglich darauf bedacht, eine bestimmte Anzahl zu erreichen. Am wichtigsten ist die konzentrierte Sammlung. Die Verwendung einer *mala* (Rosenkranz) ist eine Hilfe fürs Zählen und zum Beibehalten der Konzentration.

Am Anfang fällt Konzentration nicht leicht, daher solltest du beim Singen deine Lippen bewegen. Mit der Zeit wird es

---

[5] Sat = Wahrheit, Sein; sanga = Gesellschaft (Umgang) mit.

dir gelingen, ohne Lippen- oder Zungenbewegung innerlich zu singen. Verrichte Japa mit Aufmerksamkeit, niemals mechanisch. Jede Wiederholung sollte wie das Schmecken einer Süßigkeit sein. Schließlich wirst du einen Zustand erreichen, wo, selbst wenn du das Mantra unterläßt, es dich nicht losläßt.

Kinder, bemüht euch, Liebe in euch zu kultivieren, und entwickelt die Einstellung: 'Gott ist mein Ein-und-Alles'."

Freitag, den 15. November 1985

Es war am frühen Abend. Amma und ihre Kinder waren gerade im Haus eines Anhängers in Kayamkulam angekommen. Er hatte Amma schon einige Male zuvor eingeladen, aber erst jetzt hatte sie die Einladung angenommen.

Ein kleiner Baldachin war für das *bhajan*-Programm (hingebungsvolles Singen) vor dem Haus errichtet worden. Es herrschte ein reges Getümmel. Die meisten der Anwesenden waren ungebildet und verfügten über wenig spirituelles Verständnis. Der Geruch von Alkohol hing in der Luft, und die Familienmitglieder machten kaum Anstrengungen, die Menge in den Griff zu bekommen. Den *brahmacharis* fiel es schwer, in dieser Atmosphäre *kirtans* (Hymnen) zu singen. Vielleicht hatte Amma die vorgehenden Male die Einladungen nicht angenommen, weil sie dies vorausgesehen hatte.

Wiederholt hatte Amma geäußert: „Amma ist bereit, überall hinzugehen; sie ist gewillt, in einem Basar zu singen und Beleidigungen von egal wem einzustecken - das bereitet ihr keine Probleme. Singt Amma nicht Gottes Namen? Welche Blamage könnte darin liegen? Ammas Kinder ertragen es jedoch nicht, wenn jemand etwas Schlechtes über sie sagt. Auch gibt es ein paar Mädchen unter uns. Sie können nicht einfach irgendwo singen. Sie brauchen Schutz. Deshalb kann Amma nicht blindlings jeder Einladung folgen.

Das Geheimnis von Karma

Die Rückfahrt zum Ashram im kleinen Bus bot eine gute Gelegenheit für einen Satsang mit Amma. Ein Brahmachari fragte: „Amma, ist es unvermeidlich, daß wir für jeden begangenen Fehler leiden müssen?"

Amma: „Wir müssen Strafe selbst für kleine Fehler annehmen. Sogar Bhishma[6] mußte die Folgen seines Fehlers erleiden."

Br: „Worin lag sein Fehler? Wie wurde er bestraft?"

Amma: „Er schaute tatenlos zu, als Draupadi entkleidet wurde, nicht wahr? Auch wenn er wußte, daß Duryodhana und seine Brüder niemals auf Einwände hören würden, hätte er sie trotzdem zumindest an ihr Dharma erinnern sollen. Das tat er jedoch nicht. Er äußerte kein Wort. Er hätte die Übeltäter über ihr Dharma belehren sollen - unabhängig davon, ob sie nun auf seinen Rat eingehen oder nicht. Da er kein Wort gegen sie erhob, wurde er zum Teilhaber ihrer Übeltat. Aus diesem Grunde mußte er später auf dem Bett aus Pfeilen liegen.

Bei einem Unrecht ohne ein Wort zu sagen zuzuschauen, wenn du weißt, daß es gegen das Prinzip der Rechtschaffenheit (Dharma) verstößt, ist die größte Art von Unrecht. Das entspricht dem Verhalten eines Feiglings, nicht dem eines mutigen Menschen. Es soll niemand, der eine solche Sünde begeht, glauben, daß er davon kommt. Die Hölle ist für solche Menschen gedacht."

Br: „Wo befindet sich die Hölle?"

Amma: „Auf der Erde selbst."

Br: „Aber ist es nicht Gott, der uns richtig und falsch handeln läßt?"

---

[6] Bhisma war der Großvater der Pandavas und Kauravas. Er war ein großer Krieger, der über viel Weisheit verfügte. Obwohl seine Sympathie den Pandavas galt, stand er im Mahabharata-Krieg aufgrund eines abgelegten Schwurs auf der Seite der Kauravas.

Amma: „Sohn, das trifft für jemanden zu, der überzeugt ist, daß alles Gottes Werk ist. In diesem Fall sollte es uns möglich sein, zu sehen, daß uns alles von Gott gegeben wird - wenn wir die Früchte unserer guten Handlungen genießen, als auch wenn wir die Strafen für unsere Fehler erleiden.

Nicht Gott ist für unsere Fehler verantwortlich, sondern wir selbst. Verschreibt ein Arzt uns ein körperaufbauendes Tonikum mit der Angabe, wieviel man davon wie oft nimmt, wir uns jedoch nicht an seine Anweisungen halten, sondern die ganze Flasche auf einmal austrinken und dadurch gesundheitlichen Schaden erleiden, warum dann den Arzt beschuldigen? Oder können wir dem Benzin die Schuld geben, wenn wir unaufmerksam fahren und dadurch einen Unfall erleiden? Wie können wir dann Gott für die Probleme verantwortlich machen, die wir durch unsere eigene Ignoranz verursacht haben? Gott hat uns klare Leitlinien für unser Dasein auf Erden gegeben. Es ist nutzlos, ihn für die Folgen unserer Verstöße gegen seine Gebote verantwortlich zu machen."

Br: „In der Bhagavad Gita heißt es, wir sollen handeln ohne nach den Früchten unserer Taten zu trachten. Amma, wie können wir das bewerkstelligen?"

Amma: „Um uns vom Leid zu befreien, gebot uns der Herr, unsere Handlungen mit *shraddha*[7] auszuüben, ohne an die Ergebnisse zu denken oder uns um diese zu sorgen. Wir werden dann mit Sicherheit den Lohn erhalten, den unsere Taten verdienen. Wenn du z.B. ein Student bist, lerne deine Lektionen mit großer Aufmerksamkeit, ohne darüber zu brüten, ob du die Prüfung bestehen wirst oder nicht. Baust du ein Haus, gehe sorgfältig nach

---

[7] Auf Sanskrit bedeutet Shraddha in Weisheit und Erfahrung wurzelnder Glaube, auf Malayalam hingegen aufmerksame Bewußtheit bei jeder Handlung, sich ganz seiner Aufgabe widmen. Amma gebraucht den Begriff für wache Aufmerksamkeit.

Bauplan vor, ohne Sorge, ob das Gebäude stehen oder zusammen brechen wird.

Gute Taten führen zu guten Ergebnissen. Wenn ein Landwirt Reis guter Qualität anbietet, kaufen die Leute ihn. Somit erhält er für seine Arbeit entsprechenden Lohn. Verkauft er jedoch in der Hoffnung auf extra Profit ein verfälschtes Produkt, folgt die Strafe dafür früher oder später, und er wird seinen inneren Frieden verlieren. Seid bei all euren Handlungen wachsam und gottergeben. Einer jeden Tat wird die volle Folge zuteil - ob du dich nun darum sorgst oder nicht. Warum also Zeit mit Sorge um die Früchte der Handlungen verschwenden? Es ist besser, diese Zeit dafür zu nutzen, an Gott zu denken."

Br: „Wenn das Selbst alldurchdringend ist, verbleibt es dann nicht auch in einem toten Körper? Und wie kann dann Tod überhaupt eintreten?"

Amma: „Wenn eine Glühbirne durchbrennt, oder sich ein Ventilator nicht mehr dreht, heißt das nicht, daß keine Elektrizität vorhanden ist. Wenn wir aufhören, uns mit einem Fächer zuzuwedeln, bedeutet dies nicht, daß keine Luft vorhanden ist. Oder, platzt ein Luftballon, so existiert die Luft, die darin enthalten war, auch weiterhin. In der gleichen Weise sind das Selbst und Gott überall. Der Tod tritt nicht aufgrund der Abwesenheit des Selbst ein, sondern wegen der Zerstörung des Instruments, das als Körper bekannt ist. Zum Zeitpunkt des Todes hört der Körper auf, das Bewußtsein des Selbstes zu manifestieren. Der Tod kennzeichnet daher den Zusammenbruch des Instrumentes und nicht irgend einen Mangel im Selbst."

Amma begann nun, mit zwei Brahmacharis einen Bhajan einzuüben. Sie sang jeweils eine Zeile, welche die beiden dann wiederholten:

Bhagavane, Bhagavane

Oh Herr, oh Herr!
Oh Herr, dem die Gläubigen lieb sind;
Oh du Reiner, du Zerstörer der Sünden;
auf dieser Welt scheint es nur Sünder zu geben.

Gibt es jemanden, der uns den richtigen Weg weisen kann?
Oh Narayana, Tugendhaftigkeit ist verschwunden.
Der Mensch hat allen Sinn für Wahrheit und Tugend verloren.
Spirituelle Wahrheiten gibt es nur noch auf Bücherseiten.

Alles, was man sieht, trägt das Gewand der Heuchelei.
Belebe und schütze das Dharma, oh Krishna!

Anschließend sang Amma ein weiteres Lied:

Amme kannu turakkule...

Oh Mutter, willst du nicht deine Augen öffnen und kommen?
Nimm diese Dunkelheit hinweg.
Ich werde nicht aufhören, deine zahllosen Namen
mit großer Ehrerbietung zu wiederholen.

Wer außer Dir
könnte in dieser unwissenden Welt,
meine Unwissenheit beseitigen?
Du bist die Essenz der Weisheit,
die hinter dem Universum stehende Kraft.

Oh Mutter, die ihre Anhänger innig liebt,
du bist fürwahr das Blut unseres Lebens.
Wenn wir uns zu deinen Füßen verneigen,
wirfst du uns dann nicht einen gnadenvollen Blick zu?

Die sieben Weisen singen ohne Unterlaß
deinen Lobpreis,
Nun rufen wir dich aus unserem Elend heraus -
Oh große Mutter, willst du nicht kommen?

Der Wagen hielt am Bootssteg in Vallickavu. Die Zeit war so schnell verflossen, daß alle erstaunt waren, als sie bemerkten, daß sie schon fast den Ashram erreicht hatten.

Am Tor des Ashrams wartete ein Anhänger in Begleitung eines jungen Mannes auf Amma. Er warf sich zu Boden, als er Amma erblickte, während der junge Mann lässig daneben stand. Amma führte beide zum Kalari und setzte sich mit ihnen auf die offene Veranda des kleinen Tempels.

Amma: „Kinder, wann seid ihr gekommen?"

Anhänger: „Vor ein paar Stunden. Wir saßen in Oachira gerade im Bus auf dem Weg hierher, als wir deinen Wagen in entgegengesetzter Richtung vorbeifahren sahen. Wir befürchteten schon, dich heute gar nicht mehr zu Gesicht zu bekommen. Bei unserer Ankunft jedoch teilte man uns mit, daß du am Abend zurückkehrst. Da waren wir erleichtert."

Amma: „Amma besuchte das Haus eines Sohnes in Kayamkulam. Es sind arme Leute, die Amma seit einiger Zeit um einen Besuch gebeten hatten. Als Amma gesehen hatte, wie traurig sie waren, versprach sie schließlich für heute einen Besuch. Wie geht's mit deinem *sadhana* (spirituellen Übungen), Sohn?"

Anhänger: Dank Ammas Gnade geht alles gut. Amma, darf ich eine Frage stellen?"

Amma: „Natürlich, Sohn."

Mantra-Einweihung von einem Guru

Anhänger: „Amma, ein Freund von mir hat von einem *sannyasi* ein Mantra erhalten. Kürzlich versuchte er, mich dazu zu überreden, mir ebenfalls von dem Sannyasi ein Mantra geben zu lassen. Obwohl ich ihm erklärte, daß ich schon ein Mantra von dir habe, ließ er nicht nach. Schließlich gelang es mir, von ihm loszukommen. Amma, wenn man ein Mantra von einem Guru erhalten hat, ist es dann richtig, ein Mantra von jemand anderem anzunehmen?

Amma: „Wenn du dich für einen Guru entschieden hast und dann jemand anderen als Guru betrachtest, ist das wie eheliche Untreue. Wenn du jedoch noch kein Mantra von einem Guru erhalten hast, ist es kein Problem.

Wenn du von einem *satguru* (einem selbstverwirklichten Meister) ein Mantra erhalten hast, brauchst du nirgendwo anders hinzugehen. Dein Guru wird sich in jeder Weise um dich kümmern. Du kannst andere Gurus respektieren und ehren; das ist in Ordnung. Aber du wirst keinen Nutzen davon haben, wenn du nicht bei irgend etwas dabei bleibst. Zu einem anderen Guru zu gehen, wenn der Guru, der dich in ein Mantra eingeweiht hat noch lebt, ist vergleichbar mit einer Frau, die ihren Mann täuscht und einen anderen nimmt. Du hast ein Mantra von deinem Guru angenommen, weil du völliges Vertrauen hattest. Jemand anderen zu wählen, bedeutet, daß du dieses Vertrauen verloren hast."

Anhänger: „Was sollte man tun, wenn man den Glauben an den Guru verliert, der einem ein Mantra gegeben hat?"

Amma: „Es sollte alles daran gesetzt werden, den Glauben aufrecht zu erhalten. Wenn einem das jedoch nicht möglich ist, liegt kein Nutzen darin, beim Guru zu bleiben. Sich zu bemühen, verlorenen Glauben wieder zu beleben, kommt der Bemühung gleich, auf einer Glatze Haare wachsen zu lassen. Ist dein Glaube einmal verloren, wird es äußerst schwierig sein, ihn wieder zu gewinnen. Bevor man jemanden als Guru annimmt, sollte man ihn zuvor eingehend beobachtet haben. Am besten ist es, ein Mantra von einem Satguru zu erhalten."

Anhänger: „Welcher Vorteil liegt darin, ein Mantra von einem Satguru zu bekommen?"

Amma: „Durch *sankalpa* (göttlichen Entschluß) kann der Satguru die spirituelle Kraft in dir wecken. Man erhält keinen Joghurt, wenn man Milch in Milch gießt. Wenn du jedoch eine kleine Menge Joghurt in eine Schale mit Milch gibst, wird die ganze Milch zu Joghurt. Wenn ein *mahatma* (große Seele) dir ein Mantra gibt, spielt sein Sanskalpa mit hinein. Seine göttliche Kraft geht in den Jünger ein."

Anhänger: „Es gibt viele, die in die Rolle eines Gurus schlüpfen, indem sie reihenweise Mantras vergeben. Kann irgendein Nutzen aus solchen Mantren gezogen werden?"

Amma: „Es gibt diejenigen, deren Vorträge ausschließlich auf Buchwissen beruhen und diejenigen, die das Bhagavatam oder Ramayana laut vorlesen und damit ihren Lebensunterhalt verdienen. Solche Menschen können sich nicht einmal selbst retten, wie sollte es ihnen dann möglich sein, andere zu retten? Wenn du von solch einem Menschen ein Mantra erhalten hast und begegnest dann einem Satguru, solltest du dich auf jeden Fall durch den Satguru neu einweihen lassen.

Nur wer spirituelle Übungen ausgeführt und das Selbst verwirklicht hat, ist geeignet, anderen Mantren zu geben. Diejenigen, die vorgeben, Gurus zu sein, sind wie Boote aus Schwamm. Sie können niemanden zum anderen Ufer bringen. Wer in ein solches Boot steigt, geht mitsamt dem Boot unter. Ein Satguru hingegen ist wie ein riesiges Schiff, das jede Anzahl an Menschen, die es besteigen, ans andere Ufer befördert. Jemand, der Schüler annimmt und andere einweiht, ohne selbst durch eigenes Sadhana dazu die notwendige Kraft gewonnen zu haben, kommt einer Baby-Schlange gleich, die versucht, einen großen Frosch zu verschlingen. Die Schlange ist unfähig, den Frosch zu schlucken, der Frosch jedoch kann nicht entkommen."

Junger Mann: „Die Schriften empfehlen, Zeit in der Gesellschaft von Weisen zu verbringen. Worin liegt der Gewinn von Satsang mit einem Mahatma?"

Amma: „Sohn, wenn wir durch eine Fabrik gehen, die Räucherwerk herstellt, wird der Duft uns auch später noch anhaften. Dazu müssen wir nicht dort arbeiten oder Räucherwerk kaufen; es ist nicht einmal notwendig, etwas anzufassen. Wir müssen lediglich die Fabrik betreten, dann bleibt der Duft ohne die geringste Anstrengung an uns hängen.

Gleichermaßen findet in der Gegenwart eines Mahatmas unbemerkt eine Veränderung in deinem Inneren statt. Der Wert der Zeit, die du bei einem Mahatma verbringst, ist unmeßbar. Die Gegenwart einer großen Seele schafft positive *vasanas* (Neigungen), Eigenschaften und *samskaras* (Prägungen) in uns. Die Gesellschaft von Menschen dunklen Geistes hingegen, ist vergleichbar mit dem Betreten eines Kohlenkellers. Selbst wenn wir die Kohle nicht berührt haben, sind wir schwarz, wenn wir wieder hinausgehen.

Gelegenheiten, viele Jahre *tapas* (Enthaltsamkeit) zu üben, trifft man häufiger an, die Chance jedoch, die Gesellschaft eines Mahatmas zu finden, ist äußerst selten und schwer zu bekommen. Eine solche Möglichkeit sollte niemals verschwendet werden. Wir sollten sehr geduldig sein und bemüht, den größten Nutzen aus der Erfahrung zu ziehen. Lediglich eine Berührung oder ein Blick können uns mehr bringen, als 10 Jahre Tapas. Um jedoch den Gewinn wirklich zu erfahren, müssen wir vom Ego frei werden und Glauben haben."

Die Bedeutung von Sadhana in Zurückgezogenheit

Junger Mann: „Wir haben heute einen Rundgang durch das Ashramgelände gemacht und uns umgesehen."

Amma: „Was gibt es hier zu sehen, Sohn?"

Junger Mann: „Ich verstehe nicht, wozu die Höhle hinter dem Kalari gut sein soll."

Amma: „Am Anfang ist Rückzug für den Sucher wesentlich. Dadurch wird Ablenkung vermieden und der menschliche Geist wendet sich dann nach innen. Wenn du den Anweisungen des Gurus folgst, wirst du Gott in allem sehen können.

In dieser Gegend gibt es keine Berge und keine Einsamkeit, sondern überall nur Häuser. Aufgrund des vielen Wassers können wir nicht einmal tief in den Boden graben, um eine Meditationshöhle zu errichten. Deshalb ist die Höhle nur zwei oder drei Fuß (ca. 70 cm -1m) tief. Man kann es nicht eine wirkliche Höhle nennen.

Bevor man die Saat sät, ist es notwendig, das Feld vorzubereiten. Das Unkraut muß beseitigt, der Boden gepflügt und eingeebnet werden, bevor wir schließlich pflanzen können. Wenn die Saat aufgegangen ist und wächst, bedarf es weiterhin des Unkrautjätens. Später jedoch, wenn die Pflanzen ihre volle Größe erreicht haben, erübrigt es sich, da sie stark genug geworden sind und das Unkraut ihnen nicht mehr schaden kann. Am Anfang, wenn die Pflanzen noch zart sind, können sie leicht vom Unkraut vernichtet werden. Entsprechend ist es zunächst am besten, die spirituellen Übungen in Zurückgezogenheit auszuüben. Wir sollten in Japa und Meditation eintauchen ohne allzu viel Umgang mit anderen zu pflegen. Unser Feld sollte frei sein von hinderlichem Unkraut. In einem späteren Stadium, wenn wir einige Zeit Sadhana geübt haben, werden wir stark genug sein, um über alle äußeren Hindernisse hinaus zu wachsen.

Wenn du versuchst, Wasser auf eine höhere Ebene zu pumpen, wird es dir nicht gelingen, wenn sich unten im System ein Loch befindet. In gleicher Weise gilt es, den Verlust von angesammelter mentaler Energie durch Aufgeben aller äußeren Interessen zu verhindern. Wir brauchen eine Zeit der Zurückgezogenheit, um unseren Geist von in der Vergangenheit angesammelten schlechten Gewohnheiten (Vasanas) zu reinigen. Wir sollten es vermeiden, mit zu vielen Menschen zu tun zu haben.

Ein Student kann nicht in einem lauten, überfüllten Bahnhof lernen, nicht wahr? Er braucht eine Umgebung, die für seine Studien förderlich ist. Ähnlich benötigt ein *sadhak* (spiritueller Aspirant) am Anfang Zurückgezogenheit. Wenn man geübt genug ist, kann man unter allen Bedingungen meditieren. Derzeit jedoch bedarf es dieser besonderen Vorkehrungen.

Außer Zurückgezogenheit gibt es noch einen weiteren Grund für Meditation in einer Höhle. Die besonderen Schwingungen unter der Erdoberfläche und ebenso in den Bergen verleihen unserem Sadhana spezielle Kraft. Mahatmas sagen, daß Höhlen unterhalb der Erdoberfläche für spirituelle Übungen besonders geeignet sind. Aussagen von Mahatmas sind wie Veden für uns. Wenn wir krank sind, suchen wir einen Arzt auf und akzeptieren seine Worte. Entsprechende Autorität haben die Worte eines Mahatmas für uns auf dem spirituellen Pfad.

In vergangenen Zeiten gab es viel Wald und viele Höhlen, wo die Gottsucher Entsagung üben konnten. Sie lebten von Früchten und Wurzeln und völlig losgelöst von der Welt. Heute jedoch sind die Umstände anders. Wenn wir eine Höhle brauchen, müssen wir eine bauen. Aber obwohl von Menschenhand geschaffen, ist diese Höhle gut genug für Rückzug und Meditation."

Junger Mann: „Benötigt denn der Gottsucher eine Höhle, um Tapas auszuüben? Sind wir in einer Höhle nicht von der Welt abgeschnitten? Ist das nicht Schwäche?"

Amma: „Es kann zwar in einem gestauten Gewässer Wellen geben, es geht jedoch kein Wasser verloren. Bricht der Damm aber, wird alles Wasser wegfliessen. Vergleichsweise verliert der Sadhak seine feinstoffliche Energie beim Sprechen und im Umgang mit anderen. Um das zu vermeiden, ist Isolierung anfangs gut. Es ist die Zeit des Übens für den Sadhak. Wenn du lernen willst, Fahrrad zu fahren, suchst du dir ein offenes, menschenleeres Gelände, wo du üben kannst, ohne andere zu stören. Das betrachtet man nicht als Schwäche. Die Kinder[8] hier (Ashrambewohner) benötigen diese Höhle und die Rückzugsmöglichkeit, die sie bietet. Später werden sie einmal hinaus gehen und der Welt dienen."

Junger Mann: „Warum gehen sie denn nicht nach Mookambika[9] oder in den Himalaja, um Tapas zu üben? Dort hätten sie die richtige Umgebung."

Amma: „Sohn, durch die Gegenwart des Gurus erübrigt sich ein Aufenthalt in Mookambika oder im Himalaja. In den Schriften heißt es, daß die Füße des Gurus den Zusammenfluß aller heiligen Gewässer darstellen. Außerdem sind die Kinder hier Sadhaks. Und Sadhaks müssen in der Nähe ihres Gurus verweilen, damit sie die notwendigen Anweisungen erhalten können. Ein Jünger sollte sich ohne die Erlaubnis des Guru niemals weiter von ihm entfernen.

Ein Arzt gibt einem schwer kranken Patienten nicht einfach etwas Medizin und schickt ihn dann nach Hause. Er behält den Patienten zur Behandlung im Krankenhaus. Er untersucht den Patienten häufig und ändert die Dosis der Medizin je nach Krankheitsbefund. Gleiches gilt für den geistigen Schüler, der Sadhana ausübt. Er sollte sich stets unter der Beobachtung des Gurus befinden. Der Guru sollte verfügbar sein, um aufsteigende Zweifel zu bereinigen und bei jedem Schritt des Sadhana mit Rat und Tat zur Seite zu stehen. Ferner sollte als Guru nur jemand auftreten, der den Weg selbst gegangen ist.

Erhält ein Sadhak nicht die richtige Führung, kann er das innere Gleichgewicht verlieren.

---

[8] Amma nennt ihre Jünger und Anhänger ihre Kinder.

[9] Die Hügel in der Nähe des berühmten Mookambika-Tempels sind ideal für Sadhana in Einsamkeit.

Der Körper erhitzt sich bei viel Meditation. Wenn das geschieht, benötigt der Sadhak Ratschläge, wie er seinen Körper abkühlen kann. Die Nahrung sollte in diesem Stadium geändert werden. Es bedarf der Zurückgezogenheit und maßvollen Meditation. Wenn jemand nicht über die Kraft verfügt, mehr als 40 kg zu heben und versucht sich plötzlich mit 100 kg, wird er ins Wanken kommen und fallen. Ebenso kann es zu vielen Problemen führen, wenn du mehr meditierst als dein Körper ertragen kann. Deshalb sollte der Guru in der Nähe sein, damit er dem Schüler die notwendigen Anweisungen geben kann.

Geht etwas mit der Meditation schief, so kann man dafür nicht von vornherein Gott oder die Meditation als solches verantwortlich machen. Das Problem liegt bei der gewählten Meditationstechnik. Im gegenwärtigen Stadium brauchen die hier anwesenden Kinder Ammas Nähe, damit sie richtig meditieren und Fortschritte machen können. Es ist für sie noch nicht die Zeit für eigenständiges Sadhana, deshalb sollten sie sich nicht weiter entfernen. Zu einem späteren Zeitpunkt hingegen wird das kein Problem mehr sein."

Junger Mann: „Was gewinnt man eigentlich durch Tapas?"

Amma: „Der Durchschnittsmensch kann mit einer kleinen Kerze verglichen werden, während eine Tapas ausführende Person wie ein elektrischer Transformator ist, der Energie über einen großen Bereich verteilen kann. Tapas verleiht dem Sadhak große innere Stärke. Er wird durch Konfrontation mit Hindernissen nicht geschwächt. In allen seinen Tätigkeiten ist er höchst effizient. Tapas weckt Losgelöstheit, so daß der Sadhak handelt, ohne Früchte seiner Taten zu erwarten. Durch Tapas erwirbt er die Fähigkeit, alle Menschen als gleichwertig zu betrachten. Er fühlt sich zu niemandem besonders hingezogen, noch behandelt er je jemanden mit Feindseligkeit. Von diesen Fähigkeiten profitiert sowohl der Sadhak selbst, als auch die Welt.

Man kann leicht sagen: 'Ich bin *Brahman*,' selbst wenn man voller Eifersucht und Feindseligkeit ist. Tapas dient als Schulung, um den unreinen Geist in göttlichen zu verwandeln.

Bevor du erfolgreich an einer Prüfung teilnehmen kannst, mußt du dafür lernen. Man kann nicht erwarten, sie zu bestehen, wenn man gar nichts gelernt hat, nicht wahr? Bevor du dich ans Steuer eines Autos setzt, mußt du lernen, wie man fährt. Das läßt sich mit der Ausübung von Tapas vergleichen. Wenn der Geist einmal unter Kontrolle gebracht worden ist, kannst du voranschreiten, ohne daß irgendwelche Umstände dich schwächen können. Durch Buchwissen allein läßt sich dies nicht erreichen; Tapas ist notwendig. Das Ergebnis von Tapas kann verglichen werden mit einer Sonne, die einen wunderbaren Duft erhält. Diejenigen, die Tapas ausüben gehen auf einen Zustand der Ganzheit zu. Ihre Worte sind von lebendiger Kraft. Menschen fühlen sich in ihrer Gegenwart erhoben. Die *tapasvis* nutzen der Welt, da sie durch ihr Tapas die Kraft gewonnen haben, andere aufzurichten."

Junger Mann: „Was ist mit Selbtverwirklichung oder dem höchsten Zustand des Erwachens gemeint?"

Amma: „Gott in allem zu sehen, alles als ein und dasselbe zu betrachten, zu erkennen, daß alle Wesen dein eigenes Selbst sind - das ist Verwirklichung. Wenn alle Gedanken verebbt sind, es keine Wünsche mehr gibt, der Geist vollkommen still ist, dann erfährst du *samadhi*. In diesem Zustand gibt es kein 'Ich' oder 'mein' mehr. Dann ist man eine Hilfe für alle und keine Last mehr für andere. Der Durchschnittsmensch kann mit einem kleinen, stehenden Teich verglichen werden, während eine verwirklichte Seele wie ein Fluß oder ein Baum ist, der denen, die zu ihm kommen, Wohlgefühl und Kühle vermittelt."

Es war schon recht spät. Amma stand auf, um zu gehen. Sie wandte sich an den jungen Mann mit den Worten: „Sohn, willst du nicht morgen auch noch hier bleiben? Wenn Amma weiter hier sitzen bleibt, gehen diese Kinder hier auch nicht und verpassen das morgendliche Ashramprogramm. Du kannst Amma morgen wieder sehen."

Samstag, den 16. November 1985

Am nächsten Morgen erschienen mehrere Brahmacharis nicht zum *archana*, da sie die Nacht zuvor so lange mit Amma aufgeblieben waren. Später, kurz bevor die Meditation begann, kam Amma und fragte sie, warum sie nicht beim Archana gewesen wären. Sie erklärte: „Wer über *vairagya* (Loslösung) verfügt, wird die tägliche Routine nicht unterbrechen, ganz egal, wie groß die Müdigkeit auch ist. Kinder, laßt nicht das tägliche Archana aus. Wenn ihr es trotzdem verpaßt, macht zuerst ein eigenes Archana, bevor ihr meditiert."

Alle hörten auf zu meditieren und begannen das *Lalita Sahasranama* zu rezitieren, während Amma dabei saß. Als das Archana fertig war, erhob Amma sich und ging zum Platz auf der Nordseite des Ashrams. Ein paar Brahmacharis und der gestern angekommene junge Mann gesellten sich dazu.

Brahmacharya

Junger Mann: „Ist das Zölibat hier obligatorisch?"

Amma: „Amma hat die hier wohnenden Kinder gebeten, ihre sexuelle Energie in *ojas* (feinstoffliche Energie) umzuwandeln; dann wird es ihnen möglich, ihre wahre Natur zu erkennen - die wirkliches Glück bedeutet. Das ist ihre Lebensweise. Nur diejenigen, denen diese Lebensweise möglich ist, sollten hier bleiben. Die anderen können gehen und *grihasthashrama* leben (spirituell orientiertes Familienleben). Die hier ansässigen Kinder sind angehalten, im Zölibat zu leben. Wer das Gefühl hat, es nicht einhalten zu können, kann jederzeit gehen.

Die Polizei hat ihre eigenen Regeln, ebenso das Militär. Entsprechend gilt es für die im Ashram lebenden Brahmacharis und Brahmacharinis, den Regeln für *brahmacharya* zu folgen. In Zölibat zu leben, ist wesentlich für diejenigen, die sich entschlossen haben, hier zu leben, und dies bezieht sich nicht nur auf den sexuellen Aspekt. Es steht an, alle Sinne im Zaum zu halten: die Augen, die Nase, die Zunge und die Ohren. Amma zwingt niemanden. Sie erklärt ihnen nur, daß das der Weg ist.

Amma hat ihnen sogar geraten zu heiraten; davon wollten sie jedoch nichts wissen. Daraufhin hat Amma ihnen erklärt, daß sie sich dann an eine bestimmte Lebensweise zu halten und bestimmte Regeln einzuhalten haben. Wenn ihnen das nicht möglich ist, steht es ihnen frei zu gehen. Niemandem wird dieser Lebensstil aufgezwungen. Nicht jedem ist es möglich, sich an diesen Weg zu halten. Amma rät ihnen, nichts zu unterdrücken. Du kannst diesen Weg ausprobieren, und wenn er für dich nicht funktioniert, dann heirate.

Wenn du dich für eine Rolle ankleidest, solltest du diese Rolle gut spielen, ansonsten fange lieber gar nicht erst damit an. Wenn du das höchste Ziel erreichen willst, ist Brahmacharya unerläßlich. Was haben unsere Mahatmas darüber gesagt?"

Junger Mann: „Wen meinst du damit?"

Amma: „Buddha, Ramakrishna, Vivekananda, Ramana, Ramatirtha, Chattampi Swami, Narayana Guru. Was sagten sie alle? Warum verließen Buddha, Ramatirtha, Tulsidas und andere Mahatmas ihre Frauen und ihr Zuhause? Warum nahm Shankaracharya[10] so früh Sannyasa auf sich? Bedeutet ihr Verhalten, das Brahmacharya nicht notwendig ist? Hat Ramakrishna nicht Brahmacharya selbst nach seiner Eheschließung befolgt, um anderen ein Beispiel zu geben?.

---

[10] Sri Shankacharya war ein großer Mahatma und Philosoph des 8. Jahrhunderts. Er war ein Exponent der Advaita-Philosophie.

Brahmacharya ist nicht nur etwas Äußerliches; es bedeutet mehr, als nur Verzicht auf Heirat. Jeder Schritt soll in Einklang mit dem höchsten Prinzip geschehen. Nicht einmal ein Gedanke sollte jenes Prinzip verletzten. Brahmacharya schließt auch mit ein, anderen in keiner Weise zu schaden, nicht ohne notwendigen Grund jemandem zuzuhören oder etwas anzuschauen und nur zu sprechen, wenn es nötig ist.

Da es zunächst schwer fallen kann, die Gedanken zu beherrschen, kannst du einen Anfang damit machen, Brahmacharya äußerlich zu praktizieren. Wird Brahmacharya nicht eingehalten, verlierst du alle Kraft, die du durch Sadhana gewonnen hast. Amma rät nicht zur gewaltsamen Unterdrückung. Für diejenigen, die über *lakshya bodha* (beständige Ausrichtung auf das spirituelle Ziel) verfügen, ist Selbstbeherrschung nicht allzu schwierig.

Leute, die in den Ländern des Persischen Golfs arbeiten, kehren oft erst nach mehreren Jahren zurück[11]. In dieser Zeit leben sie weit entfernt von ihrer Frau und ihren Kindern. Wenn es darum geht, Arbeit zu finden, läßt man seine Bindung an die Familie und das Land nicht zum Hindernis werden. Wenn dein Ziel Selbstverwirklichung ist, denkst du ebenso wenig an etwas anderes. Andere Gedanken verschwinden automatisch, ohne sie mit Gewalt unter Kontrolle bekommen zu müssen.

Die Menschen glauben, daß Glück in äußeren Dingen gefunden werden kann. Daher arbeiten sie hart dafür und verschwenden all ihre Energie. Wir sollten darüber nachdenken und die Wahrheit verstehen. Stärke gewinnen wir durch unsere Liebe für Gott und Konzentration auf Tapas. Es wird nicht so schwer fallen, wenn man versteht, daß man mit der Suche nach äußerem Glück nur Energie verschwendet.

---

[11] Seit den Siebziger Jahren ist eine große Anzahl von Indern - insbesondere aus Kerala - zum Arbeiten in die Golfländer gegangen.

Bestimmte Pflanzen tragen keine Früchte, wenn sie zu viele Blätter haben. Nur wenn man sie beschneidet, bringen sie Blüten und Früchte hervor. Desgleichen werden wir die innere Wahrheit nicht finden können, wenn wir uns von äußeren Vergnügungen bestimmen lassen. Wir müssen auf unser Verlangen nach weltlichen Freuden verzichten, wenn wir die Frucht der Selbstverwirklichung ernten wollen."

Junger Mann: „Negiert die spirituelle Kultur Indiens das weltliche Leben völlig?"

Amma: „Nein, nicht wirklich. Sie besagt nur, daß darin kein wahres Glück zu finden ist."

Junger Mann: „Warum ist es nicht möglich, das Ziel zu erreichen und sich gleichzeitig am weltlichen Leben zu erfreuen?"

Amma: „Wenn sich jemand wirklich nach Selbstverwirklichung sehnt, denkt er nicht einmal ans weltliche Leben oder an körperliche Freuden. Wer ein Familienleben führt, kann ebenfalls das Ziel erreichen, vorausgesetzt, man erkennt die Grenzen des weltlichen Lebens, steht völlig über den Dingen und führt ein von Japa, Meditation und Enthaltsamkeit geprägtes Leben.

Junger Mann: „Es ist also sehr schwierig, Selbstverwirklichung zu erreichen, wenn man ein weltliches Leben führt?"

Amma: „Wie sehr du es auch versuchen magst, es ist unmöglich, die Seligkeit des Selbstes zu genießen, wenn gleichzeitig weltliches Glück gesucht wird. Wenn du *payasam* (süßen Reisbrei) aus einem Gefäß ißt, das zum Aufbewahren von Tamarinde verwendet wird, wie willst du dann den wirklichen Geschmack von Payasam erhalten?"

Junger Mann: „Könntest du das noch eingehender erklären?"

Amma: „Wenn du dich körperlichen Freuden hingibst, erfährst du ein gewisses Maß an Glück, nicht wahr? Ohne Selbstbeherrschung jedoch kannst du nicht zur Ebene spiritueller Seligkeit aufsteigen. Du kannst heiraten und mit deiner Frau und deinen Kindern leben - darin liegt kein Problem, solange du gleichzeitig auf das höchste Selbst konzentriert bleiben kannst. Wie will jedoch jemand, der nach weltlichem Glück trachtet, die Freude erlangen, die nicht von dieser Welt ist?"

Junger Mann: „Aber sind die weltlichen Freuden nicht Bestandteil des Lebens? Z.B., schon die Tatsache, daß wir hier sitzen, ist das Ergebnis der körperlichen Beziehungen anderer Menschen. Wenn es die Beziehungen zwischen Mann und Frau nicht gäbe, wie sähe die Welt dann aus? Wie können wir das negieren? Außerdem, wird die höchste Seligkeit jemandem wegen einer körperlichen Beziehung vorenthalten?"

Amma: „Amma sagt nicht, daß weltliche Vergnügungen völlig zurück gewiesen werden sollten, sondern daß es notwendig ist zu verstehen, daß wahres Glück in solchen Freuden nicht zu finden ist. Die Süße einer Frucht liegt nicht in der Haut, sondern im Inneren der Frucht. Wenn dir das klar ist, gibst du der Schale nicht mehr Bedeutung als ihr zukommt. Wenn du begreifst, daß in Sinnesfreuden nicht der wirkliche Lebenszweck liegt, dann wirst du dich nur an *Paramatman* (höchsten Geist) gebunden fühlen. Ja, es ist möglich, das Ziel zu erreichen, wenn man ein Familienleben lebt, vorausgesetzt, man kann völlig losgelöst bleiben - wie ein Fisch im Sumpf.[12]

In alten Zeiten folgten die Menschen den Regeln für die verschiedenen Mitglieder der Gesellschaft. Sie lebten nach den Grundsätzen der Schriften. Sie suchten nicht bloße Sinnesfreuden. Gott war ihr Lebensziel. Nach der Geburt eines Babys behandelte der Mann seine Frau - die nach seinem (Eben)Bild ein Kind geboren hatte - wie seine Mutter. Wenn ihr Sohn erwachsen wurde, übertrugen sie alle Verpflichtungen auf ihn und zogen sich für ein Leben in Einsamkeit in den Wald zurück. Durch ihr Leben als

---

[12] In Indien gibt es einen Fisch, der im Sumpf lebt. Der Fisch ist wie Teflon: Der Matsch haftet nicht an ihm.

Haushälter verfügten sie dann für diesen Lebensabschnitt über ein gewisses Maß an Reife. Ihre Arbeit, die Aufgabe, Kinder groß zu ziehen und das Ringen mit den verschiedenen Lebensproblemen hatte ihre Charaktere reifen lassen. Während *vanaprastha* (Phase des Rückzugs in den Wald) blieb die Frau weiterhin bei ihrem Mann. Aber am Ende wurde auch dieses Band gebrochen, wenn sie Sannyasins - völlig Entsagende - wurden. Und schließlich erreichten sie ihr Ziel. So verlief der übliche Lebensgang. Aber heutzutage ist es anders. Aufgrund der Bindung der Menschen an ihren Reichtum, ihre Familie und ihren Egoismus, lebt niemand mehr so. Das muß sich ändern. Es ist notwendig, sich das wirkliche Lebensziel vor Augen zu halten und entsprechend zu leben."

Junger Mann: „Sagen nicht manche Leute, daß die Vereinigung von Mann und Frau das größte Glück ist und daß selbst die Liebe einer Mutter für ihre Kinder sexuellen Ursprungs ist?"

Amma: „So begrenzt ist ihr Wissen. Das ist alles, was sie sehen können. Selbst im Eheleben sollte nicht die Lust die treibende Kraft sein. Wirkliche Liebe sollte die Basis der Beziehung zwischen Mann und Frau sein. Liebe nährt alles. Liebe liegt dem Universum zugrunde. Ohne Liebe könnte keine Schöpfung stattfinden. Der wirkliche Ursprung dieser Liebe ist Gott, nicht sexueller Antrieb.

Manche Paare erzählen Amma: 'Unser sexuelles Verlangen schwächt unseren Geist. Es ist uns nicht möglich, wie Bruder und Schwester zusammen zu leben. Wir wissen nicht, was wir tun sollen.'

Worin liegt die Ursache für diesen Zustand? Der Mensch lebt heutzutage als Sklave seiner Lust. Wenn das noch weiter unterstützt wird, in was für einen Zustand wird dann die Welt geraten? Daher rät Amma den Menschen, sich nach innen zu wenden und nach der Quelle echter Seligkeit zu suchen. Was sollten wir tun - die Leute weiter machen lassen mit dem irrigen

Weg gedankenloser Impulse, oder sie von diesen Irrtümern weg-
bringen auf den Pfad der Unterscheidungskraft?

Es gibt Menschen, die in der Vergangenheit zahllose Fehler
begingen, dann jedoch durch Sadhana ihre Gedanken beherrschen lernten und schließlich der Welt Nutzen brachten. Selbst
Menschen, die sogar ihre eigenen Schwestern lustvoll betrachteten, wurden fähig, alle Frauen als ihre Schwestern anzusehen.

Betrachten wir einmal das Beispiel von fünf Brüdern in einer
Familie: Einer ist Alkoholiker, der zweite jagt dem Luxus nach,
der dritte hat mit allen Streit, der vierte stiehlt alles, was ihm
unter die Augen kommt. Der fünfte unterscheidet sich jedoch
von den anderen. Er führt ein einfaches Leben, verfügt über
ein gutes Naturell, Mitgefühl und Freude am Geben. Er ist ein
wahrer *karma yogi*. Dieser eine Bruder erhält die Harmonie in
der Familie. Welchen der fünf sollten wir nachahmen?

Amma kann nicht eine andere Auffassung vertreten. Das
heißt nicht, daß sie den Menschen mit anderer Lebensweise den
Rücken zuwendet. Amma betet, daß sie ebenfalls auf diesen Weg
kommen, denn nur dadurch kann es Frieden und Zufriedenheit
in der Welt geben."

Junger Mann: „Amma könntest du noch etwas mehr über die
Seligkeit des Selbstes sagen, über die du zuvor gesprochen hast?"

Amma: „Das ist etwas, was man selbst erfahren muß. Kannst
du die Schönheit einer Blüte erklären oder die Süße von Honig
beschreiben? Wenn jemand dir einen Schlag versetzt, so kannst
du sagen, daß es schmerzvoll ist, aber kannst du exakt in Worten
wiedergeben, wieviel Schmerz du fühlst? Wie also läßt sich die
Schönheit des Unendlichen beschreiben?

Spirituelle Seligkeit kann nicht durch den Intellekt erfahren
werden. Das Herz wird gebraucht. Der Intellekt zerschneidet
Dinge wie eine Schere. Das Herz jedoch näht sie zusammen wie
eine Nadel. Das soll nicht heißen, daß der Verstand überflüssig ist:

Wir benötigen Herz als auch Verstand. Wie die zwei Flügel eines Vogels hat beides seinen Platz. Wenn der Damm eines Flusses zu brechen und das ganze Dorf zu überfluten droht, muß sehr schnell eine Lösung gefunden werden. In solchen Situationen sind der Verstand und Stärke vonnöten. Manche Menschen brechen selbst angesichts kleiner Probleme zusammen und weinen. Es sollte uns möglich sein, jedem Hindernis ohne Schwäche entgegenzutreten. Es ist wichtig, unsere innere Stärke zu entdecken. Das geschieht durch spirituelle Übungen."

Wie ein sanfter Wind vertrieben Ammas Worte die Wolken der Unwissenheit in der vertrauten kleinen Runde der Gottsucher. Sie ermöglichten ihnen, im Licht von Ammas Weisheit zu baden.

Dienstag, den 7. Januar 1986

Kurz vor zehn Uhr gesellte sich Amma zu den Brahmacharis im Meditationsraum.

Amma: „Kinder, wenn ihr an Amma in der Gestalt dieser Person hängt, werdet ihr keine Fortschritte machen können. Ihr solltet die Mutter des Universums lieben, nicht diesen physischen Körper. Bemüht euch darum, das wahre Prinzip hinter Amma zu erkennen, sie in euch selbst entdecken und in allen Lebensformen, in jedem Gegenstand. Wenn du mit dem Bus fährst, bindest du dich nicht an den Bus. Der Bus ist lediglich das Transportmittel, um zum Ziel zu gelangen."

Ein junger Mann mit dem Namen Jayachandra Babu ging zu Amma und warf sich vor ihr nieder. Er lebte in Trivandrum und war am Vortag zum ersten Mal zu ihrem Darshan erschienen. Jetzt war er wieder gekommen, nachdem er seiner Familie eine Notiz hinterlassen hatte, daß er für immer in den Ashram gehe.

Amma sagte zu ihm: „Mein Sohn, wenn du jetzt hier bleibst, wird deine Familie einen Krach inszenieren und Amma beschuldigen. Sie werden sagen, daß Amma dich ohne ihre Einwilligung hier behält. Deshalb mußt du eine Zeitlang wieder nach Hause zurückkehren."

Zunächst wollte Babu nicht gehen, aber als Amma darauf bestand, willigte er schließlich ein, nach Hause zurück zu kehren. Er verneigte sich wieder vor Amma und stand auf.

„Sohn, hast du genügend Geld für den Bus?" erkundigte sich Amma.

„Nein, ich habe nicht genügend dabei, da ich ja nicht vor hatte zurück zu fahren." Amma bat Br. Kunjumon, ihm etwas Geld für den Bus zu geben. Babu ging mit ihm mit, während Amma weiter zu den Brahmacharis sprach.[13]

Verehrung einer Form

Amma: „Manche Leute sagen: 'Meditiere nicht über eine Gestalt, da Brahman formlos ist, und man daher über das Formlose meditieren sollte.' Was für eine Logik ist das? Normalerweise machen wir uns ein Bild von unserem Meditationsthema, nicht wahr? Selbst wenn wir über eine Flamme oder einen Ton meditieren, ist unsere Vorstellung im Spiel. Welcher Unterschied besteht zwischen jener Art der Meditation und der über eine Gestalt? Diejenigen, die über das Formlose meditieren, sind ebenfalls von der Vorstellungskraft abhängig. Manche stellen sich Brahman als reine Liebe, Unendlichkeit oder alldurchdringend vor. Einige wiederholen: 'Ich bin Brahman', oder fragen 'Wer bin ich?' Aber es handelt sich immer noch um mentale Konzepte. Also kann man nicht von wirklicher Meditation über Brahman sprechen. Welcher Unterschied liegt dann zwischen solcher Meditation und der über eine Gestalt? Um einem durstigen Mann Wasser zu bringen, benötigen wir einen Behälter. Um den formlosen Brahman zu verwirklichen, ist ein Hilfsmittel notwendig. Ferner,

---

[13] Bald darauf kam Babu in den Ashram und wurde ein Brahmachari.

wenn wir uns für Meditation über das Formlose entscheiden, wie soll das möglich sein, ohne Liebe für Brahman zu entwickeln? Es handelt sich somit doch um nichts anderes als *bhakti* (Hingabe). Der persönliche Gott ist daher nichts anderes als Brahman, der die Gestalt einer Person annimmt."

Br. Rao[14]: „Das ist der Gott, den wir als Amma sehen."

Amma (lachend): „Stell dir Brahman mit einem Kopf, zwei Augen, einer Nase und Gliedmaßen vor! Wie sieht das aus?"

Ein Brahmachari: „Was für einen Sinn hat es, sich solch ein Wesen vorzustellen?"

Amma: „Die Verehrung fällt leicht, wenn wir uns Brahman in einer bestimmten Gestalt vorstellen. Dann können wir durch unser *prema* (höchste Liebe) leicht das dahinter stehende ewige Prinzip verwirklichen. Das gesamte Wasser in einem Tank kann durch einen einzigen Wasserhahn hinaus fließen. Durch den Wasserhahn ist es leichter möglich, unseren Durst zu stillen."

Br. Venu[15] stellte eine andere Frage: „Amma, es heißt, daß Jarasandha sogar Krishna dazu brachte, vom Schlachtfeld zu fliehen? Wie war das möglich?"

Amma: „Ein *avatar* (Gottgesandter) wie Krishna würde niemals aus Furcht fliehen, sondern nur, um uns etwas zu lehren."

Venu: „Jarasandha war nicht das Schicksal vergönnt, durch die Hände des Herrn zu sterben. Daher floh der Herr. Stimmt das, Amma?"

Amma: „Ja, das stimmt. Außerdem würde Krishna den Stolz einer Person erst zerstören, nachdem er ihn voll heraus kommen lassen hat. Wenn das Kind ein furchterregendes Gesicht macht, wird der Vater mitspielen und so tun, als hätte er Angst, was in Wirklichkeit natürlich nicht der Fall ist."

---

[14] Einige Jahre später, als er Sannyas-Einweihung erhielt, bekam Br. Rao den Namen Swami Amritatmananda.

[15] Swami Pranavamritananda.

43

Ein anderer Brahmachari fragte: „Amma, in letzter Zeit fühle ich mich beim Meditieren so schläfrig. Was soll ich tun?"

Amma: „Laufe am Morgen eine Weile oder verrichte eine Arbeit, die dir Bewegung verschafft. Laß *rajas* (Aktivität) *tamas* (Trägheit) vertreiben. Ohne irgend eine physische Betätigung kommen *vatta, pitta* und *kapha* aus dem Gleichgewicht[16], und du fühlst dich zu schläfrig zum Meditieren." Mit einem Lachen fügte Amma hinzu: „Gott wird denen, die zu faul zum Arbeiten sind, letzten Endes viele Probleme bereiten."

Amma mit einem Gelehrten

Als Amma aus dem Meditationsraum kam, fand sie einen *shastri* (Religionsgelehrten) vor, der auf sie wartete. Bei ihrem Anblick band der alte Mann als Zeichen des Respekts sein Baumwolltuch um die Hüfte, warf sich vor ihr auf den Boden und brachte zu ihren Füßen ein paar mitgebrachte Früchte dar. Er hielt auch eine Ausgabe der Brahma Sutras in der Hand. Er nahm das Buch seit 40 Jahren überall mit hin und las täglich darin. Amma setzte sich mit ihm auf die Veranda des Meditationsraumes.

Amma: „Wann bist du angekommen, Sohn?"

Shastri: „Ich bin noch nicht lange hier. Ich komme gerade von Trivandrum und bin auf dem Weg nach Hause. Mein Sohn ist im letzten Monat hier gewesen und hat mir von Amma erzählt. Daher entschloß ich mich, den Heimweg zu unterbrechen, um dir einen Besuch abzustatten."

---

[16] Gemäß der alten indischen Ayurveda-Wissenschaft, gibt es drei Hauptlebenskräfte, bzw. biologische Temperamente, genannt Vata, Pitta, Kapha, die den Elementen Luft, Feuer und Wasser entsprechen. Diese drei Elemente bestimmen die Lebensabläufe von Wachstum und Abbau. Sie stellen ursächliche Kräfte im Krankheitsverlauf dar. Die Vorherschaft von einem oder mehr dieser Elemente bestimmt die psycho-physische Natur des Menschen.

Amma schloß ihre Augen und meditierte eine Weile. Als sie ihre Augen wieder öffnete, fuhr der Shastri fort: „Amma, die vergangenen vierzig Jahre habe ich mich mit dem Vedanta-Studium befaßt und darüber gesprochen, aber bis zu diesem Tag habe ich keinen inneren Frieden gefunden."

Amma: „Sohn, Vedanta hat wenig mit Lesen und Abhalten von Vorträgen zu tun. Vedanta sollte eine Lebensweise sein. Man kann einen ausgezeichneten, farbigen Plan eines Hauses anfertigen, aber man kann in dieser Skizze nicht leben, nicht wahr? Selbst wenn man nur eine kleine Unterkunft wünscht, als Schutz vor Regen und Sonne, ist es notwendig, Steine und Holz zum Bauplatz zu transportieren und die Hütte zu errichten. Entsprechend läßt sich das Höchste nicht ohne die Ausübung von Sadhana erfahren. Wenn du deinen Geist (mentale Ebene) nicht unter Kontrolle gebracht hast, bringt es dir nichts, die Brahma Sutras zu wiederholen. Nur Aufsagen können ein Papagei oder Recorder ebenso."

Der Gelehrte hatte Amma nicht erzählt, daß er die Brahma Sutras und die Panchadashi täglich rezitierte. Erstaunt über ihren Hinweis, sprudelten nun all seine Probleme aus ihm heraus. Amma nahm ihn in den Arm und sprach ihm Trost zu. Dann ließ sie ihn in seiner Nähe sitzen und begann, anderen Darshan zu geben. Der alte Mann beobachtete Amma mit größter Aufmerksamkeit. Plötzlich füllten sich seine Augen mit Tränen und er begann zu weinen. Amma wandte sich ihm zu und tröstete ihn.

Shastri: „Amma, ich fühle einen Frieden, den ich in vierzig Jahren nicht gefunden habe! Nun brauche ich all mein Wissen und Gelehrtheit nicht mehr. Ich wünsche nur deinen Segen, damit ich diesen Frieden nicht mehr verliere."

Amma: „Namah Shivaya! Es reicht nicht, Vedanta zu studieren und sich zu bemühen, sie mit dem Verstand zu absorbieren. Das vedantische Wissen muß ins Herz gebracht werden. Wenn du von der Süße des Honigs gehört hast, magst du davon etwas in die Hand nehmen, aber nur wenn du ihn auf der Zunge schmeckst, kannst du die Süße erfahren. Die angesammelten Kenntnisse des Verstandes sollten mit dem Herz verbunden werden, denn dort findet die wirkliche Erfahrung statt. Es wird die Zeit kommen, wo dein Herz und dein Verstand eins werden. Dieser Zustand läßt sich nicht mehr in Worten beschreiben. Es handelt sich um direkte Erfahrung, unmittelbare Wahrnehmung. Man kann alle Bücher, die es gibt, lesen ohne je diese Erfahrung zu machen. Es ist notwendig, überzeugt davon zu sein, daß nur Gott Wirklichkeit ist und dann ständig an ihn zu denken. Reinige dein Herz. Sieh Gott in allem und liebe alle Wesen. Mehr ist nicht notwendig. Du bekommst alles, was du brauchst."

Shastri: „Amma, ich habe viele Mahatmas und Ashrams aufgesucht, aber erst heute ist mein Herz aufgegangen, das spüre ich deutlich." Äußerst liebevoll wischte Amma seine Tränen ab, als er fortfuhr: „Es ist deine Gnade, die mich schließlich zu dir geführt hat. Wenn Amma einverstanden ist, würde ich gern für ein paar Tage bleiben."

„Wie du wünschst, Sohn."

Amma bat einen Brahmachari für die Unterkunft des Shastris zu sorgen und ging dann auf ihr Zimmer.

Abhyasa Yoga

Das Yoga wiederholter, andauernder spiritueller Übung

Um drei Uhr nachmittags endete Ammas Darshan. Mit dem Shastri und ein paar Brahmacharis ließ sie sich in der Nähe des Kuhstalls nieder.

Ein Brahmachari: „Amma, wie können wir ununterbrochen an Gott denken?"

Amma: „Dazu bedarf es der ständigen Übung. Stets an Gott zu denken ist für euch keine natürliche Gewohnheit, daher ist es notwendig, sie zu kultivieren. Das Rezept heißt Japa. Höre keinen Moment mit Japa auf, selbst nicht beim Essen oder Schlafen.

Kleine Kinder, die sich sehr bemühen, das Rechnen zu lernen, wiederholen: 'Eins plus eins ist zwei, eins und zwei ist drei,' usw., während sie sitzen, herumlaufen und zur Toilette gehen. Sie fürchten sich vor Strafe im Unterricht, wenn sie die Ergebnisse nicht richtig behalten. Deshalb üben sie ständig, ganz egal, was sie machen. Das Gleiche müßt ihr tun.

Erkenne, daß alles in der Welt Gott ist und daß nichts in der Welt ohne ihn funktionieren kann. Du solltest Gott in allem, was du berührst, sehen. Wenn du einen Kamm in die Hand nimmst oder die Kleidung, die du anziehen willst, so stell dir vor, daß sie göttlich ist.

Denke bei all deinen Tätigkeiten an Gott und bete: 'Du bist meine einzige Zuflucht. Nichts anderes ist von Bestand. Die Liebe von niemand anderem wird dauerhaft sein. Weltliche Liebe kann mir eine Zeitlang ein gutes Gefühl vermitteln, aber letztendlich wird sie nur Schmerz bereiten. Es ist, als ob man von jemandem mit giftigen Händen gestreichelt würde, da am Ende solcher Liebe immer Leid steht. Sie bringt keine Erlösung. Nur du, Gott, kannst mein Sehnen erfüllen!' Auf diese Weise sollten wir ständig beten. Ohne solche Loslösung können wir uns nicht weiter entwickeln oder andern helfen. Wir sollten fest davon überzeugt sein, das nur Gott von Bestand ist.

Wir müssen alle angesammelten Vasanas ablegen. Es ist schwierig, sich aller auf einmal zu entledigen. Ständige Übung ist notwendig. Wir sollten unser Mantra ununterbrochen singen - beim Sitzen, Essen, Gehen und Liegen. Indem wir das Mantra wiederholen und uns die göttliche Gestalt vorstellen, schwinden unsere äußeren Gedanken und wir erreichen innere Reinheit. Um das Gefühl von „Ich" weg zu waschen, benötigen wir die „Du"-Seife. Wenn wir alles als Gott wahrnehmen, verblaßt das „Ich", d.h., das Ego, und das höchste Ich beginnt in uns zu leuchten.

Br: „Ist es nicht schwierig, sich beim Japa die bevorzugte Gottheit vorzustellen?"

Amma: „Sohn, in diesem Augenblick sprichst du zu Amma. Fällt es dir schwer, zu ihr zu sprechen, weil du sie siehst? Du kannst mich doch gleichzeitig sehen und zu mir sprechen, nicht wahr? In gleicher Weise können wir uns die Gestalt der geliebten Gottheit vorstellen und Japa machen. Aber nicht einmal das ist wirklich notwendig, wenn du mit ganzer Intensität die Mutter anrufen kannst mit dem Gebet: 'Oh Mutter, verleih mir Stärke! Vernichte meine Unwissenheit! Hebe mich auf deinen Schoß! Dein Schoß ist meine einzige Zuflucht; nur dort kann ich Frieden finden. Warum, Mutter, drängst du mich in diese Welt? Nicht einen Augenblick lang möchte ich ohne dich sein. Bist du es nicht, bei der alle Menschen Zuflucht finden können? Bitte, sei mein! Übernimm mein Denken!' Rufe in dieser Weise."

Br: „Aber ich empfinde keine Hingabe. Und muß ich nicht Hingabe fühlen, um so beten zu können? Amma, du rätst uns nach Gott zu weinen und zu rufen, aber dazu muß mir doch erst einmal danach zu Mute sein!"

Amma: „Wenn du zunächst nicht weinen kannst, wiederhole die Worte wieder und wieder - bringe dich zum Weinen. Ein Kind bedrängt die Mutter, damit sie ihm das Gewünschte kauft. Es läuft ihr nach und hört nicht auf zu weinen, bis es den gewünschten Gegenstand in der Hand hat. In dieser Weise müssen wir auch die göttliche Mutter bedrängen. Wir müssen dasitzen und weinen, sie keinen Augenblick in Ruhe lassen und rufen: 'Zeige dich mir! Zeige dich!' Sohn, wenn du sagst, daß du nicht weinen kannst, heißt das, daß du keine wirkliche Sehnsucht hast. Jeder weint, wenn die Sehnsucht ihn überkommt. Kannst du nicht weinen, so bringe dich dazu, auch wenn es einige Mühe kostet.

Nehmen wir einmal an, du bist hungrig, aber du hast weder Geld noch etwas zu essen. Du wirst irgendwo hin gehen oder etwas unternehmen, um Nahrung zu bekommen, nicht wahr? Rufe zur göttlichen Mutter und flehe: 'Warum gibst du mir keine Tränen?' Frage sie: 'Warum bringst du mich nicht zum Weinen?' Heißt das, daß du mich nicht liebst? Wie kann ich leben, wenn du mich nicht liebst?' Dann wird sie dich stärken, und du wirst weinen können. Kinder, so hat Amma es früher gemacht. Ihr könnt es ebenso.

Solche Tränen fließen nicht aus Kummer, sondern sind ein Zeichen innerer Seligkeit. Diese Art der Tränen strömen, wenn der *jivatman* (die individuelle Seele) in *Paramatman* (das höchste geistige Sein) eingeht. Die Tränen bezeichnen also einen Augenblick der Einheit mit Gott. Wer uns dabei zuschaut, mag es vielleicht als Kummer auslegen. Für uns jedoch ist es Seligkeit. Aber man braucht kreative Vorstellungskraft, um diesen Zustand erreichen zu können. Versuch es, Sohn!"

Br: „Ich habe früher über die Gestalt Bhagavans (Krishnas) meditiert. Aber nachdem ich Amma begegnet bin, wurde das unmöglich, weil ich dann nur über Ammas Gestalt meditieren konnte. Jetzt gelingt auch das nicht mehr, denn wenn ich an dich denke, kommt mir der Herr in den Sinn; wenn ich an ihn denke, taucht deine Gestalt auf. Das stimmt mich traurig, weil ich nicht entscheiden kann, über wen ich meditieren soll. Zur Zeit meditiere ich über den Klang des Mantras."

Amma: „Konzentriere dich auf das, was dich am meisten anspricht. Verstehe, daß alles darin enthalten ist, und zwar nicht getrennt von dir. Denke daran, daß es sich bei jedem und allem, dem du begegnest, um verschiedene Gesichter der einen Form handelt."

Liebe ist wesentlich

Shastri: „Amma, was sollten wir tun, damit die Gestalt unserer geliebten Gottheit während der Meditation klar und deutlich erscheint?"

Amma: „Die Gestalt wird erst dann deutlich, wenn du reine Liebe für die Gottheit entwickelst. Solange du Gott nicht sehen kannst, sollte dir das absolute Pein verursachen.

Ein Sadhak sollte die gleiche Haltung Gott gegenüber haben, wie ein Liebhaber gegenüber seiner Geliebten. Die Liebe sollte so stark sein, daß er die Trennung von Gott nicht ertragen kann, nicht einmal für einen Augenblick. Wenn ein Liebender seine Geliebte zuletzt in blau gekleidet gesehen hat, dann wird ihn auch nur das kleinste bißchen Blau irgendwo an sie und ihr Aussehen erinnern. Beim Essen und selbst beim Schlafen, ist er im Geiste ganz bei ihr. Wenn er am Morgen aufsteht, seine Zähne putzt und seinen Kaffee trinkt, fragt er sich, was sie wohl gerade macht. Dieser Art sollte unsere Liebe für unsere bevorzugte Gottheit sein. Wir sollten an nichts anderes denken können, als an unsere verehrte Gottheit. Selbst eine bittere Melone, verliert ihren bitteren Geschmack und wird sogar süß, wenn man sie eine Weile in Zucker legt. Ähnlich wird eine negative Geisteshaltung durch Gottergebenheit und indem man unterbrochen an ihn denkt, bereinigt.

Als eine *Gopi* einmal durch Brindavan ging, sah sie im Boden unterhalb eines Baumes eine kleine Vertiefung. Sie begann sich vorzustellen: 'Hier ist sicherlich Krishna entlang gegangen. Die Gopi, die bei ihm war, muß um eine Blume von dem Baum gebeten haben. Er nahm ihre Schulter als Stütze und sprang dann in den Baum. Dies Loch im Boden ist offensichtlich durch seinem Fuß hervor gerufen worden, als er hochsprang.' Die Gopi rief die anderen Gopis und zeigte ihnen die Fußspur des Herrn. In Gedanken an ihn vergaßen sie alles andere.

Diese Gopi sah in allen Krishna. Wenn jemand ihre Schulter berührte, stellte sie sich vor, es sei Krishna; und durch ihre intensive Hingabe verlor sie alles Außenbewußtsein. Wenn die anderen Gopis an Krishna dachten, vergaßen sie ebenfalls ihre Umgebung und vergossen Tränen der Verzückung. Auch wir sollten uns bemühen, den Zustand zu erreichen, wo wir alles, was wir sehen, mit Gott in Zusammenhang bringen. Es sollte für uns keine andere Welt geben als die des Herrn. Dann bedarf es keiner besonderen Bemühung, ihn in unserer Meditation zu sehen, weil es in unserem Geiste keine Zeit ohne ihn gibt.

Unser Geist sollte allem, was wir sehen, entgegen rufen: 'Liebe Bäume und Pflanzen, wo ist meine Mutter? Oh, Vögel und Tiere, habt ihr sie gesehen? Lieber Ozean, wo ist die allmächtige Mutter, die dir die Kraft zur Bewegung verleiht?' Wir können unsere Vorstellungskraft in dieser Weise einsetzen. Wenn wir beständig darin sind, wird unser Geist alle Hindernisse durchbrechen. So gelangen wir zu den Füßen des höchsten Wesens und halten daran fest. Nutze deine Phantasie in dieser Weise. Dann wird die Gestalt deiner Gottheit mit Sicherheit klar in dir werden."

Br: „Manchmal bin ich der Meinung, daß andere etwas verkehrt machen und das raubt mir den Seelenfrieden. Wie kann man lernen, anderen zu vergeben?"

Amma: „Nehmen wir einmal an, eine deiner Hände gerät versehentlich ins Auge. Die andere schlägt deshalb nicht die Hand, die dem Auge weh getan hat, nicht wahr? Es erhebt sich nicht die Frage einer Bestrafung. Du vergibst deiner Hand einfach. Verletzt du deinen Fuß, wenn du versehentlich über etwas stolperst oder schneidest du dir in die Hand, erträgst du es einfach. Man ist so geduldig mit seinen Augen, Händen und Füßen, weil man weiß, daß sie zum eigenen Körper gehören. Ganz gleich wieviel Schmerz sie dir von Zeit zu Zeit bereiten, du nimmst es hin. In der gleichen Weise sollten wir andere als Teil von uns selbst betrachten. Wir sollten verstehen, daß wir selbst die Ursache von allem sind, daß wir in allem sind und nichts getrennt von uns ist. Dann beachten wir die Fehler der anderen nicht; auch wenn wir sie sehen, behandeln wir sie wie unsere eigenen und vergeben ihnen.

Wir können auch die Einstellung der Gottergebenheit wie Kuchela[17] annehmen: Was immer geschieht, ist Gottes Wille. Wir sollten uns als Diener Gottes betrachten. Dann wird es uns nicht mehr möglich sein, uns über jemanden zu ärgern, und wir entwickeln Demut.

Eine Möglichkeit besteht darin, alle als sich selbst anzusehen, eine andere, jeden als Gott zu betrachten und ihnen zu dienen.

Lebe jeden Augenblick mit Shraddha (wacher Aufmerksamkeit). Nimm deine Mahlzeit erst zu dir, nachdem du dein Mantra gesungen hast, begleitet von folgendem Gebet: 'Oh Herr, haben alle anderen zu essen gehabt? Haben alle, was sie brauchen? Bitte segne jeden, auf daß sie alles, was sie brauchen, erhalten.' Wir sollten Mitgefühl für diejenigen empfinden, die es schwer haben.

---

[17] Kuchela war ein lieber Freund und Mitschüler des jungen Krishna. Später heiratete Kuchela und lebte ein einfaches Leben als armer, jedoch zufriedener Brahmane, der über Selbstbeherrschung verfügte. Der Armut überdrüssig, bat seine Frau ihn eines Tages, seinen alten Freund Krishna aufzusuchen und ihn um finanzielle Hilfe zu bitten. Kuchela entschloß sich, Krishna einen Besuch abzustatten, einfach um seinen lieben Freund zu sehen; um Hilfe wollte er nicht bitten. Krishna hieß Kuchela herzlich willkommen. Kuchela wurde mit Freude und Frieden erfüllt. Seine schwierige Lage erwähnte er mit keinem Wort. Krishna kannte sein Herz und entschloß sich insgeheim, seinen Freund mit großem Reichtum zu überraschen. Ohne eine Ahnung zu haben, machte sich Kuchela auf den Heimweg. Sein einziger Kummer war, daß er seiner Frau würde sagen müssen, daß er Krishna nicht um Hilfe gebeten hatte. Zu seinem Erstaunen fand er bei seiner Ankunft statt seiner armseligen Hütte einen Palast mit einem schönen Garten vor. Seine Frau war mit kostbaren Kleidern und Juwelen geschmückt und von Dienern umringt. Kuchela betete darum, niemals an seinem erhaltenen Besitz zu hängen und den Herrn stets um seiner selbst willen zu lieben.

Dann werden wir innerlich rein. Unser Mitgefühl wird uns Gott nahe bringen."

Mit diesem Lobpreis auf die universelle Liebe beendete Amma ihre Ausführungen über die Ausübung von Hingabe. Ihre Ratschläge waren für den aufmerksam zuhörenden Shastri und die Brahmacharis wie Nektar und ihre Herzen öffneten sich wie Blüten.

Mittwoch, den 15. Januar 1986

Amma mit ihren Verehrern

Es war kurz nach acht Uhr morgens. Amma saß mit den Brahmacharis im Meditationsraum.

Amma: „Kinder, wenn ihr euch hinsetzt und einfach nur denkt: 'Ich fange jetzt an zu meditieren,' wird das Bild eurer Gottheit nicht vor euch erscheinen. Ihr sitzt lediglich mit geschlossenen Augen da, und nach einer Weile erinnert ihr euch: 'Oh, ich sollte ja meditieren!' Wenn ihr euch zum Meditieren hinsetzt, so ruft innerlich zu Gott: 'Oh Herr, willst du nicht in mein Herz kommen? Ohne deine Hilfe kann ich dich nicht sehen. Du bist meine einzige Zuflucht!' Stellt euch vor, daß eure geliebte Gottheit vor euch steht. Nach einer Weile wird seine, bzw. ihre Gestalt dann klar in eurem Geiste leuchten."

Um halb zehn Uhr kam Amma aus der Meditationshalle. Sie traf mit einer Besucherin zusammen, die ein paar Tage im Ashram verbracht hatte und nun nicht mehr heimkehren wollte. Amma bemühte sich, sie umzustimmen, aber die Frau entgegnete, daß sie Amma nicht verlassen wolle. Zu den Umstehenden machte Amma die Bemerkung: „Amma hat ihr gesagt, daß sie bleiben kann, wenn sie eine schriftliche Zustimmung von ihrem Mann bringt. Es wäre nicht richtig, sie ohne seine Zustimmung bleiben zu lassen. Was könnte Amma sagen, wenn er herkäme, um sich zu beschweren? Auch könnten andere versuchen, ihrem Beispiel zu folgen. Einige Tage behauptete sie, ihr Mann würde in ein oder zwei Tagen kommen; er ist jedoch nicht aufgetaucht. Außerdem hat sie zu Hause eine Tochter." Zur Frau gewendet sagte sie: „Amma kann nicht länger warten. Morgen mußt du gehen."

Die Frau brach in Tränen aus: „Amma, wenn er am Sonntag nicht kommt, verspreche ich, Montag zu gehen."

Angesichts der unter Tränen hervor gebrachten Bitte schmolz Ammas Herz und sie erlaubte ihr zu bleiben.

Auf dem Weg zur Darshanhütte warf Amma einen Blick in den gerade stattfindenden Vedanta-Unterricht. Als sie sah, wie ein Brahmachari den Ausführungen gegen die Wand gelehnt zuhörte, wies sie ihn mit folgenden Worten zurecht: „Ein spiritueller Mensch sollte sich an einem Ort des Lernens nicht so gegen die Wand lehnen, sondern aufrecht sitzen, und zwar mit voller Aufmerksamkeit, ohne sich irgendwo anzulehnen und ohne die Arme und Beine zu bewegen. Ansonsten verstärkt sich das Tamas. Ein Sadhak sollte in sich ruhen und von keiner äußeren Stütze abhängig sein. Spirituelles Leben bedeutet nicht, herum zu hängen und tamasische Eigenschaften zu fördern. Wie schwer es auch sein mag, man sollte mit geradem Rücken sitzen."

Dann ging Amma zur Darshanhütte weiter, trat hinein und setzte sich auf ein einfaches Holzbett, auf dem eine Decke aus Baumrinde lag. Die Leute, die auf sie gewartet hatten, kamen nacheinander hinein und verneigten sich. Einer von ihnen litt an einer Nackenverletzung. Es war sein zweiter Besuch bei Amma. Bei seinem ersten war es ihm nicht einmal möglich gewesen, seinen Kopf aufrecht zu halten, und seine Schulter war gelähmt gewesen. Zuvor hatte er sich operieren lassen, aber es war keine Besserung eingetreten. Amma hatte ihm etwas *bhasma* (heilige

Asche) gegeben und ihn gebeten, Asche von einem Begräbnisfeuer zu sammeln.

Amma: „Wie geht es jetzt, mein Sohn?"

Besucher: „Viel besser. Ich kann meinen Kopf aufrecht halten und ohne Probleme reisen. Das ging vorher nicht; ich mußte immer im Bett liegen. Das erste Mal war es sehr schwierig hierher zu kommen, heute war es jedoch kein Problem. Ich habe Asche vom einer Kremation mitgebracht." Er überreichte Amma das Päckchen.

Amma öffnete das Päckchen und gab etwas Asche in ihre Hand.

Amma: „Sohn, in dieser Asche ist viel Erde. Du solltest reine Asche ohne jede Erde darin bringen. Achte beim nächsten Mal darauf. Dies Mal gibt Amma dir das übliche Bhasma von hier."

Amma nahm etwas heilige Asche von einem Teller und rieb seinen Nacken damit ein. Sie bat einen Brahmachari, etwas Papier zu holen, um die Asche darin einzuwickeln. Er brachte ein Stück, das er von einem sauberen Blatt abgerissen hatte.

Amma: „Sohn, wie konntest du solch gutes Papier zerreißen? Ein Stück Zeitung wäre zum Einwickeln der Asche gut genug gewesen. Dies weiße Papier könnte zum Schreiben benutzt werden. Amma denkt an die Nützlichkeit von allem. Verschwende niemals etwas. Keine Verschwendung - das ist Shraddha. Und nur mit Shraddha kannst du Fortschritte machen."

Eine Frau aus der Schweiz saß in Ammas Nähe. Sie war gerade im Ashram angekommen und begegnete Amma zum ersten Mal. Sie hatte Amma einige Geschenke mitgebracht, die sie jetzt öffnete und ihr zeigte.

Die Frau: „Ich habe viel Zeit damit verbracht, diese Dinge auszusuchen, denn ich wußte nicht, was Amma gefallen würde."

55

Amma: „Amma weiß, wieviel deine Gedanken bei ihr weilten, als du diese Geschenke gekauft hast. Aber Amma braucht diese Dinge nicht. Sie möchte deine geistige Zuwendung.

Du hast diese Geschenke mit Liebe gebracht. Aber es wird nicht immer möglich sein, solche Geschenke zu machen. Sei nicht traurig, wenn du später einmal nichts mitbringen kannst. Höre nicht auf zu kommen, nur weil du nichts hast, was du mir geben kannst. All diese Dinge sind vergänglich. Wenn du aber deinen Geist darbringst, wird der Nutzen dauerhaft sein, und du erhältst deinen Geist in reinem Zustand zurück."

Die Frau: „Heißt es nicht, daß man nicht mit leeren Händen beim Guru erscheinen sollte, daß man stets etwas bringen sollte?"

Amma: „Aber nicht weil der Guru irgend etwas braucht. Man bringt etwas dar als Symbol dafür, sich selbst innerlich zu geben. In dieser Weise wird dem Guru das *prarabdha* (Früchte vergangener Handlungen) zu Füßen gelegt. Wenn man nichts anderes hat, ist eine Zitrone ausreichend. Ist selbst das unmöglich, heißt es, daß auch ein Stück Feuerholz genügt."

Während Amma sprach, ging eine Frau zu ihr, legte ihren Kopf in ihren Schoß und brach in Tränen aus. Unter Schluchzen sagte sie: „Amma, gib mir Hingabe! Du hast mich bis jetzt zum Narren gehalten, aber das funktioniert nicht mehr!" Liebevoll bemühte Amma sich, sie zu trösten, aber die Frau fuhr fort: „Dieser Trick funktioniert nicht mehr. Amma, die alles weiß, stellt mir all diese höflichen Fragen - nur um mich zum Narren zu halten. Amma, stell mir nicht solche Fragen! Was kann ich dir schon sagen? Du kennst mich besser, als ich mich selbst!"

Die Frau wollte dem Ashram ihr Haus vermachen, aber Amma nahm das Angebot nicht an. Sie weinte nun, weil sie Ammas Zustimmung wünschte. Aber Amma gab nicht nach.

Erst um halb vier Uhr kehrte Amma zum Mittagessen in ihr Zimmer zurück. Zwei Brahmacharis warteten dort. Beim Essen sprach sie zu ihnen.

„Meine Kinder, ihr solltet die Leute begrüßen, die hierher kommen und ihnen die Hilfe geben, die sie brauchen. Verschwendet jedoch nicht viel Zeit im Gespräch mit ihnen. Es bringt nichts, sich zu bemühen, ihren Glauben durch Sprechen stärken zu wollen. Wenn man einen Setzling pflanzt, mag er ein paar Blätter haben, aber erst wenn die Pflanze Wurzeln geschlagen hat, kann man anhand der neuen Blätter das wirkliche Wachstum feststellen. Nur der Glaube, der eigener Erfahrung entspringt, wird dauerhaft sein - wie die neuen Blätter, die nach dem Verwurzeln kommen. Sprecht längere Zeit nur mit den Besuchern, die wirkliches Verlangen nach Wissen zeigen."

Am Tag zuvor hatte einer der Brahmacharis lange Zeit mit einem Besucher gesprochen, der zum Darshan gekommen war. Durch diese Worte wurde dem Brahmachari klar, daß Amma, die in uns allen wohnt und alles weiß, auch hiervon Kenntnis hatte.

Br: „Amma, was sollen wir tun, wenn Leute uns folgen und uns viele Fragen stellen?"

Amma: „Erzähl nur so viel, wie nötig ist, um ihre Zweifel zu beseitigen."

Die Sorgen der Barmherzigen

Es war fünf Uhr nachmittags. Ein Teenager hielt sich seit ein paar Tagen im Ashram auf. Nun waren seine Verwandten gekommen, um ihn nach Hause zu holen. Sie standen vor dem Gebäude an der Nordseite des Ashrams und sprachen lange mit ihm. Aber er wollte nicht gehen. Seine Mutter regte sich sehr auf. Schließlich erschien Amma. Sie führte die Frau zur Veranda des Gebäudes und sprach eine Zeitlang mit ihr. Die Frau weinte und bat Amma, ihren Sohn heim zu schicken. Amma stimmte zu. Der Jugendliche akzeptierte Ammas Worte und verließ den Ashram mit seiner Familie. Anschließend saß Amma mit einigen Brahmacharis auf der Türschwelle des Gebäudes.

Amma: „Was kann Amma machen? Wieviele Mütter mit solch bitteren Tränen muß sie sehen? Amma kann vorhersehen, daß viele Brahmacharis hierher kommen werden. Von den Anzeichen her sieht es so aus, als wenn sie bald eintreffen. Erst neulich kam ein Sohn aus Nagercoil und wurde zurück geschickt, um die Zustimmung seines Vaters einzuholen. Dem Sohn, der gerade gegangen ist, hatte Amma beim letzten Besuch gesagt, er solle erst nach einiger Zeit zum Ashram zurück kehren. Sie sagte ihm, er solle erst mit Zustimmung der Eltern wiederkommen. Aber er hat nicht darauf gehört.

Wo sollen sie alle wohnen? Amma denkt daran, ein paar Richtlinien für die Aufnahme von Brahmacharis aufzustellen."

Nun wendete sich das Gespräch einem anderen Thema zu.

Amma: „Eine Tochter kam zum *bhava darshan* aus Pandalam. Sie hat das *tirtham* (heilige Wasser) nicht genommen, das Amma ihr gegeben hatte. Sie hat sehr viel gelitten, aber ihr Kummer ist nicht beendet. Amma hat ihr das Tirtham mit vollstem Mitgefühl angeboten, aber was kann Amma machen, wenn es nicht angenommen wird? Das Mädchen glaubt nicht an Amma, aber der Sohn, der sie heiraten wird, ist ein Anhänger. Er brachte sie hierher in der Hoffnung, daß seine zukünftige Frau Hingabe für Amma empfinden würde.

Amma hatte Erbarmen mit ihnen. Wird das Mädchen nicht Ammas Sohn heiraten? Ammas Geist und all ihr Mitgefühl flossen zu ihnen durch das Tirtham und das Prasad, das sie erhielten. Nachdem sie fortgegangen waren, rief Amma den Bruder dieses Sohnes, der sich im Ashram befand und erklärte ihm: 'Amma sieht viel Leid in ihrer Zukunft. Eine schlimme Gefahr liegt in der Zukunft. Bitte sie, ernsthaft zu beten. Als sie das Tirtham ablehnten, nahm Amma es nicht zurück, sondern goß es auf den Boden. Dadurch werden sie nicht ganz so viel leiden müssen.'

Diese Tochter wird mit Sicherheit zurück kommen. Schließlich wird sie die Frau eines Sohnes von Amma. Amma wird es nicht zulassen, daß sie auf Abstand geht. Aber sie wird sehr viel Mühe aufwenden müssen, um ihrem Prarabdha zu entkommen. Hätte sie das Tirtham, das Amma ihr reichte, angenommen, müßte sie nicht so viel leiden."

Es ist ein großes Glück, wenn man fähig ist, Ammas Gnade aufzunehmen und zu halten, denn Amma ist die Verkörperung des Mitgefühls. Aber wie können wir die Strahlen ihrer Gnade empfangen, wenn wir es vernachlässigen, unser Herz zu öffnen? Aus diesem Grund rät Amma uns, ihre Worte genauestens zu befolgen - nicht um ihret willen, sondern zu unserem Wohl.

Freitag, den 17. Januar 1986

Amma, der Strom des Mitgefühls

Am Morgen machten sich Amma und die Brahmacharis auf den Weg nach Ampalappara in Nordkerala. Als sie die Ufer des Flusses Bharata erreichten, ließ Amma für ein Bad anhalten. Der Wasserspiegel war niedrig und das sandige Flußbett größtenteils trocken. Nur nahe dem gegenüberliegenden Ufer floß ein kleiner Strom. Der Wagen begann gerade, die Brücke zur anderen Seite zu überqueren, als Amma den Fahrer plötzlich bat anzuhalten. Sie ließ ihn umdrehen und in eine kleine Seitenstraße direkt vor der Brücke einbiegen. Der Weg führte zum Portal eines großen Hauses. Jeder fragte sich, warum Amma sie hierher geführt hatte, da der Fluß an dieser Stelle nicht leicht zugänglich war.

Kaum hatte der Wagen angehalten, als Amma um heißes Reiswasser (kanji) bat. Aber es war nur kaltes Wasser da. Ein Brahmachari fragte, ob er aus dem Haus, in dessen Nähe sie standen, etwas für sie zu trinken holen könne. Sie war sofort damit einverstanden. Das war erstaunlich, denn auf solchen Fahrten nahm Amma gewöhnlich nichts von den Häusern auf dem Weg an. Sie tranken nur, was sie mitgebracht hatten.

Der Brahmachari eilte zu dem Haus. Ein paar Minuten später kam eine alte Frau, gefolgt von einem kleinen Jungen, aus dem Haus gerannt. Der Brahmachari ging langsamer hinterher mit einem Glas Reiswasser in der Hand. Als die Frau am Wagen ankam, streckte Amma ihre Arme durch das offene Fenster entgegen und nahm ihre Hände. Die alte Frau sang unter Tränen 'Narayana, Narayana...' immer wieder aufs Neue. Jedoch war sie durch das schnelle Laufen so außer Atem, daß sie den göttlichen Namen nicht richtig aussprechen konnte. Ihre Hingabe war tief beeindruckend.

Als sie schließlich wieder sprechen konnte, erklärte sie mit stockender Stimme: „Ottoor Unni Namboodiripad hat mir von Amma erzählt. Seitdem sehne ich mich danach, dich zu sehen, Aber ich bin sehr alt und es ist schwierig für mich zu reisen. Ich war so traurig darüber, nicht zu dir kommen zu können. Es vergeht kein Tag, an dem ich nicht an dich denke. Ich hörte, daß du die *kovilakam*[18] in Tripunittura besucht hast. Ich gehöre zu dieser Familie. Ich hoffte, daß deine Gnade es mir ermöglichen würde, dich auf irgend eine Weise in diesem Leben zu Gesicht zu bekommen. Ich hätte nie erwartet, daß es so bald geschehen würde! Es ist alles nur deine Gnade. Ein junger Mann kam und bat um etwas Reiswasser für die Mutter (Amma). 'Welche Mutter?' fragte ich. Als er deinen Namen aussprach, wußte ich, daß es die Mutter war, nach deren Anblick ich mich gesehnt hatte. Ich reichte ihm etwas Kanji und Mangopickles und lief dann mit meinem Enkelsohn hierher." Ihre Stimme versagte.

---

[18] Residenz für Mitglieder der königlichen Familie.

„Ach, außer diesem Reiswasser habe ich nichts, was ich dir geben könnte! Bitte entschuldige, Amma!" Tränen strömten der alten Frau das Gesicht hinunter.

Amma wischte die Tränen der Frau mit ihren heiligen Händen ab und sagte sanft: „Meine Tochter, Amma braucht nichts. Sie möchte nur dein Herz."

Amma trank das Reiswasser fast aus und aß einige der Mangopickles. Die alte Frau erklärte Amma den Weg zum Fluß, und als Amma zusammen mit den anderen losging, bat die Frau: „Amma, wenn du mit dem Schwimmen fertig bist, segne mich bitte damit, in mein Haus einzukehren!"

Als Amma vom Fluß zurück kam, erfüllte sie den Wunsch der Frau und betrat das Haus, wo sie mit ihrem Mann wartete. Die alte Dame führte Amma zu einem Stuhl auf der Veranda und war so von Freude überwältigt, daß sie alles andere vergaß. Ihr Mann ging ins Haus, um etwas Wasser zu holen. Zusammen wuschen sie Ammas Füße. Als Reaktion auf ihre reine Hingabe, ging Amma in einen Samadhi-Zustand über. Da es Zeit gekostet hätte, von drinnen ein schönes Tuch zu holen, wischte die Frau Ammas Füße mit dem Ende des Saris ab, den sie trug. Als sie sich dazu niederbeugte, fielen ihre Tränen auf Ammas Füße.

Nachdem Amma noch eine Weile mit ihnen verbracht hatte, machte sie sich mit ihren Kindern wieder auf den Weg. Auf der anderen Seite der Brücke wartete Shashi in seinem Auto auf sie. Er war ein Anhänger Ammas, der ein Familienleben führte. Da er darauf bestand, fuhr Amma den verbleibenden Teil der Strecke mit ihm.

Gegen zwei Uhr dreißig am Nachmittag erreichten Amma und ihre Kinder das Haus Narayanan Nairs in Ampalappara, einem kleinen Dorf ungefähr 250 km nordöstlich vom Ashram. Die natürliche Schönheit von Keralas ländlichen Dörfern, die in den meisten Gegenden zerstört wurde, war hier noch vorhanden.

Umgeben von bewaldeten Hügeln, lag das Dorf mit seinen Strohdächern eingebettet in einem üppigen tropischen Garten aus Kokospalmen, blühenden Bäumen und Büschen. Viele Menschen warteten auf Ammas Ankunft.

Als Amma das Haus betrat, ließ die Familie, die sie sehr verehrte, Amma auf einem *peetham* (heiligen Sitz) sitzen. Sie wuschen ihre Füße und dekorierten sie mit rotem *kumkum* und Sandelholzpaste. Anschließend vollzogen sie das *arati* mit Kampfer. Der Raum war erfüllt vom Klang vedischer Mantren, die die Brahmacharis sangen. Alle waren vom Anblick der göttlichen Gestalt Ammas tief ergriffen. Nach der *pada puja*[19] wechselte Amma über in den nächsten Raum, wo sie Besucher zum Darshan empfing.

Die Familie reichte den Brahmacharis Tassen mit *jappy*. Alle mochten das heiße, süße Milchgetränk.

Amma beobachtete, wie eine ihrer Anhängerinnen einem Brahmachari beim Händewaschen half, indem sie Wasser über seine Hände goß. Später machte sie dazu folgende Bemerkung: „Als Sadhaks solltet ihr von niemandem Hilfe annehmen, da ihr dann die durch Tapas gewonnene Kraft wieder verliert. Wir sollten nicht einmal ein Blatt für uns aufheben lassen. Statt dessen sollten wir anderen soviel wie möglich behilflich sein."

Fürs Bhajansingen richtete ein Brahmachari die Öllampen und einige andere Dinge her. Als er die Lampen anzünden wollte, unterbrach Amma ihn mit den Worten: „Sohn, entzünde Lampen in Richtung Norden." Der Brahmachari begriff ihre Worte nicht. So nahm Amma die kleine Lampe, mit der er die anderen anzünden wollte. Mit viel Sorgfalt arrangierte sie die Lampen und bedeckte den mit Wasser gefüllten *kindi*[20] mit einem Blatt. Dann stellte sie den Kindi vor die Lampen, legte Blumenblätter auf das

---

[19] Zeremonielle Waschung von Ammas Füßen.
[20] Ein traditionelles Bronze- oder Messinggefäß mit Tülle.

Blatt und zündete die Lampen an. Zu dem Brahmachari sagte sie: „Stehe nicht in Richtung Süden, wenn du Lampen anzündest. Außerdem, entzünde die Dochte einer Lampe im Uhrzeigersinn wie beim *pradakshina* (Umrundung) im Tempel."

Amma legt großen Wert auf solche Details, insbesondere bei der Unterweisung von Brahmacharis. Sie sagt: „Morgen werden sie in die Welt hinaus gehen, daher müssen sie sehr wachsam sein bei allem, was sie tun."

Das Bhajan-Programm begann. Bald darauf kroch ein kleines Kind auf Amma zu. Sie hob es auf ihren Schoß, drückte ihm Zimbeln in die Hände und während sie den Kirtan weiter sang, half die den kleinen Händen des Kindes, die Zimbeln im Rhythmus der Musik erklingen zu lassen.

Gopivallabha Gopalakrishna

Oh Gopala Krishna,
Geliebter der Gopis,
du hobst den Govardhana-Hügel,
hast Augen wie eine Lotusblume,
du bist das Leben in Radhas Geist -
und hast die Farbe einer blauen Lotusblume
Oh Krishna, du gehst in Brindavan umher,
deine Augen sind wie die Blätter einer roten Lotusblüte;
oh Sohn Nandas
befreie mich von aller Gebundenheit.
Oh schönes Kind,
oh Krishna,
du gewährst Erlösung......

Mittwoch, den 22. Januar 1986

Zwei Frauen aus dem Westen meditierten im Meditationsraum. Ein kleines Mädchen, die Tochter einer der Frauen, saß in der Nähe und malte in einem Malbuch. Ihre Mutter hatte ihr das Anmalen als Aufgabe gegeben, damit sie bei der Meditation nicht störte. Amma betrat den Raum, gefolgt von ein paar ihrer Jünger. Sie betrachteten wie das kleine Mädchen still seine Bilder anmalte.

Nach der Meditation zeigte Amma auf das Kind und sagte zu den anderen: „Wir sollten die Aufmerksamkeit der Kinder auf positive Beschäftigungen wie Malen und Singen richten, wenn sie noch sehr jung sind. Könnte dieses Kind Bilder anmalen ohne viel Geduld? Malen mit Pinsel und Stiften lehrt sie Geduld und entwickelt außerdem Konzentration. Andererseits, wenn wir Kinder einfach sich selbst überlassen, rennen sie herum, verschwenden ihre Zeit und stellen Dummheiten an."

An dem Tag waren kaum Besucher da, außer einer kleinen Gruppe aus dem Westen, die vor ein paar Tagen angekommen war. Sie verbrachten ihre Zeit damit, bei den Ashramarbeiten zu helfen und Bücher aus der Bibliothek zu lesen. Diese Gläubigen aus dem Westen, die materiellen Komfort und Vergnügen des Lebens kennen gelernt hatten, verspürten intensive Sehnsucht nach Wahrheit. Sie waren der feindseligen, auf Konkurrenz ausgerichteten Welt überdrüssig und sahen in Amma die Quelle reiner, selbstloser Liebe, und sie hatten die Meere überquert, um von dieser Liebe zu trinken.

Ein Brahmachari teilte Amma mit, daß ein Jugendlicher auf sie wartete. Sie bat ihn, den jungen Mann zu rufen, setzte sich auf der westlichen Seite des Meditationsraumes hin und winkte den Jugendlichen an ihre Seite.

Amma: „Bist du schon lange hier, Sohn?"

Junger Mann: „Nein, ich bin gerade angekommen."

Amma: „Wie hast du vom Ashram erfahren?"

Junger Mann: „Ich habe schon seit einiger Zeit verschiedene Ashrams besucht. Im letzten Monat war ein Freund von mir hier. Er meinte, ich sollte auf jeden Fall zu Amma gehen."

Amma: „Hast du deine Studien beendet?"

Junger Mann: „Ich habe ein Diplom (M.A.), und habe mich um eine Stellung bemüht. Zwischenzeitlich habe ich eine Übergangstätigkeit an einem privaten College. So verdiene ich etwas Geld. Aber ich habe mich entschlossen, nicht mehr nach einer anderen Arbeit zu suchen. Ich habe eine Schwester und sobald sie verheiratet ist, möchte ich gern in einen Ashram eintreten."[21]

Amma: „Wird deine Familie nicht dagegen sein?"

Junger Mann: „Warum sollte sie?"

Amma: „Wird es deinen Eltern nicht weh tun?"

Junger Mann: „Sie können von einer Pension leben. Außerdem besitzen sie Land."

Amma: „Wer wird sich um sie kümmern, wenn sie älter werden? Bist du nicht dafür zuständig?"

Junger Mann: „Welche Garantie gibt es, daß ich in ihrem Alter in ihrer Nähe bin. Ich könnte irgendwo im Ausland arbeiten, dann könnte ich ihnen auch nicht zu Hilfe eilen, oder? Und was ist, wenn ich vor ihnen sterbe?"

Amma sagte lachend: „Kluger junger Mann!"

Junger Mann: „Mein Freund wollte, daß ich dich um Hilfe bitte, um eine Arbeit zu finden. Aber ich sagte ihm, wenn ich Amma aufsuche, würde ich sie nur um mein spirituelles Weiterkommen bitten."

---

[21] Traditionsgemäß tragen in Indien die Eltern und die älteren Brüder der Familie die Verantwortung dafür, daß die Mädchen verheiratet werden und damit deren Zukunft gesichert ist.

Der Sadhak und der Wissenschaftler

Junger Mann: „In welcher Hinsicht ist das Leben eines Sadhaks dem eines Wissenschaftlers überlegen? Beide brauchen völlige Konzentration - der Sadhak, um sein Ziel zu erreichen und der Wissenschaftler für erfolgreiches Forschen. Worin unterscheiden sie sich? Ist das Leben eines Wissenschaftlers nicht auch eine Art Sadhana?"

Amma: „Ja, es ist Sadhana. Der Forscher denkt jedoch über Gegenständliches nach. Wenn er sich z.B. mit Computerwesen befaßt, ist sein „Meditationsgegenstand" ausschließlich der Computer. Er denkt viel über ihn nach und kennt sich gut aus. Aber er ist nur während seiner Forschungsarbeit konzentriert. Zu anderen Zeiten wandern seine Gedanken in alle möglichen Richtungen und er befaßt sich mit alltäglichen Angelegenheiten. Aus diesem Grund erwacht die unendliche Kraft in ihm nicht. Bei einem Tapasvi verhält es sich ganz anders. Durch seine spirituellen Übungen beginnt er, die Einheit von allem wahrzunehmen. Ein Sadhak bemüht sich darum, „Das" zu verwirklichen, was in allem latent vorhanden ist. Wenn er die Verwirklichung erreicht hat, verfügt er über alle Kräfte. Es verbleibt für ihn keine Unkenntnis über irgend etwas.

Stell dir ein Becken mit Brackwasser vor. Gießt du etwas Wasser in eine Seite des Beckens, sinkt der Salzgehalt dort für eine Weile. Wenn es hingegen regnet, wirkt sich das auf das ganze Becken aus. Genauso verhält es sich bei einem Sadhak, der mit einem weiten Bewußtsein Tapas verrichtet - eine unendliche Kraft erwacht in ihm und er verwirklicht alles. Das geschieht nicht bei einem Wissenschaftler, da sein Ansatz ganz anders ist."

Junger Mann: „In den Schriften heißt es, daß alles ein und dasselbe Selbst ist. Bedeutet das nicht, daß im Augenblick der Selbstverwirklichung einer Person dies auch bei allen anderen eintreten sollte?"

Amma: „Sohn, wenn du den Hauptschalter andrehst, steht im ganzen Haus Elektrizität zur Verfügung. Aber damit du in deinem Zimmer Licht hast, mußt du trotzdem noch den Schalter dort einschalten, nicht wahr? Wenn man Licht in einem Raum andreht, gibt es nicht automatisch in allen anderen Zimmern Licht. Alles ist das selbe Selbst, aber nur wer durch Sadhana den Geist reinigt, verwirklicht es.

Denk an einen mit Entenkraut bedeckten Teich. Entfernst du es an einer Seite des Teiches, wird diese frei von dem Unkraut sein, und man kann das Wasser sehen. Das bedeutet jedoch nicht, daß der ganze Teich sauber geworden ist.

Fragen zum Thema Sadhana

Junger Mann: „Viele sagen, daß ein Sucher sich streng an die *yamas* und *niyamas* (Gebote und Verbote auf dem Yoga-Pfad) halten sollte. Ist es wirklich wichtig? Reicht es nicht, einfach die Prinzipien zu kennen? Zu Erkenntnis zu gelangen ist doch schließlich das Wesentliche, nicht wahr?"

Amma: „Sohn, zieht nicht die Erde alles an? Wenn du auf dem schwarzen Sandstrand[22] schläfst, wirst du dich beim Erwachen am nächsten Morgen entkräftet fühlen, da der Sand deine Energie absorbiert. Im jetzigen Stadium befindest du dich unter der Herrschaft der Naturkräfte; aus diesem Grund hast du dich an bestimmte Gesetze und Grenzen zu halten.

Jetzt sind diese Gesetze und Grenzen ein wesentlicher Faktor. Wenn man über die Herrschaft der Naturgesetze hinaus wächst, besteht kein Problem mehr. Dann kann deine Kraft nicht verloren

---

[22] In einigen Gegenden Keralas, einschließlich dem Gebiet, in dem sich der Ashram befindet, sind die Sandstrände schwarz aufgrund eines hohen Metallgehaltes.

gehen, weil du die Naturkräfte beherrschst. Bis dahin sind jedoch gewisse Einschränkungen und Vorschriften notwendig.

Wenn du ein Saatkorn säst, ist ein Schutz notwendig, damit es nicht von einem Huhn freigekratzt und gefressen wird. Später, wenn aus dem Saatkorn ein Baum geworden ist, gibt er Vögeln, Menschen und allem anderen Schutz. Am Anfang muß das Saatkorn jedoch selbst vor einem kleinen Hühnchen geschützt werden. Vergleichsweise braucht unser schwacher Geist am Anfang Regeln und Grenzen, bis wir stark genug geworden sind."

Junger Mann: „Ist es nicht nötig, die Disziplin von ernsthaftem Sadhana gern zu mögen, um diese Stärke zu entwickeln?"

Amma: „Ja, dir muß Disziplin genauso lieb sein wie Gott selbst. Wer Gott liebt, mag auch Disziplin. Wir sollten Disziplin mehr als alles andere schätzen.

Wer sich daran gewöhnt hat, zu einer bestimmten Zeit Tee zu trinken, bekommt Kopfschmerzen oder fühlt sich in anderer Weise unwohl, wenn er seinen Tee nicht bekommt. Wer regelmäßig *ganja* raucht, wird unruhig, wenn es nicht zur gewohnten Zeit möglich ist. Die Gewohnheit von gestern wird sich heute zu einer bestimmten Zeit bemerkbar machen. In gleicher Weise wird sich eine Gewohnheit entwickeln, wenn wir für unsere Tätigkeiten einen Plan aufstellen und uns strikt daran halten. Die Gewohnheit wird uns sogar zur rechten Zeit daran erinnern, was wir zu tun haben. Es ist höchst hilfreich, mit unserem Sadhana solcher Routine zu folgen."

Ein Haushälter, der zugehört hatte, wandte sich an Amma mit den Worten: „Amma, ich meditiere täglich, aber ich scheine überhaupt keine Fortschritte zu machen."

Amma: „Sohn, dein Geist beschäftigt sich mit vielen verschiedenen Dingen. Spirituelles Leben erfordert viel Disziplin und Selbstbeherrschung, ohne dem kannst du schwerlich so viel vom Sadhana profitieren, wie du es gern hättest. Es stimmt, daß du Sadhana übst, aber weißt du, womit es sich vergleichen läßt? Es ist, als wenn man eine Unze Öl nimmt und nacheinander in hundert Behälter gießt. Am Ende ist kein Öl mehr übrig - nur ein dünner Film haftet an den Innenwänden der Behältnisse. Sohn, du machst deine spirituellen Übungen, aber dann beschäftigst du dich mit verschiedenen Angelegenheiten. Alle Kraft, die du durch Konzentration gewonnen hast, geht durch die Ablenkungen verloren. Wenn du die Einheit in der Vielheit erkennen könntest, würde nicht so viel Energie verloren gehen. Gelingt es dir, in allem die göttliche Essenz wahr zu nehmen, wirst du deine spirituelle Kraft nicht verlieren."

Besucher: „Daheim fürchtet mich jeder. Ich werde sehr wütend, wenn die anderen nicht nach meinen Richtlinien leben."

Amma: „Sohn, du ziehst keinen wirklichen Nutzen aus deinem Sadhana, wenn bei deinen spirituellen Übungen gleichzeitig Wut und Stolz in dir sind. Es ist, als würde man Zucker auf die eine Seite tun und auf die andere Ameisen: Diese werden allen Zucker auffressen. Und man ist sich dessen nicht einmal bewußt! Was man durch Sadhana gewonnen hat, verliert man durch Wut. Eine Taschenlampe, die von Batterien gespeist wird, verliert ihre Lichtstärke, wenn du sie ein paar Mal angemacht hast, nicht wahr? In gleicher Weise verlierst du bei Wut Energie durch deine Augen, Nase, Mund, Ohren und jede Pore deines Körpers. Nur wenn du mentale Selbstbeherrschung lernst, kannst du die durch Sadhana gewonnene Energie bewahren."

Besucher: „Sagst du damit, daß jemand, der wütend wird, keine Seligkeit durch sein Sadhana erfahren kann?"

Amma: „Nehmen wir einmal an, du läßt einen Eimer in einen Brunnen, um Wasser heraufzuholen, aber der Eimer ist voller Löcher. Mit viel Mühe gelingt es dir, den Eimer hoch zu ziehen. Aber wenn er oben ankommt, ist kein Wasser mehr darin. Alles Wasser ist durch die Löcher verloren gegangen. Sohn, so sieht dein

Sadhana aus. Dein Geist hat sich in Wut und Verlangen verstrickt. Dadurch verlierst du von Zeit zu Zeit alles, was du mühevoll durch dein Sadhana gewonnen hast. Obwohl du spirituelle Übungen machst, gewinnst du keinen Nutzen daraus, noch erkennst du den wirklichen Wert. Halte dich fern von Situationen, die deine Wut oder deine Begierden wecken. Dann wirst du mit Sicherheit die Quelle aller Kraft erkennen."

Besucher: „Amma, zu manchen Zeiten kann ich mein Verlangen nicht unter Kontrolle bekommen. Versuche ich es, wird es nur noch machtvoller."

Amma: „Es ist schwer, Wünsche in den Griff zu bekommen. Trotzdem sollte man sich an gewisse Einschränkungen halten, ansonsten ist es unmöglich, den menschlichen Geist zu bändigen. Nahrungsmittel wie Fleisch, Eier und Fisch steigern die Samenproduktion und damit das sexuelle Verlangen. Dann werden die Sinne in entsprechender Weise agieren, um das Verlangen zu stillen, und du verlierst deine Energie. Der Verzehr sattvischer Nahrung in mäßigen Mengen schadet in keiner Weise. Kontrolliertes Essen ist wesentlich fürs Sadhana, insbesondere für Menschen mit schwachem Willen, da die Wirkung auf sie besonders stark ist. Auf einen Menschen mit starker Willenskraft werden sich einige Änderungen in der Ernährung nicht so stark auswirken."

Junger Mann: „Bestimmt die Ernährungsweise das Naturell eines Menschen?"

Amma: „Ja, auf jeden Fall. Jede Nahrung besitzt ihre eigene Qualität; und Geschmacksrichtungen wie scharf, sauer und süß haben einen eigenen Einfluß. Selbst sattvische Nahrung sollte in Maßen gegessen werden. Milch und Ghee z.B. sind sattvischer Natur, aber man sollte nicht zuviel davon verzehren. Jede Nahrungsart hat eine andere Wirkung auf uns. Der Verzehr von Fleisch führt zu einem unruhigen Geist. Für diejenigen, die Sadhana mit dem intensiven Wunsch ausüben, Energie zu bewahren und das Selbst zu verwirklichen, ist anfänglich Disziplin beim Essen absolut notwendig.

Setzt man ein Saatkorn, braucht es Schutz vor der Sonne. Aber wenn es zu einem Baum geworden ist, kann es die Sonnenstrahlung vertragen. So wie ein Genesender auf eine gesunde, geeignete Ernährung achten muß, sollte jemand, der Sadhana ausübt, Achtsamkeit gegenüber seiner Nahrung walten lassen. Später, wenn man einigen Fortschritt in seinem Sadhana gemacht hat, sind Einschränkungen in der Ernährung nicht mehr wesentlich."

Junger Mann: „Es wird oft gesagt, ein Sadhak solle bescheiden und demütig sein. Mir erscheinen diese Eigenschaften jedoch als Zeichen von Schwäche."

Amma: „Sohn, wenn du ein gutes Samskara (Neigungen, Wesensart) entwickeln willst, mußt du demütig im Umgang mit anderen sein. Demut ist keine Schwäche. Wenn du aus einem Gefühl deiner eigenen Wichtigkeit heraus ärgerlich wirst, oder dich anderen gegenüber hochmütig verhältst, verlierst du Energie, sowie deine Bewußtheit für Gott.

Kaum jemand möchte demütig sein. Die Menschen besitzen keine Demut, weil sie stolz auf das sind, was nicht real ist. Der Körper ist eine Form voller Ego - dem Ich-Sinn. Der Körper[23] wird vom Ego, von Ärger und Begierden verseucht. Zur Reinigung bedarf es der Kultivierung von Eigenschaften wie Demut und Bescheidenheit. Durch Fortdauer des Egos wächst der mit dem Körper verbundene Stolz. Damit das Ego zerstört werden kann, benötigen wir die Bereitschaft, uns vor anderen zu verbeugen und eine allgemeine Haltung der Demut zu zeigen.

Es bringt nichts, Wasser in einen schmutzigen Eimer zu gießen, weil dann alles Wasser verschmutzt wird. Wenn du etwas Saures mit Payasam vermischst, wirst du nicht den Geschmack von Payasam genießen können. Gleichermaßen kann man nicht

---

[23] Wenn Amma hier vom Körper spricht, bezieht sie das Denken mit ein.

vollkommen zu Gott Zuflucht nehmen, bzw. die Früchte des Sadhanas genießen, wenn man dabei das Ego aufrecht erhält. Zerstört man das Ich-Gefühl durch Demut, treten die guten Eigenschaften hervor, und der Jivatman wird zu Paramatman erhoben.

Derzeit bist du wie eine kleine Tischlampe, die gerade genügend Licht spendet, um ein Buch zu lesen, wenn man es nahe der Lampe hält. Wenn man jedoch Tapas ausübt und das Ego zerstört, erstrahlt man wie eine Sonne."

Ergebenheit gegenüber dem Guru

Junger Mann: „Amma, heutzutage betrachten viele Menschen Gehorsam gegenüber einem Guru als Schwäche. Sie glauben, es sei unter ihrer Würde, sich vor einer großen Seele zu verbeugen."

Amma: „In alten Zeiten war die Eingangstür eines Hauses sehr niedrig. Ein Grund dafür war, Demut zu kultivieren. Um den Kopf nicht anzustoßen, mußte man ihn beim Eintreten neigen. Dementsprechend vermeiden wir die Gefahren, die vom Ego ausgehen, wenn wir den Kopf vor einem Guru beugen, wodurch dann das Erwachen des Selbst ermöglicht wird.

Heutzutage sind wir alle ein Abbild der acht Formen des Stolzes oder Ich-Gefühls. Wenn wir uns ändern und unser wahres Sein herausbringen möchten, ist es notwendig, die Rolle eines Jüngers anzunehmen und den Worten des Gurus mit Demut zu gehorchen. Halten wir uns heute an die Worte des Gurus, so können wir morgen eine Zuflucht für die ganze Welt werden. Durch die Nähe des Gurus erwacht die göttliche Kraft (*shakti*) in uns, und unser Sadhana wird sie zum Erblühen bringen."

Junger Mann: „Amma, heißt es nicht in den Schriften, daß Gott in uns ist und nicht getrennt von uns? Warum brauchen wir dann einen Guru?"

Amma: „Ja, Sohn, Gott ist definitiv in uns. Eine Schatztruhe voller Diamanten liegt in dir; aber da dir das nicht bewußt ist, hast du außerhalb von dir danach gesucht. Der Schlüssel für die Truhe befindet sich in deinem Besitz, aber da er lange nicht benutzt wurde, ist er verrostet. Du mußt den Rost weg polieren und die Schatztruhe öffnen. Dafür wenden wir uns an einen Guru. Wenn du Gott erkennen willst, mußt du das Ego vernichten, indem du dich dem Guru anvertraust und ihm mit Demut und Hingabe gehorchst.

Ein Baum kann zahllosen Menschen Früchte geben. Im jetzigen Stadium bist du aber lediglich ein Saatkorn; du bist noch kein Baum. Durch Tapas ist der Guru *purnam* (vollendet) geworden. Für dich ist es somit notwendig, dich an einen Guru zu wenden und gemäß seinen, bzw. ihren Anweisungen Sadhana auszuüben.

Wenn du oben auf einem Berg einen Brunnen gräbst, findest du möglicherweise kein Wasser, selbst wenn du hunderte von Metern gräbst. Schaufelst du aber nur ein kleines Loch in der Nähe eines Flusses, wirst du bald Wasser finden. Desgleichen wird die Nähe eines Satguru schnell deine guten Eigenschaften hervor bringen und deine spirituellen Übungen werden bald Früchte tragen. Zur Zeit bist du ein Sklave deiner Sinne; lebst du jedoch gemäß dem Willen des Gurus, werden die Sinne zu deinen Sklaven.

Wer mit seinem Guru lebt, braucht sich nur um dessen Gnade zu bemühen. Durch diese Gnade wird die Tapas-Kraft des Guru zu einem strömen. Wenn man etwas elektrisch Geladenes berührt, geht Elektrizität auf einen über, nicht wahr? Wenn du Zuflucht bei einem Guru suchst, fließt seine oder ihre Energie in dich hinein.

Der Guru ist selbstlos. Er ist ein Quell guter Eigenschaften, wie Wahrheit, Dharma, Liebe und Mitgefühl. Worte wie „Wahrheit" und „Dharma" tragen kein Leben in sich selbst, aber ein Satguru ist die lebendige Verkörperung dieser Qualitäten. Die Welt empfängt nur Gutes von solchen Wesen. Eine befreundete Person mit schlechten Eigenschaften wird einen schlechten Einfluß auf uns ausüben. Ein Freund mit guten Eigenschaften hingegen wird positive Veränderungen bei uns auslösen. Entsprechend werden Menschen bei einem Guru zu fruchtbaren Feldern, in denen gute Eigenschaften kultiviert werden.

Entfernst du von einem Feld nicht das Unkraut, wird es die ausgesäte Saat zerstören. Übst du Sadhana aus, ohne das Ego auszulöschen, bleibt es fruchtlos. Für die Betonherstellung müssen die gebrochenen Steine, die dafür benutzt werden, zunächst gewaschen werden. Ähnlich wird das Denken an Gott nur in einem reinen Geist festen Fuß fassen. Wird Sadhana selbstlos, d.h., ohne Egogefühle ausgeübt, erfährt man die Wahrheit, ein göttliches Wesen zu sein."

Ammas nektargleiche Worte der Weisheit hörten einen Augenblick auf zu fließen. Sie wandte sich an einige Anhänger, die im Ashram zu Besuch waren, mit den Worten: „Der Bereich um die Küche herum ist schmutzig. Amma kam zum Saubermachen herunter, aber auf dem Weg sah sie dieses kleine Mädchen beim Bildermalen und blieb stehen, um ihm zuzuschauen. Dann kam dieser Sohn hier und Amma setzte sich, um mit ihm zu sprechen. Ihr Kinder bleibt doch noch bis nach dem Darshan morgen? Amma sieht euch später." Dann ging sie in Richtung Küche.

Freitag, den 7. Februar 1986

Nach der Morgen-*puja* und dem Arati (rituelle Verehrung) im Kalari brachte Br. Unnikrishnan[24] den brennenden Kampfer nach draußen, wo die Gläubigen warteten. Sie berührten die Flamme und anschließend ihre Stirn. Einige nahmen auch etwas Bhasma von dem Teller, auf dem der Kampfer brannte und taten es auf

---

[24] Swami Turyamritananda.

die Stirn. Einige Minuten später erschien Amma im Kalari und jeder verneigte sich. Nach ihrer Meditation kamen auch Rao und Kunjumon. Sie warfen sich vor Amma nieder und setzten sich dann neben sie.

Beseitigung von Zweifeln

Rao: „Amma, du sagst, wir sollten kummervolle Sehnsucht nach dem Anblick Gottes haben. Aber du bist hier unter uns; wenn wir über deine Gestalt meditieren, wie können wir dann traurig sein?"

Amma: „Du solltest den Schmerz der Trennung von Gott verspüren. Das ist der Kummer, den du fühlen solltest!"

Rao: „Wenn wir einen echten Meister oder Guru haben, wird er uns nicht diesen Kummer geben?"

Amma: „Namah Shivaya! Es reicht nicht, einen Guru mit den besten Zeugnissen zu haben - auch der Schüler muß sich qualifizieren."

Kunjumon: „Wir haben Amma, deshalb müssen wir uns keine Sorgen machen! Wir sind gerettet!"

Amma: „Der Glaube ist zwar gut, Kinder. Begrenzt euch jedoch nicht auf die äußere Amma, die ihr als diesen Körper seht. Wenn ihr das macht, werdet ihr eure Stärke verlieren und ins Schwanken geraten. Versucht die wirkliche Amma zu sehen, das wirkliche Prinzip. Bemüht euch, diese Amma in jedem zu sehen."

Kunjumon: „Gestern fragte jemand nach Ammas Absicht hinter der Gründung dieses Ashrams."

Amma: „Er ist dazu gedacht, den Glauben der Leute in Gott zu fördern, Menschen zu guten Taten anzuregen und ihnen zu helfen, den Weg der Wahrheit und Rechtschaffenheit einzuschlagen.

Eine Anhängerin: „Amma, diejenigen, die nach Gott rufen, scheinen viel Leid in ihrem Leben zu erleiden."

Amma: „Kinder, Tränen, die beim Gebet aus Liebe zu Gott fließen, sind keine Tränen des Leids, sondern Tränen der Seligkeit.

Heutzutage beten die Menschen nur zu Gott, wenn sie Probleme haben. Wenn du in Zeiten der Freude als auch der Traurigkeit zu Gott betest, wirst du nicht länger leiden müssen. Selbst wenn etwas Leid kommt, wird man es nicht so empfinden."

Als sie von der Liebe zu Gott sprach, ging Amma in einen erhobenen Zustand der Hingabe über. Sie begann die Tage zu beschreiben, die sie in *prema bhakti* (höchste Liebe und Hingabe) versunken verbracht hatte.

„Oh, mit welchen Schwierigkeiten Amma damals zu ringen hatte! Sie konnte nicht auf die Straße treten, ohne von den Leuten verhöhnt zu werden. Sie war eine Zielscheibe des Spotts. Niemand war bereit, ihr auch nur eine Mahlzeit zu geben. Sie hätte sich gewünscht, wenigstens ein spirituelles Buch zum Lesen zu haben, aber es gab keines, auch keinen Guru. Kinder, ein spirituelles Leben ohne einen Guru ist wie das Leben eines Kindes ohne Mutter. Amma wuchs wie ein mutterloses Kind auf. Die Menschen um sie herum verstanden nichts von Spiritualität. Meditierte sie, so kam jemand und goß kaltes Wasser über sie oder schlug sie. Man warf sie aus dem Haus. So sah die Behandlung aus, die Amma erhielt. Trotzdem empfand sie es nicht als Leid, da sie fest daran glaubte, daß Gott sie niemals im Stich lassen würde. Obwohl sie so viel zu ertragen hatte, vergaß sie es, sobald sie Devis Namen aussprach. Immer wenn sie traurig war, vertraute sie sich nur Devi an. Unter Tränen unterhielt sie sich mit Devi."

Amma saß eine Weile schweigend da. Dann sang sie mit bewegter Stimme:

Oru tulli sneham...

*Oh Mutter, gib einen Tropfen deiner Liebe
in mein brennendes Herz,
damit mein Leben Erfüllung findet.
Warum gibst du brennendes Feuer*

als Dünger für diese ausgedörrte Kriechpflanze?

Immer wieder breche ich in Tränen aus.
Wieviele heiße Tränen habe ich dir darzubringen?
Hörst du nicht das Pochen meines Herzens
und all meinen Schmerz,
der sich in unterdrückten Seufzern äußert?

Laß nicht das Feuer hereinkommen
und durch den Sandelholzwald tanzen.
Laß diesen Brennofen der Traurigkeit
nicht seine ganze Intensität offenbaren.

Laß die Traurigkeit nicht hervorbrechen
wie zerspringende Ziegelsteine.
Oh Devi, „Durga, Durga" singend
hat mein Geist alle anderen Wege vergessen.

Ich wünsche nicht den Himmel oder Erlösung -
ich möchte nur reine Hingabe an dich.
Ich wünsche weder Himmel noch Befreiung -
ich möchte nur reine Hingabe an dich...

Amma sang die letzten zwei Zeilen immer wieder. Tränen stiegen in ihre Augen. Sie wischte sie weg mit den Worten: „Damals sang Amma diese Zeilen spontan, wenn sie sich vom Kummer überwältigt fühlte, und sie weinte bei jeder Zeile. Manchmal brach sie beim Aussprechen des göttlichen Namens immer wieder in Lachen aus. Sugunachan (Ammas Vater) dachte bei solchem Anblick: 'Es ist alles vorbei! Das Kind ist verrückt geworden!' Er lief dann zu ihr und schlug ihr auf den Kopf. Man war der Meinung, daß sie bei solchen Zuständen durch Schläge auf den Kopf wieder normal werden würde. Wenn sich keine Änderung bei ihr zeigte, rief er ihre Mutter: 'Damayanti, das Mädchen ist verrückt geworden! Hol schnell etwas Wasser und gieß es über ihren Kopf - beeil dich!' Dann begann das *dhara*[25], wobei man einen Topf nach dem anderen über Ammas Kopf goß. Wenn sie nach Gott rief, brachte man ihr Medizin, weil man glaubte, sie sei krank.

Jüngere Kinder kamen und fragten: 'Warum weinst du, *chechi* (ältere Schwester)? Hast du Kopfschmerzen?' Sie setzten sich nahe zu ihr und begannen auch zu weinen. Nach einiger Zeit wurde ihnen klar, warum Chechi weinte: Weil sie 'Mutter Devi' nicht sehen konnte. Dann zogen die kleinen Mädchen Saris an, gingen zu ihr und gaben vor, Mutter Devi zu sein. Amma umarmte sie, als sie sie so gekleidet sah. Sie betrachtete sie nicht als Kinder - sondern als die Göttin selbst.

Manchmal, wenn Ammas Tränen gar nicht mehr zu beruhigen waren, nahm ihr Vater sie, hielt sie gegen seine Schulter und tröstete sie mit den Worten: 'Weine nicht, Liebes. Ich zeige dir Devi gleich.' Sie war so arglos, daß sie ihm glaubte und aufhörte zu weinen.

In der damaligen Zeit mochte Amma mit niemandem sprechen. Wenn jemand kam, um mit ihr zu reden, malte sie ein Dreieck auf den Boden und stellte sich Devi darin sitzend vor. Der anderen Person wurde bald klar, daß Amma sich in einer anderen Welt befand, und erhob sich daraufhin, um zu gehen. Amma stellte sich jeden als Devi vor. Wenn die Dorfkinder vorbei kamen, versuchte sie daher manchmal, sie zu umarmen."

Rao: „Warum erleben wir nicht diese Art unschuldiger Hingabe?

---

[25] Ein ununterbrochener Strom an Flüssigkeit. Dieser Ausdruck wird für eine Behandlungsmethode verwendet, bei der eine Arzneimittel-Flüssigkeit ohne Unterbrechung über den Patienten gegossen wird. Diese Bezeichnung wird auch verwendet für eine Art des zeremoniellen Badens eines Gottesbildnisses.

Amma: „Ist es nicht Hingabe, die euch veranlaßt hat, hierher zu kommen und euer Heim und eure Familie zu verlassen?"

Rao: „Amma, nach wem sollen wir rufen und nach wem weinen, wenn wir dich vor uns haben?"

Amma lachte und wechselte das Thema: „Ist es nicht Zeit für euren Unterricht? Verschwendet eure Zeit nicht damit, mit Amma herum zu sitzen."

Amma nahm ein Kleinkind, das neben ihr saß, auf den Arm und ging mit dem Kleinen zur Darshanhütte und rief: „Kommt, meine Kinder!" Die Anwesenden folgten ihr nach drinnen.

Die Verkörperung der Schriften

Amma stand vor Ottoors Zimmer und horchte eine Weile. Die Tür verdeckte sie dabei. Aus dem dunklen Raum kam mit bebender Stimme Krishnas Name: „Narayana, Narayana, Narayana..."

Schließlich betrat Amma Ottoors Zimmer. Als der alte Mann Ammas schöne Gestalt vor sich erblickte, sprang er auf und warf sich trotz ihrer Proteste vor ihr auf den Boden. Noch bevor sie auf seinem Bett Platz genommen hatte, kniete er vor ihr und legte mit der Freiheit eines kleinen Kindes seinen Kopf in ihren Schoß.

Amma: „Mein Sohn, Amma konnte nicht anders als stehen zu bleiben, als sie hörte mit welcher Hingabe du den Namen des Herrn rezitierst!"

Ottoor: „Ich glaube gar nicht, wirkliche Hingabe für den Herrn zu haben. Hätte sonst der all-mitfühlende Kanna mir nicht seinen Darshan gewährt?"

Ein Brahmachari, der zugehört hatte, sagte: „Aber siehst du Amma denn jetzt nicht hier?"

Ottoor: „Sharada Devi soll einmal zu Ramakrishna Deva gesagt haben: 'Weißt du, ich habe nicht die Geduld, so lange wie du zu warten. Ich ertrage es nicht, meine Kinder leiden zu sehen.'

Ich glaube, es ist dieselbe Person, die mir heute Darshan gegeben hat. Amma spricht immer über Hingabe, so wie Sharada Devi."

Amma: „Wißt ihr, warum Amma über Hingabe spricht? Weil es ihrer eigenen Erfahrung entspricht. Es gibt heute so viele Gelehrte und Sannyasis. Sie sprechen über *advaita* (Nicht-Dualität), leben sie jedoch nicht. Sie tragen Zorn und Begierden in sich. Advaita ist dazu gedacht, es zu leben, nicht, um nur darüber zu sprechen.

Es gibt eine Geschichte in den Upanischaden. Ein Vater schickte seinen Sohn zum Studium der Schriften. Als der Sohn zurückkehrte und der Vater seinen Stolz sah, wurde ihm klar, daß der Junge das Wesentliche des Gelernten nicht verinnerlicht hatte. Er entschloß sich, seinen Sohn das wahre Prinzip zu lehren. Er bat ihn, etwas Milch und Zucker zu bringen. Dann ließ er ihn den Zucker in der Milch auflösen. Anschließend fütterte er seinen Sohn mit Milch von verschiedenen Bereichen des Gefäßes und fragte nach dem Geschmack. Der Sohn antwortete, die Milch sei süß. 'Wie süß?' fragte der Vater. Aber der Sohn konnte es nicht beschreiben. Er stand schweigend da. Plötzlich begriff er die Wahrheit. Der junge Mann, der so viel Aufhebens um das Selbst machte, verstand, daß das Selbst etwas ist, das es zu erfahren gilt und sich in Worten nicht beschreiben läßt.

Niemand kann Brahman beschreiben. Brahman kann nicht mit dem Intellekt erfaßt werden. Er kann nur erlebt werden. Jeder kann sagen 'Ich bin Brahman,' ohne jedoch etwas anderes als Freud und Leid des Lebens zu erfahren. Bei denen, die Brahman erlebt haben, verhält es sich anders. Weder Feuer noch Wasser kann ihnen etwas anhaben. Geschah Sita etwas, als sie ins Feuer sprang? Nein. Einige Leute behaupten, sie seien Brahman; hieltest du jedoch diese sogenannten Brahmanen unter Wasser, würden sie nach Luft schnappen und arg um ihr Leben fürchten. Ins Feuer geworfen, würden sie verbrennen. Ohne diszipliniertes Sadhana ist die Erfahrung Brahman zu sein unmöglich."

Amma zeigte auf eine Kuh in der Nähe und fuhr fort: „Seht ihr diese Kuh? Könnt ihr Milch bekommen, indem ihr die Ohren drückt? Könnt ihr sagen, daß sich in allen Körperteilen Milch befindet? Nur ihr Euter enthält Milch, die wir trinken können, jedoch nur bekommen, wenn wir die Kuh melken.

Es stimmt zwar, daß Gott allgegenwärtig ist, aber um ihn wirklich zu erfahren, muß Sadhana unter der Führung eines Gurus ausgeübt werden, und zwar konzentriert und auf das Ziel ausgerichtet (Lakshya bodha)."

Br: „Amma sagt, sie habe keine Schriften studiert, und trotzdem stammt alles, was sie sagt, direkt daraus!"

Amma: „Sohn, die Schriften basieren auf Erfahrungen, nicht wahr? Amma spricht über Dinge, die sie gesehen, gehört und erfahren hat, also muß das in den Schriften stehen."

Br: „Amma, wird Ramaragya (das Königreich Ramas) jemals zurückkehren?"

Amma: „Ramarajya wird kommen, aber es wird auch mindestens einen Ravana geben. Auch Dwaraka wird es erneut geben, jedoch ebenso Kamsa und Jarasandha."

Br: „Amma, manche Leute behaupten, es gäbe keine Reinkarnation. Stimmt das?"

Amma: „Letzten Monat übten einige von uns gemeinsam ein Lied ein. Wenn wir uns jetzt nicht mehr daran erinnern, können wir dann behaupten, das Lied nicht gelernt zu haben? Es gibt viele Zeugen dafür. So mag es euch unmöglich sein, euch an vorhergehende Leben zu erinnern, ein Tapasvi jedoch kann es. Es wird möglich, wenn der Geist durch Sadhana verfeinert wird."

Später am Nachmittag kam Puthumana Damodaran Namboodiri, ein bekannter Tantrapriester aus Kerala, in Begleitung einer Gruppe zu Ammas Darshan. Es war Puthumanas erster

Besuch. Amma sagte nicht viel. Die meiste Zeit saß sie mit geschlossenen Augen da und schaute nach innen. Sie schien zu meditieren.

Puthumana las laut ein Gedicht auf Sanskrit vor, das er über Amma geschrieben hatte und reichte es ihr. Er sagte: „Ich weiß, es ist verkehrt, sich Reichtum zu wünschen, aber das Verlangen ist da. Ich weiß, daß es nicht richtig ist, die Früchte seiner Handlungen zu begehren, aber was kann man tun, wenn wunschloses Handeln nicht erreicht werden kann?"

Amma antwortete nicht. Sie sah ihn nur an und lächelte. Ihr Schweigen bringt oft mehr zum Ausdruck als ihre Worte.

Puthumana (in Bezug auf Amma und Ottoor, der an ihrer Seite saß): „Es freut mich, euch zwei hier wie Krishna und Kuchela zu sehen!"

Ottoor: „Wie wahr! Aber andererseits hat es wahrscheinlich noch niemals einen Anblick wie diesen zuvor gegeben. Die Dunkelheit flieht, wenn die Sonne aufgeht, aber hier kannst du verkörperte Dunkelheit sehen (er wies auf sich selbst)."

Alle lachten. Glücklich kann sich der Gläubige schätzen, der in der Gegenwart der Weltenmutter, die Wohnstatt des Mitgefühls ist, zur Verkörperung der Hilflosigkeit wird! Was kann da den Fluß ihrer Gnade noch aufhalten?

Sonntag, den 16. Februar 1986

Ammas Sankalpa ist die Wahrheit selbst

An diesem Morgen kehrte Amma von Alappuza (Alleppey) zurück. Sie hatte dort zwei Tage mit ihren Kindern verbracht. Es fand dort ein Ramayana *yajna* (mehrtägige Erörterung des Ramayana) statt. Die meisten Brahmacharis kehrten erst später in der Nacht zurück, nach der Teilnahme an der Lichterprozession am Ende des Yagna.

Auf dem Rückweg hatte Amma zu einer Brahmacharini gesagt: „Tochter, koche Reis, sobald du im Ashram zurück bist." Aber als sie ankamen, war bereits Reis und Gemüse gekocht worden. Die Brahmacharini war unschlüssig. Sie sagte zu den anderen: „Warum hat Amma mich gebeten zu kochen? Alles ist schon zubereitet. Wenn ich noch mehr koche, müssen wir es wegwerfen, nicht wahr? Außerdem sind weniger Leute als üblich da. Aber wenn ich nicht koche, gehorche ich Amma nicht." Obwohl die anderen ihr rieten, nicht noch mehr zu kochen, da es Verschwendung sein würde, beschloß sie, einfach Ammas Anweisungen zu befolgen. Sie kochte den Reis mit dem Gedanken, daß alles, was übrig blieb, fürs Abendessen verwendet werden könnte .

Als das Mittagessen ausgegeben wurde, war es schon offensichtlich, daß sich alle in ihren Einschätzungen geirrt hatten - außer Amma. Eine große Anzahl an Besuchern war eingetroffen, und am Ende des Mittagessens war nichts mehr übrig. Es hatte gerade gereicht. Wäre die Brahmacharini nicht Ammas Anweisungen gefolgt, hätten alle ein schlechtes Gewissen gehabt, weil für die Besucher nicht genug zu essen da gewesen wäre. Jedes Wort von Amma hat einen Sinn; es mag nicht immer gleich so aussehen, aber das liegt nur an unserer Unfähigkeit, tiefer zu schauen.

Als Amma am Abend für die Bhajans und Bhava Darshan zum Kalari ging, fragte ein Brahmachari sie: „Da der Ashram nicht über ausreichende Mittel verfügt, um das neue Gebäude weiter zu bauen, könnte man nicht im *Matruvani*[26] um Hilfe bitten?"

In ernstem Ton entgegnete Amma: „Meinst du das wirklich, Sohn? Es scheint, daß du aus deinen bisherigen Erfahrungen nichts gelernt hast. Wer sich Gott übergeben hat, muß sich um nichts Sorgen machen. Man sollte sich niemandem mit einem Wunsch nähern, das würde uns nur Leid bringen. Bei Gott allein

---

[26] Monatliches Magazin des Ashrams.

sollte Zuflucht gesucht werden. Er wird uns bringen, was wir benötigen. Wo es Tapasvis gibt, da herrscht keinerlei Mangel, alles kommt automatisch, wenn es gebraucht wird.

Hatten wir Geld zur Verfügung, als wir mit dem Bau begonnen haben? Wußten wir von einer Hilfsquelle, als wir anfingen? Bis jetzt war ausschließlich Gott unsere Zuflucht, und deshalb hat er bis jetzt keine Hindernisse für die Fortsetzung der Arbeit zugelassen - und er wird sich weiter um uns kümmern.

Als der Grundstein für das große Gebäude, das wir jetzt errichten, gelegt wurde, wunderte sich jeder in dieser Hinsicht. Der Ashram verfügte über keine nennenswerte Summe. Jedoch besaß der Ashram zwei Häuser in Tiruvannamalai in der Nähe des Ramanashrams; und es kam der Gedanke auf, sie zu verkaufen. Aber als Amma dort Darshan gegeben hatte, waren so viele Menschen erschienen, daß einigen die Idee des Verkaufs nicht gefiel. Als Amma nach ihrer Rückkehr davon hörte, sagte sie: 'Wenn wir uns so nahe bei einem anderen Ashram befinden, ist es sehr wahrscheinlich, daß etwas Wettstreit entsteht. Laßt uns daher keinen Ashram in der Nähe des Ramanashrams haben. Wir verkaufen die Häuser und bauen hier etwas auf. Dort ist kein Ashram von uns notwendig, da Ramana Bhagavans Ashram sich schon dort befindet.'

Die zwei Häuser in Tiruvannamalai wurden verkauft und ein Datum für die Grundsteinlegung des Ashramgebäudes in Amritapuri festgelegt. Gleichzeitig boten die Eigentümer von benachbartem Land ihre Grundstücke zum Verkauf an. Der Ashram erwarb das Land mit dem Geld, das für das neue Gebäude gedacht war. Zu der Zeit machte ein Brahmachari die Bemerkung, daß die Grundsteinlegung für ein Ashramhauptgebäude sinnlos sei, da das Baugeld fehle. Amma hatte geantwortet: 'Laßt uns trotzdem mit unserem Plan weiter machen. Gott wird sich um alles kümmern. Er wird es zuwege bringen.'

Die Grundsteinlegung fand nach Plan statt. Seitdem ist der Bau ohne Hindernisse voran geschritten. Irgendwie ist alles, was gebraucht wurde, immer zur rechten Zeit eingetroffen. Und Amma bestand darauf, nicht nach Hilfe zu suchen, wenn etwas für das Gebäude benötigt wurde."

Auf dem Weg zum Kalari machte Amma nun die Bemerkung: „Wenn wir alles als Gottes Willen akzeptieren, werden alle Lasten von uns genommen, und wir werden mit nichts Schwierigkeiten erleben. Es gibt ein kleines Mädchen, das Amma sehr liebt. Es nennt Amma 'Mataji'. Eines Tages fiel das Mädchen von der Schaukel, aber ihm geschah nichts. Es stand auf mit den Worten: 'Mit Matajis Kraft saß ich auf der Schaukel; dann schubste sie mich hinunter und paßte auf, daß mir nichts passierte." So sollten wir sein. Während andere Freude oder Leid als ihr Prarabdha betrachten, sollten wir beides als Gottes Willen annehmen."

Amma wandte sich an einen jungen Mann, der seinen Wunsch, im Ashram zu leben, zum Ausdruck gebracht hatte: „Spirituelles Leben ist, als ob man inmitten eines Feuers steht, ohne verbrannt zu werden." Im Kalari angekommen, setzte Amma sich zum Bhajansingen nieder. Die heilige Musik begann von Hingabe durchströmt zu erklingen.

Gajanana he Gajanana…

Oh Herr mit dem Elefantengesicht
Oh Sohn Parvatis,
Herberge des Mitgefühls,
höchste Ursache…

Dienstag, den 25. Februar 1986

Unsichtbare Fäden in Ammas Hand

Eine Frau mittleren Alters aus Bombay und eine junge Deutsche, die gerade eingetroffen war, kamen gemeinsam zu Amma, verneigten sich und brachten einen Teller Obst zu ihren Füßen dar. Amma umarmte sie. Für die junge Frau war es der erste Ashrambesuch. Tränen strömten aus ihren Augen.

Amma: „Von wo kommst du, Tochter?"

Aber die junge Frau weinte so sehr, daß sie keine Antwort hervorbrachte. Amma hielt sie und strich ihr über den Rücken. Ihre Begleiterin erklärte schließlich die Umstände, die die junge Frau in den Ashram geführt hatten.

Sie stammt aus Deutschland und war eine Anhängerin Sharada Devis. Sie hatte viele Bücher über sie gelesen und ihre Verehrung war ständig gewachsen. Es war unerträglich für sie, der verehrten Göttin nicht begegnen zu können. Eines Morgens sah sie während der Meditation innerlich deutlich eine lächelnde, in reines Weiß gekleidete Frau, deren Kopf mit dem Ende ihres Saris bedeckt war. Die junge Frau fragte sich, wer das sein könne, da ihr die erschienene Frau völlig unbekannt war; auch hatte sie von ihr noch nie Bilder gesehen. Sie war überzeugt, daß dies eine andere Erscheinungsform von Sharada Devi sein müsse, die sie so sehr liebte. Sie glaubte, Sharada Devi persönlich zu sehen und ein Gefühl der Glückseligkeit überkam sie.

Drei Tage später erhielt sie von einem Freund einen Brief mit einem Photo derselben Frau, die sie in ihrer Meditation gesehen hatte. Ihre Freude kannte keine Grenzen. Sie schrieb dem Freund und bat um mehr Einzelheiten über die Frau auf dem Bild. Er wußte jedoch nichts über sie. Ein Freund von ihm war nach Indien gegangen und hatte ihm von dort dieses Bild geschickt. Da er selbst nicht spirituell interessiert war, aber von ihren spirituellen

Neigungen wußte, hatte er es ihr zukommen lassen. Der einzige Hinweis über den Aufenthaltsort der Frau sei eine Anschrift auf der Rückseite des Photos.

Sie verlor keine Zeit, traf sofort alle Vorbereitungen für eine Reise nach Indien und flog nach Mumbai (Bombay). Von dort nahm sie ein Flugzeug nach Cochin - mit dem Photo in der Hand. Selbst im Flugzeug schaute sie es ständig an. Eine ältere Inderin neben ihr bemerkte das und erkundigte sich nach dem Bild. Die junge Frau begann zu erzählen. Sie zeigte ihr die Adresse hinten auf dem Bild. Sie sei zum ersten Mal in Indien und kenne den Weg nicht. Zu ihrer Überraschung erklärte ihr die Inderin, selbst auf dem Weg zu dem Ashram zu sein und sie würde sie dorthin mitnehmen! Sie sei eine Verehrerin Ammas! Auf diese Weise gelangte die junge Frau ohne Probleme zum Ashram."

An dieser Stelle sei darauf hingewiesen, daß ein Mahatma den Suchern auf dem spirituellen Pfad hilft, indem er sie entsprechend deren Samskara anzieht und sie auf ihrem Weg führt. Viele Menschen glauben, daß Amma Krishna, Shiva, Ramakrishna Paramahansa, Kali, Durga, Mookambika oder Ramana Maharshi sei. Amma hat sogar Darshan in diesen Erscheinungsformen gegeben. Aber es ist unmöglich zu erraten, wer sie in der vorherigen Inkarnation gewesen ist.

Amma wies einen Brahmachari an, für die Unterkunft der zwei Frauen zu sorgen. Anschließend ging sie hinter die Hütten der Brahmacharis, wo viel Unrat herum lag, und begann, den Bereich zu säubern. Den Brahmacharis war dies peinlich und sie eilten zu Hilfe. Einige Besucher kamen ebenfalls, um zu helfen. Amma unterhielt sich während der Arbeit mit ihnen und gab ihnen Ratschläge zur Lösung ihrer Probleme.

Das Aufziehen von Kindern

Eine Familie aus dem Norden Keralas, die am Vortag im Ashram angekommen war, arbeitete neben Amma. Der Vater nahm die Gelegenheit wahr, ihr vom Studium seiner Tochter zu erzählen. „Amma, sie studiert überhaupt nicht. Bitte bringe sie zur Besinnung. Meine Frau verwöhnt sie nur."

Ehefrau: „Aber Amma, sie ist doch noch ein Kind! Ich strafe sie nicht mit Schlägen oder auf andere Weise, da mein Mann sie schon straft, und das reicht. Ich möchte nicht, daß wir sie beide bestrafen!"

Ein Besucher: „Heutzutage ist es meist die Mutter, die die Kinder verwöhnt."

Amma: „Warum nur die Mütter beschuldigen? Die Väter spielen auch eine Rolle in der Erziehung ihrer Kinder. Heute denken Eltern nur daran, ihre Kinder so früh wie möglich zur Schule zu schicken, sie so viel wie möglich lernen zu lassen und dann eine Arbeit für sie zu finden. Sie achten nicht auf die spirituelle Entwicklung oder Verbesserung des Charakters der Kinder. Als erstes sollten sich die Eltern jedoch um den Charakter der Kinder kümmern. Sie sollten ihnen gutes Benehmen beibringen und das heißt, ihnen spirituelle Unterweisung zukommen zu lassen. Die Eltern sollten den Kindern Geschichten erzählen, die moralische Prinzipien vermitteln. Außerdem sollte man ihnen Meditation und Japa beibringen. Durch Sadhana werden sich Intelligenz und Gedächtnis des Kindes sehr verbessern. Mit einem kurzen Blick in ein Textbuch werden sie sich an alles erinnern, was sie im Verlaufe des Jahres gelernt haben. Wenn sie dann eine Frage hören, wird die Anwort in ihnen wie bei einem Computer auftauchen. Auch werden sie sich gut benehmen. Sie werden im Leben spirituelle Fortschritte machen, und auch auf der materiellen Ebene erfolgreich sein."

Als die Arbeit beendet war, setzte sich Amma unter eine Kokospalme in der Nähe. Ihre Anhänger versammelten sich um sie. Einer von ihnen stellte einen jungen Mann vor, für den der Ashram neu war.

Besucher: „Er kommt aus Malappuram. Er setzt seine ganze Zeit für den Naturschutz ein. Er und einige seiner Freunde bemühen sich um den Erhalt von Tempeln und Tempel-Wasserbecken."

Der junge Mann lächelte schüchtern und verbeugte sich mit aneinander gelegten Händen vor Amma.

Amma: „All das Ashramland hier wurde den „Backwaters" (lagunenartige Gewässer verschiedener Größe) abgerungen. Die Kinder haben Kokospalmen, Bananenbäume und blühende Pflanzen angepflanzt, wo immer es ihnen möglich war."

Amma wusch ihre Hände und ging zum Kalari hinüber. Ihre Anhänger folgten ihr in dichtem Abstand.

Wo sollte man nach dem Glück suchen?

Amma setzte sich auf die Veranda des Kalari. Die Besucher verneigten sich und setzten sich zu ihr. Der Neuling fragte: „Obwohl es so vielen materiellen Komfort gibt, sind die Menschen unglücklich. Warum ist das so, Amma?

Amma: „Ja, das stimmt. Heutzutage gelingt es den meisten Menschen nicht, Frieden und Zufriedenheit zu finden. Sie errichten große, palastartige Heime und begehen darin schließlich Selbstmord! Wenn luxuriöse Häuser, Reichtümer, komfortable Lebensweise und Alkohol Glück bringen könnten, bestünde dann ein Grund, an Depressionen zu Grunde zu gehen? Wirkliches Glück ist also nicht in solchen Dingen zu finden. Frieden und Zufriedenheit hängen von unserem Bewußtseinszustand ab.

Was ist Bewußtsein? Wo kommt es her? Was ist der Sinn des Lebens? Wie sollen wir unser Leben führen? Wir bemühen uns nicht, diese Dinge zu verstehen. Würden wir sie begreifen und entsprechend leben, bestünde keine Notwendigkeit, auf der Suche nach innerem Frieden irgendwo hinzugehen. Aber statt dessen sucht jeder außerhalb von sich danach.

Zu diesem Thema fällt Amma eine Geschichte ein. Eine alte Frau suchte intensiv nach etwas vor ihrem Haus. Ein Passant fragte: 'Wonach suchst du denn, Oma?' 'Ich suche nach einem verlorenen Ohrring', antwortete sie. Der Mann half ihr bei der Suche. Wie sehr sie sich auch bemühten, sie fanden keinen Ohrring. Schließlich sagte der Mann zu der alten Frau: 'Versuche dich genau zu erinnern, wo er hingefallen sein könnte.' Sie sagte: 'Eigentlich ist er irgendwo im Haus herunter gefallen.' Der Mann war verärgert darüber und entgegnete: 'Warum, um Himmels willen, suchst du dann hier draußen danach, wenn du die ganze Zeit wußtest, daß du ihn drinnen verloren hast?' Die alte Frau antwortete: 'Weil es drinnen so dunkel ist. So dachte ich, ich suche besser hier draußen im Licht der Straßenlaterne danach.'

Kinder, wir sind wie diese alte Frau. Wenn wir in unserem Leben Frieden genießen wollen, müssen wir die wahre Quelle finden und dort suchen. In der äußeren Welt werden wir niemals echten Frieden oder wirkliches Glück finden."

Der Nutzen von Yagas

Junger Mann: „Kürzlich fand ein *yaga* (komplizierter vedischer Opferritus) statt. Viele waren dagegen und klagten über unnütze Geldausgaben."

Amma: „Ja, es wurde die Frage aufgeworfen, warum man für Gott Geld ausgeben solle. Sohn, Gott braucht keine Yagas; es ist der Mensch, der davon profitiert. Yagas reinigen die Atmosphäre. So wie man den Schleim im Körper durch *nasayam* (eine ayurvedische Behandlungsmethode) beseitigt, so reinigt der aus dem Opferfeuer (*homa*) aufsteigende Rauch die Atmosphäre. Damit meint Amma nicht, daß wir übermäßige Summen für

Homas, Yagas und Ähnliches ausgeben sollten. Es besteht keine Notwendigkeit, Gold oder Silber ins Feuer zu geben. Aber hinter diesen Zeremonien steht ein Prinzip. Wenn wir etwas, an dem wir hängen, dem Feuer darbringen, so entspricht das der Lösung der Bindung. Das größte Yaga findet statt, wenn wir unser Ego aus Liebe zu Gott opfern. Darum dreht sich echtes *jnana* (höchste Weisheit). Wir sollten die Vorstellung von „ich" und „mein" ablegen und alles als eine Wahrheit, als Gott, sehen. Es wird das Verständnis gebraucht, daß nichts getrennt von uns ist. Wenn wir unser Ego ins Homa-Feuer geben, werden wir vollendet.

Homas nützen nicht nur denen, die sie ausüben, sondern auch allen Menschen in der Umgebung. Wenn wir solche Zeremonien nicht ausführen können, sollten wir viele Bäume und Heilkräuter pflanzen, da sie ebenfalls die Luft reinigen. Viele Krankheiten können vermieden werden, wenn wir Luft einatmen, die mit Heilkräutern in Berührung kam.

Der Mensch ist sehr materialistisch geworden. Er beeilt sich, Bäume zu fällen, um sie in Geld umzusetzen. Er rodet Wald und macht Ackerland daraus. Diese Handlungen haben Veränderungen in der Natur bewirkt. Regenfall und Sonnenschein geschehen nicht mehr zur rechten Zeit. Die Atmosphäre ist äußerst verschmutzt. Der Mensch lebt in Unkenntnis von sich selbst. Er lebt nur für seinen Körper und vergißt dabei Atman, der dem Körper das Leben verleiht.

Die Leute fragen: 'Warum sollten wir Geld für Yagas und Homas verschwenden? Gott benötigt sicherlich nicht solche Dinge.' Aber dieselben Menschen beschweren sich nicht über Millionen, die dafür ausgegeben werden, eine Handvoll Erde vom Mond zu bringen. Es sind die Menschen selbst, die von Zeremonien wie Yagas und Homas profitieren.

Heutzutage lachen die Leute über das Anzünden einer Öllampe im Heim. Aber der Rauch der Lampe reinigt die Atmosphäre.

Während der Dämmerung ist die Luft von unreinen Schwingungen durchdrungen. Aus diesem Grunde singen wir zu diesen Zeiten die göttlichen Namen oder Bhajans. Wenn wir uns dann nicht mit Japa beschäftigen, verstärken sich unsere weltlichen Tendenzen. Außerdem sollten wir bei Sonnenuntergang nichts essen. Mahlzeiten zu dieser Tageszeit führen zu Krankheit, weil bei Zwielicht die Luft giftig ist. Es heißt, daß der Dämonenkönig Hiranyakasipu während *sandhya* (Stunde des Zwielichts) getötet wurde. Zu dieser Zeit ist das Ego am stärksten. Nur indem wir Zuflucht zu Gott nehmen, können wir das Ego zerstören. Aber heute schauen die Leute während dieser Stunde fern oder hören Filmlieder[27].

Wie viele Heime haben Pujaräume? In alten Zeiten wurde dem Pujaraum beim Hausbau höchste Wichtigkeit beigemessen. Heute wird Gott in der Regel auf einen Platz unter der Treppe verwiesen. Gott, der in unseren Herzen wohnt, sollte das Herz des Hauses bekommen. Auf diese Weise bringen wir unsere Beziehung zu Gott zum Ausdruck. Gott selbst braucht nichts.

Gott benötigt nichts von uns. Bedarf die Sonne des Kerzenlichts? Wir sind es, die im Dunkeln leben und Licht brauchen. Ist es notwendig, einem Fluß Wasser zu geben, um seinen Durst zu stillen? Wir sind es, die ein reines Herz gewinnen, indem wir in Gott Zuflucht suchen. Wenn wir ein reines Herz besitzen, können wir ständig Glückseligkeit genießen. Wir sind es, die Frieden erhalten, wenn wir uns Gott übergeben. Trotzdem neigen wir dazu, Gott in einer Weise zu verehren, als würde Er etwas benötigen!

Obwohl Gott allmächtig und allgegenwärtig ist, kann Er nur von Menschen reinen Herzens gesehen werden. Es ist schwierig, die Spiegelung der Sonne in schmutzigem Wasser zu sehen, in klarem Wasser jedoch ist das Bild deutlich sichtbar.

---

[27] Die indische Entsprechung für westliche Popmusik.

Wenn wir Gott zu einem Bestandteil unseres Lebens machen, wird es geheiligt und wirkt heiligend auf das Leben anderer. Wir beginnen dann, Frieden und Zufriedenheit zu erfahren. Denkt an einen vollen und reinen Fluß. Wir sind es, die davon profitieren. Mit dem Flußwasser können wir unsere verschmutzten Rinnsteine und Kanäle säubern. Ein stehender, fauliger Teich kann durch eine Verbindung zum Fluß gereinigt werden. Gott ist wie ein klarer Fluß. Indem wir eine Beziehung mit Gott kultivieren, wird unser Bewußtsein immer weiter, bis es schließlich die ganze Welt umfaßt. Auf diese Weise kommen wir Gott näher und auch anderen ist es von Nutzen."

Besucher stellen weitere Fragen

Eine Anhängerin: „Amma, sind die Ashrambewohner hierher gekommen, weil du sie darum gebeten hast?"

Amma: „Amma hat niemanden gebeten, hier zu wohnen. Ein Haushälter kümmert sich nur um eine Familie, ein Sannyasi jedoch muß die Last der ganzen Welt tragen. Es müssen alle Probleme bedacht werden, die später auftauchen können, wenn wir jedem, der mit dem Wunsch hierher kommt, ein Sannyasi zu werden, erlauben, zu bleiben, denn die meisten von ihnen sind unfähig, ihre anfängliche Loslösung aufrecht zu erhalten. In der Tat hat Amma all ihren Kindern gesagt, daß sie sie nicht hier behalten möchte; aber sie wollten nicht gehen. Schließlich erklärte Amma ihnen, daß sie bleiben könnten, wenn sie eine schriftliche Zustimmung der Eltern brächten. Einige von ihnen kehrten mit der Erlaubnis ihrer Familien zurück. Auf diese Weise wurden die meisten der Kinder Ashrambewohner. Man kann bei ihnen echte Loslösung beobachten.

Einige von ihnen blieben jedoch ohne Erlaubnis, weil ihre Sehnsucht und Loslösung so stark waren. Zu Hause brachen große Probleme aus. Die Eltern versuchten, durch Klage vor Gericht den Aufenthalt hier zu beenden. Sie kamen mit der Polizei und schleppten ihre Kinder weg, brachten sie sogar ins Irrenhaus!

(Lachend) Und wißt ihr warum? Weil einige der Kinder, die Alkohol getrunken hatten, damit aufhörten, als sie Amma begegneten! Ihre Eltern verweigerten es ihren Kindern, Sannyasis zu werden und der Welt zu dienen, selbst wenn sie sie dadurch ins Grab trieben!"[28]

Junger Mann: „Hat irgend jemand von ihnen später die Wahl eines Ashramlebens bereut?"

Amma: „Niemand von denen, die eine klare Zielsetzung hatten, hat bereut, dieses Leben gewählt zu haben. Ihr Weg ist sehr segensreich. Sie fürchten nicht einmal den Tod. Wenn eine Glühbirne durchbrennt, heißt das nicht, daß keine Elektrizität vorhanden ist. Auch wenn der Körper vergeht, Atman (das göttliche Selbst) bleibt bestehen. Das ist ihnen klar. Sie haben ihr Leben in Gottes Hände gelegt. Sie denken weder an die Vergangenheit, noch an die Zukunft, machen sich keine Sorgen darüber. Sie sind nicht wie ein Mensch, der zu einem Vorstellungsgespräch geht. Sie gleichen jemandem in fester Stellung. Jemand, der zu einem Vorstellungsgespräch geht, macht sich Sorgen über den Ausgang - d.h. darüber, ob er die Arbeit erhält oder nicht. Aber derjenige, der die Stellung erhalten hat, geht in Frieden weg. Die meisten der Kinder hier vertrauen vollkommen darauf, daß ihr Guru sie zum Ziel führt."

Junger Mann: „Amma, worum sollte ein spiritueller Mensch beten?"

Amma: „Er sollte beten: 'Oh Herr, zahllose Menschen leiden, gib mir die Kraft, sie zu lieben! Verleih mir die Fähigkeit, sie selbstlos zu lieben!' Dieses Ziel sollte ein spiritueller Mensch haben. Tapas sollte ausgeführt werden, um die Stärke

---

[28] Mit Ammas Segen und aufgrund ihrer Entschlossenheit, gelang es diesen jungen Leuten schließlich, sich im Ashram nieder zu lassen.

zu entwickeln, andere zu retten. Ein wirklicher Tapasvi gleicht einem Räucherstäbchen, das sich selbst verbrennen läßt, um anderen seinen Duft zu schenken. Ein spiritueller Mensch findet Freude daran, zu jedem liebenswürdig und mitfühlend zu sein, selbst den Gegnern gegenüber. Er ist wie ein Baum, der selbst denen Schatten schenkt, die dabei sind, ihn zu fällen.

Ein echter Tapasvi wünscht, anderen selbstaufopfernd zu dienen - gleich einer Kerze, die anderen Licht schenkt während sie schmilzt und verbrennt. Sein Ziel ist es, anderen Freude zu schenken, während er sein eigenes Ringen vergißt. Hierum beten Tapasvis. Diese Einstellung erweckt die Liebe zu Gott in ihnen. Amma wartet auf solche Menschen. Die Erlösung sucht nach ihnen und wird sie wie ein Dienstmädchen umsorgen. Die Befreiung fliegt ihnen zu, wie die Blätter in einem Wirbelwind. Andere, die nicht über ein solch weites Bewußtsein verfügen, werden die Verwirklichung nicht erreichen, ganz gleich, wieviel Tapas sie ausüben. Dieser Ort ist nicht für Leute, die nur ihre eigene Erlösung suchen.

Kinder, Sadhana bedeutet nicht nur zu beten und Japa auszuüben. Echtes Gebet beinhaltet Mitgefühl und Demut gegenüber anderen, jemandem zuzulächeln und ein freundliches Wort zu sprechen. Wir sollten lernen, die Fehler anderer zu vergeben und tiefes Mitgefühl zu hegen - so wie unsere eine Hand automatisch die andere reibt, wenn sie schmerzt. Durch die Entwicklung von Liebe, Verständnis und Weitherzigkeit können wir den Schmerz so vieler Menschen lindern! Unsere Selbstlosigkeit wird es uns außerdem ermöglichen, inneren Frieden und Freude zu genießen.

In ihren jungen Jahren betete Amma: ,Oh Herr, du brauchst mir nur dein Herz zu geben! Laß mich die ganze Welt in der selben selbstlosen Weise wie du lieben!' Amma rät ihren Kindern jetzt das Gleiche zu tun. In dieser Weise sollten sie sich nach Gott sehnen."

Amma hörte auf zu sprechen und saß eine Weile mit geschlossenen Augen da. Als sie ihre Augen öffnete, bat sie einen Brahmachari, einen Kirtan zu singen. Alle wiederholten traditionsgemäß jede von ihm vorgesungene Zeile.

Vannalum Ambike, taye manohari...

Komm, oh Mutter, die du unseren Geist verzauberst.
Oh Ambika, gewähre mir deinen Anblick!
Laß deine schöne Gestalt im Lotus meines Herzens leuchten!
Wann wird dieser gesegnete Tag anbrechen?
Wann wird mein Herz voller Hingabe für dich sein?

Ekstatisch erhob Amma beide Arme und fuhr fort zu singen:

Namam japichu samtruptanayennu...
Wann werde ich in Freudentränen baden,
die durch das Singen des göttlichen Namens strömen?
Wird je der Tag dämmern,
an dem mein Geist und Herz rein sein werden?
Wird der Tag kommen,
an dem ich meinen Stolz und meine Scham aufgebe,
meine Gewohnheiten und Lasten?

Wann werde ich die berauschende Hingabe trinken
und mein Denken in Liebe verlieren?
Wann werde ich in Tränen ausbrechen
inmitten von seligem Lachen?

Amma wiederholte die Zeilen wieder und wieder. Nach Beendigung der Hymne blieb sie in einem höheren Zustand, wobei Tränen ihr Gesicht hinunter rannen. Alle Anwesenden verneigten sich still in ihrem Herzen vor ihr.

Es war nun Zeit für die regulären Bhajans.

Kezhunnen manasam, Amma...

Oh Mutter, mein Geist ruft.
Oh Mutter, meine Mutter, kannst du mich nicht hören?
Mit schmerzendem Herzen bin ich durchs ganze Land gewan-
dert, auf der Suche nach dir.

Was soll ich nur tun, Oh Mutter?
Welche Sünde hat diese Hilflose begangen,
daß du ihr solche Gleichgültigkeit zeigst?
Oh Mutter, ich werde deine blumenhaften Füße
mit meinen heißen Tränen waschen.

Oh Mutter, ich werde schwach
durch die unerträgliche Last vergangener Taten.
Oh Mutter, zögere nicht länger, dieser demütigen Dienerin,
die völlig erschöpft ist, Zuflucht zu gewähren.

Amma, die vor ein paar Minuten Dienen gleich gesetzt hatte mit
Hingabe, weinte nun vor Liebe zur Weltenmutter. Wer würde
nicht ins Staunen geraten angesichts des Spiels von Ammas uner-
gründlichen, schnell wechselnden Bhavas?

Mittwoch, den 26. Februar 1986

Die Mutter, die mit dem Stock erzieht

Manju, ein Mädchen, das im Ashram lebte, hatte Amma einige
Tage nicht sehen können. Sie ging heute nicht zur Schule in der
Hoffnung, etwas Zeit mit Amma verbringen zu können. Als
Amma den Grund für Manjus Schuleschwänzen heraus fand,
drohte sie dem Mädchen mit dem Stock und begleitete es zur
Fähre. Als Amma zur Hütte zurück kehrte, um dort Darshan

zu geben, wurde Amma von einem kleinen Jungen und seinem Vater begrüßt.

Der Vater des Jungen: „Mein Sohn bestand darauf, dich zu sehen, Amma. Deshalb mußte ich ihn herbringen. Ich ließ ihn deshalb sogar die Schule schwänzen. Er ließ sich nicht auf den schulfreien Sonntag vertrösten."

Amma (lachend): „Gerade hat Amma ein Mädchen mit dem Stock zur Schule getrieben! Willst du nicht zur Schule gehen, Sohn?"

Der Junge: „Nein, ich möchte bei Amma sein!"

Amma (lachend): „Wenn du hier bleibst, wird Ammas Laune sich ganz plötzlich ändern. Kennst du den Baum mit den vielen kleinen Ästen, der vorne steht? Wir lassen den Baum extra wachsen für Stöcke zum Verhauen von kleinen Kindern! Also, schwänz nicht die Schule, um hierher zu kommen, Sohn. Du bist doch Ammas Kind, nicht wahr? Dann geh zur Schule und besteh alle Prüfungen, dann wird Amma dich natürlich hier bleiben lassen."

Der Junge wurde weich bei Ammas Zuneigung, insbesondere als sie ihm einen Kuß als Liebessiegel auf seine Wange drückte.

Sannyasa ist nur für die Mutigen

Ein Besucher ging nach vorn zu Amma und verneigte sich zu ihren Füßen. Er erzählte Amma, daß einer seiner Freunde, der verheiratet war und zwei Kinder hatte, gerade seine Familie verlassen hatte. Trotz unregelmäßiger Einkünfte hatte er auf großem Fuße gelebt und sich hoch verschuldet. Als die Schuldner ihn zu Hause bedrängten und er keinen Ausweg aus seinen Schwierigkeiten fand, verließ er schließlich sein Heim mit dem Argument, er wolle Sannyasi werden. Der Besucher stellte Amma die Frage: „Ist Ashramleben für viele nicht eine Flucht vor der Realität des Lebens? Leute wählen Sannyasa, wenn die Probleme und Schwierigkeiten unerträglich werden."

Amma: „Solche Menschen werden nicht fähig sein, dabei zu bleiben. Sie halten das spirituelle Leben nicht durch, denn dazu braucht man Stärke und Mut. Manche Leute legen ohne viel zu überlegen aus der Laune des Augenblicks heraus das orangefarbene Gewand an. Ihr Leben wird voller Enttäuschung verlaufen.

Ein Haushälter kümmert sich nur um seine Frau und seine Kinder; er muß sich nur mit ihren Problemen befassen. Ein spiritueller Mensch jedoch hat die Last der ganzen Welt mitzutragen. Er darf in keiner Situation schwach werden. Er muß über festen Glauben und tiefe spirituelle Weisheit verfügen. Er darf kein Schwächling sein. Selbst wenn jemand ihn verprügelt, oder eine Frau versucht, sich ihm zu nähern, sollte er keinen Moment lang ins Wanken geraten. Sein Leben sollte in keiner Weise von den Worten oder Taten anderer beeinflußt werden.

Aber die Menschen von heute sind nicht von dieser Art. Spricht jemand aus Wut heraus ein paar beleidigende Worte, so sind sie bereit, den Betreffenden umzubringen. Wenn sie sich nicht sofort rächen können, denken sie ständig darüber nach, wie sie die Beleidigung heimzahlen können. Das Gleichgewicht in ihrem Leben hängt von ein paar Worten ab, die anderen über die Lippen gekommen sind. Ein wirklich spiritueller Mensch verhält sich keinesfalls so. Er übt sich darin, fest in seinem Inneren zu stehen. Er lernt, worauf es im Leben wirklich ankommt. Spirituelles Leben ist unmöglich ohne echte Unterscheidungsfähigkeit und Losgelöstheit.

Es gab einmal eine Frau, die nie mit den Einkünften ihres Mannes zufrieden war. Sie beklagte sich ständig. Der Mann hörte von ihr nur das Verlangen nach mehr und mehr, bis er schließlich des Lebens selbst überdrüssig wurde. Er dachte an Selbstmord, aber er konnte es nicht tun. Er entschloß sich, sein Heim zu verlassen und Sannyasi zu werden. Er reiste eine Weile, bis er einen Guru fand. Bevor er ihn als Schüler annahm, fragte der Guru:

'Bist du wegen Familienstreitigkeiten von zu Hause weggegangen oder weil du wirkliche Loslösung erreicht hast?'

Der Mann antwortete: 'Ich ging von zu Hause fort, in der Hoffnung Sannyasi zu werden.'

'Hast du nicht irgendwelche Wünsche?'

‚Nein, ich habe keine Wünsche.'

'Du hast also kein Verlangen nach Reichtum oder Macht?'

'Nein, ich möchte nichts. Ich bin an nichts interessiert.'

Nach einigen weiteren Fragen nahm der Guru den Mann als seinen Schüler an und gab ihm einen *kamandalu*[29] und einen Stab.

Ein paar Tage später begannen Guru und Schüler eine Pilgerschaft. Als sie ermüdeten, rasteten sie an einem Flußufer. Der Schüler legte Kamandalu und Stab ab und nahm ein Bad im Fluß. Als er zurückkam, konnte er seinen Kamandalu nicht finden. Er suchte überall danach, und als er ihn nicht fand, war er sehr bestürzt darüber.

Der Guru meinte: 'Du sagtest, du fühlst dich an nichts gebunden. Warum regst du dich dann so über ein Kamandalu auf? Laß es los und laß uns den Weg fortsetzen.'

Der Schüler entgegnete: 'Aber ohne Kamandalu kann ich nichts trinken! Ich habe keinen Behälter für Wasser!'

Der Guru antwortete: 'Du solltest wunschlos sein, und trotzdem hängst du an einer solchen Kleinigkeit? Betrachte alles als Gottes Willen.'

Der Schüler blieb jedoch beunruhigt. Als der Guru das sah, gab er ihm seinen Kamandalu zurück. Er hatte ihn versteckt, um den Schüler zu prüfen.

Sie setzten ihren Weg fort. Gegen Mittag wurde der Schüler sehr hungrig, aber der Guru gab ihm nichts zu essen. Als er sich darüber beschwerte, entgegnete der Guru: 'Ein spiritueller

---

[29] Ein Kessel mit einem Henkel und einer Tülle, der von Mönchen verwendet wird, um Wasser und Nahrung zu holen.

Mensch braucht Geduld und Durchhaltekraft. Er sollte fähig sein, ohne Zaudern weiter zu machen, selbst wenn er den ganzen Tag keine Nahrung erhält. Wie kannst du nur jetzt schon so schwach vor Hunger sein? Es ist erst Mittag! Sich mit Essen zu verwöhnen, sollte eines der ersten Dinge sein, die der spirituelle Sucher aufgibt. Im spirituellen Leben sollte der Magen als erstes schrumpfen.'

Der Guru gab dem Schüler ein mit Wasser vermischtes Kräuterpulver, um dessen Hunger zu unterdrücken. Der Schüler verkraftete den bitteren Geschmack nicht und erbrach sich. Er entschied, daß er damit genug hatte. Er zog es vor, die Tiraden seiner Frau zu Hause zu ertragen, als das Leben eines Sannyasi fortzusetzen. Somit bat er den Guru um die Erlaubnis heimzukehren.

Der Guru fragte: 'Wie hast du dir das Leben eines Sannyasi vorgestellt, als du dich dafür entschlossen hattest?'

Der Schüler antwortete: 'Auf keinen Fall irgend etwas wie dies. Ich dachte, ich müsse einfach täglich ein Bad nehmen, heilige Asche tragen, und irgendwo mit geschlossenen Augen sitzen. Ich nahm an, Leute würden kommen, sich verneigen und mir *biksha* (Almosen) geben, und daß ich genügend zu essen bekommen würde und zwar zu regelmäßigen Essenszeiten, ohne irgendeine Arbeit verrichten zu müssen.' Und so kehrte er zu seiner Frau zurück.

So sehen die Folgen aus, wenn man Sannyasa aufgrund eines Streits mit anderen annimmt, bzw. aus Gehässigkeit, oder wenn man einfach dem Leben entfliehen möchte, ohne wirklich Vairagya (Loslösung) entwickelt zu haben.

Wir sollten nicht das Leben eines Entsagenden antreten, ohne zuerst unterscheiden zu lernen zwischen dem Ewigen und dem Vorübergehenden und ohne zunächst Loslösung zu entwickeln. Es sollte auf dem spirituellen Pfad unser Ziel sein, Mitgefühl mit den Kranken, Armen oder anderweitig Leidenden zu haben, ein Leben selbstlosen Dienens zu führen, das dem Wohlergehen anderer gewidmet ist. Jeder Atemzug eines spirituellen Menschen sollte mit Sympathie für die Leidenden dieser Welt gefüllt sein. Sein Leben darf nicht auf eigene Bequemlichkeit ausgerichtet sein. Gleichzeitig sollte innere Stärke gewonnen werden durch ununterbrochenes Gebet: 'Oh Herr, wo bist du? Wo bist du?'

Der Durchschnittsmensch gleicht einer Kerze, wogegen ein Sannyasi wie eine Sonne leuchtet, die Tausenden Licht spendet. Er sorgt sich nicht einmal um seine eigene Erlösung. Entsagung bedeutet, gewillt zu sein, der Welt alle im Sadhana gewonnene Kraft zu geben. Das ist das einzige Ziel des Sannyasi. Spirituell ist jemand, der nichts anderes wünscht, als ein Leben wahrer Entsagung zu leben.

Erst nach verschiedenen Prüfungen erlaubte Amma den Kindern, die herkamen, zu bleiben. Sie gab ihnen nur eine Mahlzeit am Tag, und zwar geschmacklose Nahrung ohne Salz oder Gewürze. Sie akzeptierten es frohgemut. Sie zeigten Selbstbeherrschung. Amma prüfte, ob sie sich selbst schmackhafte Nahrung verschaffen würden, nachdem sie das Leben des Dienens angetreten hatten. Sie beobachtete auch, ob sie sich mit der Ausrede zu meditieren, um jegliche Arbeit drücken würden. Ganz gleich, wieviel Tapas sie ausüben, sie müssen auch zur notwendigen Ashramarbeit beitragen. Wenn sie dazu nicht gewillt sind, werden sie bequem und schaden der Gesellschaft nur.

Amma sagte ihnen, daß sie zumindest den Boden rund um die paar Kokospalmen lockern könnten, wenn sie sonst keine bestimmte Aufgabe hätten. Sie erledigten alle Arten von Arbeit. Und sie blieben trotz verschiedenster Prüfungen.

Amma hat die gleiche Wachsamkeit bei allen Kindern gefunden, die bislang hierher gekommen sind. Wer nicht darüber verfügt, wird nicht bleiben können, sondern wird schließlich zum weltlichen Leben zurück kehren müssen."

Es war drei Uhr, als Amma auf ihr Zimmer ging.

Freitag, den 28. Februar, 1986

Das Prinzip von Ahimsa

Die Matruvani-Magazine sollten am nächsten Tag verschickt werden. Viel Arbeit blieb noch zu tun, und es war schon spät am Nachmittag. Amma und die Brahmacharis saßen auf der Veranda außerhalb des Meditationsraumes, steckten die Magazine in Umschläge und klebten Briefmarken darauf. Peter aus Holland näherte sich der Veranda. Ärgerlich fragte er Br. Nealu[30]: „Wer hat beschlossen, daß Insektizide auf die Rosen gesprüht werden sollen? Die armen wehrlosen Insekten sollten nicht auf diese Weise getötet werden!" Nealu übersetzte seine Worte für Amma, die jedoch kommentarlos weiter arbeitete. Sie warf Peter nur einen Blick zu.

Mit einem traurigen Gesichtsausdruck stand Peter allein da, in gewissem Abstand von der Gruppe.

Nach einer Weile rief Amma ihn. „Peter, mein Sohn, hole Amma von Gayatri[31] etwas Wasser zu trinken.

Peter schaute immer noch traurig, als er Amma das Wasser brachte.

Amma nahm das Glas und sagte: „Dies ist abgekochtes Wasser, nicht wahr? Frisches Wasser reicht für Amma."

Peter: „Ich bringe gefiltertes Wasser, Amma. Oder möchtest du etwas Kokosnußwasser?"

Amma: „Amma möchte einfaches, ungekochtes Wasser."

---

[30] Swami Paramatmananda.
[31] Swamini Amritaprana.

Peter: „Trinke lieber kein ungekochtes Wasser, Amma. Du könntest krank werden."

Amma: „Aber so viele Lebewesen sterben, wenn wir das Wasser kochen. Ist das nicht eine Sünde, Sohn?"

Peter wußte darauf keine Antwort.

Amma: „Denk daran, wie viele Leben durch unsere Füßen beim Laufen zertreten werden. Wie viele Organismen sterben, wenn wir atmen! Wie können wir das vermeiden?

Peter: „Ich gebe zu, daß das nicht in unserer Macht liegt; aber zumindest das Spritzen der Pflanzen können wir vermeiden."

Amma: „Nun denn. Nimm einmal an, dein Kind oder Amma wird krank. Würdest du nicht darauf bestehen, daß wir Medizin nehmen?"

Peter: „Ja natürlich. Es wäre am wichtigsten, daß ihr wieder gesund werdet."

Amma: „Aber bedenke, wie viel Millionen Erreger sterben, wenn wir die Medizin nehmen?"

Wiederum wußte Peter keine Antwort.

Amma: „Also ist es nicht damit getan, Mitgefühl mit den Krankheitserregern zu haben, oder? Wem wird der Rosenbusch sein Leid klagen, wenn er von Würmern angegriffen wird? Sollten wir ihn nicht schützen, da er unter unserer Obhut steht?"

Der Schatten verschwand von Peters Gesicht.

Zeichen zur Erinnerung

Eine Gruppe junger Männer kam, um Amma zu sehen. Sie schauten ihr eine Weile aus der Entfernung zu, bis sie schließlich herankamen und bei der Arbeit mitmachten. Sie schienen Amma einige Fragen stellen zu wollen, aber etwas hielt sie zurück. Einer von ihnen hatte Bhasma über seine ganze Stirn gestrichen, und an der Stelle zwischen und gerade oberhalb der Augenbrauen hatte er Sandelholzpaste mit einem Kumkumpunkt in der Mitte aufgetragen. Er stupste seinen Nachbarn und sagte: „Siehst du, Amma trägt auch Bhasma."

Amma erkundigte sich: „Worum geht's ihr Kinder?"

Junger Mann: „Amma, meine Freunde finden es blöd, daß ich diese Zeichen auftrage. Sie machen sich über mich lustig. Sie sagen, so angepinselt sähe ich wie ein Tiger aus."

Man sah den jungen Leuten an, daß ihnen die Angelegenheit peinlich war. Einer von ihnen fragte: „Warum tragen die Leute all die Asche und Sandelholzpaste auf ihre Stirn auf? Wozu soll das gut sein?"

Amma: „Kinder, wir tragen Sandelholzpaste und heilige Asche, aber denken wir an die dahinter stehende Bedeutung? Wenn wir Asche in unsere Hände nehmen, sollten wir an die Vergänglichkeit dieses Lebens denken. Früher oder später werden wir zu einer Handvoll Asche. Um uns diese Tatsache stärker ins Bewußtsein zu rücken, wird Asche getragen. Wenn ein Liebhaber nur den Saum des Saris seiner Geliebten erblickt, erinnert er sich an sie. In der gleichen Weise sollen uns heilige Asche, Sandelholzpaste und *rudraksha*-Perlen an Gott denken lassen, um in uns die Erinnerung an das Selbst zu erwecken. Ganz gleich wie wichtig oder gewöhnlich wir sind, wir können in jedem Augenblick sterben. Deshalb sollten wir an niemandem außer an Gott hängen. Die Menschen, mit denen wir uns verbunden fühlen, werden am Ende nicht mit uns kommen."

Ein Jugendlicher: „Was hat es mit den Sandelholzzeichen auf sich?"

„Sandelholz hat hervorragende Heilwirkung. Wenn man Sandelholzpaste auf bestimmte Körperteile aufträgt, wirkt das kühlend auf die Nerven und den Körper; sie werden gesünder. Hinter dem Tragen von Sandelholzpaste steht auch eine symbolische Bedeutung. Sandelholz duftet. Dieser Duft befindet sich im Holz und nirgendwo anders. Als Parallele dazu sollte uns klar werden, daß unendliche Glückseligkeit sich in uns selbst befindet. Entsprechend dieser Wahrheit sollten wir leben.

Wenn ein Stück Sandelholz draußen im Schlamm liegt, wird der äußere Teil faulen und stinken. Aber welch wunderbaren Duft können wir von dem selben Stück Sandelholz bekommen, wenn wir es säubern und an einem Stein reiben! Desgleichen können wir nicht den Duft des inneren Selbstes genießen, solange wir in Weltlichkeit eingetaucht leben. Wir zerstören unser innerstes Bewußtsein, wenn wir trivialen Sinnesfreuden nachgehen. Ohne es zu bemerken, verschwenden wir Körper und Sinne für Vergnügen, die nur kurze Augenblicke währen. Hieran erinnert uns die Sandelholzpaste. Wenn wir das Leben zur Selbsterkenntnis nutzen, können wir für immer in Glückseligkeit leben."

Jugendlicher: „Warum tragen die Leute Rudraksha-Perlen?"

Amma: „Der Rudraksha-Same versinnbildlicht völlige Selbstaufgabe. Die Perlen werden auf einen Faden aufgezogen und ergeben eine Mala. Durch den Faden werden die Perlen zusammengehalten. Jeder von uns ist eine Perle auf dem Faden des Selbstes. Eine Rudraksha-Mala erinnert uns an diese Wahrheit und lehrt uns völlige Hingabe an Gott."

Gottesdienst im Tempel

Jugendlicher: „Amma, wenn wir erzählen, daß wir einen Ashram besuchen, macht man sich über uns lustig. Wir bekommen zu hören, daß Tempel und Ashrams etwas für alte Leute ist."

Amma: „Man kritisiert heute Tempel, aber sie sind dazu gedacht, spirituelle Gedanken zu fördern und gute Eigenschaften in den Menschen zu entwickeln.

Wir sehen politisch Engagierte mit ihren Fahnen marschieren. Würde jemand es wagen, diese Fahnen zu zerreißen, zu verbrennen oder darauf zu spucken, so würde man ihn wahrscheinlich zu Tode prügeln! Doch woraus besteht eine Fahne?

Es ist nur ein Stück Stoff. Verlierst du sie, kannst du jede Anzahl neue kaufen. Doch eine Fahne ist mehr als nur das Material. Sie symbolisiert ein Ideal; aus diesem Grund tolerieren die Leute ihr gegenüber keine Respektlosigkeit. Desgleichen symbolisiert ein Tempel Gott. Wir sehen Gott in dessen Bildnissen. Wenn wir den Tempel betreten und die göttlichen Abbilder erblicken, erblühen gute Gedanken in uns und wir denken an das wahre Ideal. Die Atmosphäre in einem Tempel unterscheidet sich sehr von der in einer Metzgerei oder in einer Bar. Die Atmosphäre ist gereinigt worden durch die heiligen Gedanken zahlloser Gläubiger. Solch ein Ort der Hingabe spendet Leidenden Trost, wie der kühlende Schatten eines Baumes in der heißen Sonne oder eine warme Decke in der Kälte. Wir können spirituell weiterkommen durch die Verehrung Gottes in einem Tempel und durch das Aufnehmen des guten Samskaras eines solchen Ortes.

In jedem Dorf sollte es mindestens einen Tempel geben. Heutzutage ist jedermann mit selbstsüchtigen Gedanken beschäftigt. Der Tempel kann die schlechten Schwingungen, die durch diese Gedanken erzeugt werden, beseitigen. Selbst durch nur zwei Sekunden völliger Konzentration während einer Tempelandacht erfährt die Atmosphäre eine Reinigung.

Die Leute fragen: 'Wie kann Gott in einem Bildnis leben? Sollten wir nicht den Bildhauer verehren, der die Statue geschaffen hat?' Aber wen seht ihr bei der Betrachtung eines Gemäldes eures Vaters - euren Vater oder den Maler? Gott ist überall. Du kannst ihn nicht mit deinen Augen sehen, aber bei der Betrachtung der Gottesbilder im Tempel, denkst du an ihn. Gedanken an Gott bringen Segen und reinigen den Geist (mind)."

Ein junger Mann: „Amma, du hast unsere Zweifel beseitigt. Ich trage gewöhnlich ein Zeichen aus Sandelholzpaste, hatte jedoch keine Ahnung von der Bedeutung. Meine Eltern trugen es auf ihre Stirn auf, so tat ich es ebenfalls. Wenn meine Freunde fragten warum, wußte ich nichts zu sagen. Viele Menschen, die als Kinder an Gott glaubten, haben ihren Glauben verloren. Sie sind dem Alkohol und Tabak verfallen. Wenn jemand da gewesen wäre, der ihnen die Dinge logisch hätte erklären können, hätten sie sich nicht ruiniert. Vor dem gleichen Schicksal hat mich nur eine gewisse Furcht davor, mich ganz von Gott abzuwenden, bewahrt. Amma, ich werde mit ein paar Freunden hierher zurück kommen. Nur du kannst sie auf den rechten Weg bringen."

Amma (lachend): „Namah Shivaya! Sohn, ein Mensch, der an Gott glaubt und den göttlichen Grundsätzen als Ideal folgt, kann kein Sklave schlechter Gewohnheiten werden. Da er nach innen gewendet bleibt, sucht er das innere Glück und nicht das äußere. Er empfängt Seligkeit von Gott, der in ihm wohnt. Nichts Äußeres kann ihn binden. Amma besteht nicht darauf, daß jeder Gott in sein Leben einbeziet; aber warum sollte man ein Sklave schlechter Gewohnheiten werden? Warum eine Last für deine Familie und die Gesellschaft werden? Es ist heutzutage modern zu trinken, zu rauchen und Geld zu verschwenden. Es ist traurig, daß Politiker und andere einflußreiche Leute sich nicht darum bemühen, die jungen Menschen davon abzubringen. Wenn sie kein Beispiel setzen, wie sollen dann die anderen je spirituelle Ideale lernen und aufnehmen?

Amma öffnete ein Matruvani-Heft. Als sie sah, daß eine Seite aufgrund eines Knicks darin nicht richtig bedruckt war, sagte sie: „Kinder, bevor ihr die Hefte einkuvertiert, solltet ihr sie durchgehen und alle Seiten überprüfen. Denkt ihr nicht, die Ashrambewohner sollten wachsam sein und auf alles achten?"

Ein Brahmachari brachte einen Teller mit Bhasma-Päckchen (Asche) und Süßigkeiten. Amma winkte die jungen Besucher zu sich: „Kommt meine Kinder!" Die jungen Männer, die ihr zum ersten Mal begegneten, erhielten Prasad aus ihren heiligen

Händen und verabschiedeten sich dann, dankbar, daß sich einige der Zweifel, die sie geplagt hatten, nun endlich geklärt hatten.

Montag, den 10. März 1986

Sadhana gemeinsam mit dem Guru

Die Wasserleitung zum Ashram war gebrochen. Die Reparatur würde einige Tage in Anspruch nehmen. Die vergangenen Nächte hatten die Bewohner Wasser von der anderen Seite der „Backwaters" geholt, wo es einen einzigen öffentlichen Wasserhahn gab. Tagsüber benutzten die Anwohner ihn für ihre Bedürfnisse, deshalb holten die Ashrambewohner dort während der Nacht Wasser. Nachdem sie mit dem Boot den Kanal überquert hatten, füllten die Brahmacharis ihre Behälter und kehrten zur Anlegestelle des Ashrams zurück. Dort warteten Amma und die anderen Brahmacharis, um ihnen zu helfen, das Wasser vom Boot zum Ashram zu tragen. Die Arbeit dauerte meist bis vier oder fünf Uhr morgens.

Es war jetzt Mitternacht. Eine Ladung Wasser war gerade zum Ashram gebracht worden. Die Brahmacharis hatten wieder auf die andere Kanalseite übergesetzt, um die nächste zu holen. Amma lag auf dem Sand am Rand der „Backwaters". Jemand hatte für sie ein Tuch ausgebreitet, aber sie war auf den Sand herunter gerollt. In einem Feuer in der Nähe brannten trockene Blätter und Abfälle, um durch den Rauch die Mückenschwärme zu vertreiben.

Während sie auf die nächste Ladung Wasser warteten, saßen die Brahmacharis um Amma herum und meditierten. Das Wasser auf der anderen Seite floß so langsam aus dem Hahn, daß es mindestens zwei Stunden dauern würde, bis das Boot zurückkehrte. Nach einiger Zeit erhob sich Amma vom Sand und warf mehr trockene Blätter ins Feuer, dessen Flammen daraufhin laut knisternd empor züngelten.

Amma: „Kinder, stellt euch vor, daß die Gestalt eurer bevorzugten Gottheit in diesem Feuer steht. Meditiert darüber."

Ein Brahmachari kümmerte sich darum, das Feuer zu erhalten. Die umliegende Landschaft und die ruhigen „Backwaters" glänzten im Mondlicht, so daß es aussah, als ob ein mit schimmernden Silberfäden gewebtes Tuch über Land und Wasser ausgebreitet läge. Ein tiefer Friede durchdrang die Nacht. Die Stille wurde nur gelegentlich durch das Heulen einiger Hunde am anderen Ufer unterbrochen. Dann erfüllte Ammas schöne Stimme die Luft mit folgendem Lied:

Ambike Devi Jagannayike Namaskaram...

Oh Mutter, Göttin des Universums,
ich verneige mich vor dir.
Oh, die du Freude schenkst,
ich verneige mich vor dir.

Oh Mutter, Frieden ist deine Natur,
und du bist allmächtig.
Du webst die große Täuschung,
du bist ohne Anfang und ohne Ende -
Oh Mutter, du bist das innerste Selbst,
ich verneige mich vor dir.

Wissen, Sprechen und Intelligenz -
alles bist nur du allein.
Oh Devi, du bist die Herrin meines Bewußtseins.
Da dies so ist, oh Glückverheißende,
wie könnte ich je deine Größe beschreiben?
Ich kenne die Saat-Mantras nicht,

die notwendig sind, um dich zu verehren -
Alles was ich tun kann, ist,
mich vor dir zu verneigen.

Oh Mutter, du verströmst dein großes Mitgefühl
zu dem Gläubigen, der ständig an dich denkt -
deine Herrlichkeit überschreitet alle Vorstellungen.

Nach Beendigung des Kirtans sang Amma dreimal „Aum". Daraufhin erklang dann von allen gemeinsam die göttliche Silbe.

Amma: „Kinder, stellt euch ein stilles, helles Feuer wie dieses in eurem Herzen oder zwischen den Augenbrauen vor. Die Nacht ist die ideale Zeit zum Meditieren."

Das Boot kehrte mit Wasser zurück, und die Arbeit ging weiter. Als das Boot schließlich mit leeren Behältern für weiteres Wasser wieder übersetzte, bat Amma alle, mit der Meditation fort zu fahren. So verging die Nacht mit einer Kombination aus Arbeit und Meditation bis 5 Uhr. Da es ein Darshantag war, würde bald der Besucherstrom einsetzen. Wann würde Amma etwas Ruhe bekommen? Für sie schien es so etwas nicht zu geben.

Mittwoch, den 12. März 1986

Mit Shraddha ausgeführte Arbeit ist Meditation

Alle Arbeit in Zusammenhang mit dem Ashram wurde von den Bewohnern ausgeführt. Dabei wechselte die Arbeitszuteilung häufig. Amma sagte oft: „Den Brahmacharis sollte es an keiner Fähigkeit fehlen. Sie sollten jede Art von Arbeit verrichten können."

An diesem Morgen machte Amma um 7 Uhr morgens einen Rundgang durch den Ashram. Dabei las sie Bonbonpapier und ähnliches vom Boden auf. Als sie den Kuhstall an der Nordseite des Ashrams erreichte, hoben die Kühe die Köpfe und schauten sie an. Amma streichelte die Stirn der Kühe mit der Zuneigung einer Mutter für ihre Kinder. Auf dem Boden vor einer der Kühe war mit Wasser vermischter *pinnak*[32] vergossen. Die Kuh hatte beim Trinken davon den Eimer umgeworfen. Amma säuberte den Eimer, holte Wasser und reinigte den Boden. Die Brahmacharini, die sie begleitete, wollte helfen, aber Amma erlaubte es nicht. Ammas Gesichtsausdruck machte klar, daß es sie schmerzte zu sehen, daß die Kuh ihr Trinken mit mangelnder Aufmerksamkeit erhalten hatte. Als Amma mit der Reinigung des Bodens fertig war, ging sie geradewegs zur Hütte des Brahmachari, dem die Kühe anvertraut waren.

„Mein Sohn," sagte sie, „bist du es nicht, der den Kühen jeden Morgen zu Trinken gibt?"

Durch Ammas Frage war dem Brahmachari klar, daß er einen Fehler gemacht hatte, aber nicht, worin dieser bestand. Er stand schweigend da.

Amma fuhr fort: „Sohn, die erste gute Eigenschaft eines Sadhaks sollte Aufmerksamkeit (Shraddha) sein. Gibt man so Kühen zu trinken? Eine der Kühe hat alles verschüttet. Ist daran nicht deine mangelnde Achtsamkeit schuld? Du bist gebeten worden, bei den Kühen zu bleiben, bis sie mit dem Trinken fertig sind. Die Kuh hat den Pinnak vergossen, weil du der Anweisung nicht gehorcht hast, stimmt's? Wenn du nicht bleiben kannst, bist die Arbeit fertig ist, wird Amma sie selbst machen. Du solltest die Kuh als Mutter betrachten. Sich um Kühe zu kümmern ist eine Art Gottesdienst. Sohn, diese Kuh mußte wegen deiner Achtlosigkeit hungern. Und weil du sie allein gelassen hast, wurde viel Pinnak verschwendet."

---

[32] Der Schlamm, der nach der Öl-Extraktion von Kokosnüssen und anderer Saat übrigbleibt.

Dem Brahmachari wurde sein Fehler klar. Er versuchte zu erklären, warum er den Kuhstall verlassen hatte. „Ich ging zeitig, weil es Zeit zum Meditieren war."

Diese Antwort stellte Amma nicht zufrieden. „Wenn dir wirklich die Meditation am Herzen läge, hättest du die Kühe etwas früher gefüttert, um zeitig genug für die Meditation fertig zu sein. Es ist eine Sünde, die armen Tiere im Namen der Meditation hungern zu lassen. Was ist Meditation? Heißt es lediglich, mit geschlossenen Augen da zu sitzen und sonst nichts? Jede Arbeit, die du mit Gottes Namen auf den Lippen und in ständigen Gedanken an Gott verrichtest, ist auch Meditation."

Br: „Amma, neulich hast du gefastet und nicht einmal Wasser zu dir genommen, weil zwei Brahmacharis zu spät zur Meditation kamen. Ich wollte nicht, daß das wegen mir noch einmal geschieht." Seine Augen füllten sich beim Sprechen mit Tränen.

Amma wischte seine Tränen fort und sagte beruhigend: „Was hat Amma gesagt, das dich so trifft, Sohn? Sie möchte nur, daß du von jetzt an achtsam bist. Amma war es neulich sehr ernst, weil jene zwei Söhne absichtlich der Meditation ausgewichen waren. Sie hätten ihr Lesen und Schreiben auch später verrichten können. Aber dein Fall liegt anders. Du hast eine Arbeit verrichtet, die Amma dir aufgetragen hat. Das unterscheidet sich nicht von Meditation, da hingebungsvolles Verrichten deiner Arbeit eine Form von Meditation ist. Dein Einsatz für die dir anvertraute Arbeit zeigt das Niveau deiner Selbstaufgabe und Intensität deiner Ausrichtung auf das Ziel. Zu arbeiten, um Meditation zu vermeiden und zu meditieren, um der Arbeit auszuweichen - beides sollte man unterlassen."

Amma duldete keine Verstöße gegen die Ashramregeln. Alles mußte pünktlich ausgeführt werden. Es gab kein Zuspätkommen oder Nichterscheinen bei der Meditation oder dem Vedanta- und Sanskritunterricht. Einige Male würde sie die Brahmacharis ausschimpfen. Wenn das auch nicht half, lenkte sie die Strafe auf sich selbst, indem sie fastete, manchmal sogar das Wasser wegließ. Die schlimmste Strafe war es für die Brahmacharis, wenn Amma ihretwegen nicht aß.

Amma und der Brahmachari begaben sich zur Kalari-Veranda, wo alle in Meditation saßen. Amma setzte sich in Lotusstellung in Wandnähe in Richtung Osten. Der Brahmachari, der mit ihr zusammen gekommen war, saß in ihrer Nähe. Nach der Meditation gingen alle zu Amma, verneigten sich und scharten sich um sie.

Auf einen Punkt gebrachte Konzentration

Einer der Brahmacharis nahm die Gelegenheit wahr, ihr von seinem Problem zu berichten:

„Amma, ich kann mich bei der Meditation einfach nicht konzentrieren. Das macht mir sehr zu schaffen."

Amma lächelte und meinte: „Kinder, ihr erreicht *ekagrata* (Konzentration) nicht plötzlich. Fortlaufende Bemühung ist notwendig. Brecht die Sadhanadisziplin nicht ab, weil euer Geist abschweift. Führt euer Sadhana mit strikter Regelmäßigkeit aus. Ihr braucht unerschütterlichen Enthusiasmus. Keine Sekunde lang solltet ihr vergessen, daß ihr spirituelle Aspiranten seid.

Es gab einmal einen Mann, der zu den „Backwaters" zum Fischen ging. Er entdeckte einen Schwarm großer Fische in Ufernähe. Er entschloß sich, einen Schlammdamm um die Fische herum zu errichten und dann das Wasser heraus zu schöpfen, um so die Fische zu fangen. Der Damm brach immer wieder, aber er gab nicht auf. Als er den Damm fertig gestellt hatte, begann er, das Wasser mit den Händen weg zu schöpfen, da er keinen Behälter bei sich hatte. Mit großer Geduld fuhr er mit seiner Arbeit fort. Er hatte absolutes Vertrauen in das, was er tat, und er dachte an nichts anderes. Am Abend hatte er seine Arbeit beendet und er fing viele Fische. Zufrieden ging er nach Hause. Reichen Lohn hatte ihm seine harte Arbeit gebracht, die er mit so viel Geduld, Vertrauen und nicht nachlassender Hingabe ausgeführt hatte.

„Kinder, seid nicht entmutigt, wenn all eure Bemühungen keine Resultate zeigen. Jedes Mantrasingen hat eine Wirkung, ihr seid euch dessen nur nicht bewußt. Auch wenn ihr keine volle Konzentration erreicht, profitiert ihr trotzdem von regelmäßiger Meditation. Durch konstantes Japa verschwinden eure inneren Unreinheiten unmerklich und eure Konzentration während der Meditation nimmt zu.

„Es fällt euch nicht schwer, an eure Eltern, Verwandten, Freunde oder ans Lieblingsgericht zu denken. Ihr könnt sie euch sofort vorstellen, sobald ihr an sie denkt, und zwar so lange es euch beliebt. Das ist durch euren langen Umgang mit ihnen möglich. Der Geist muß nicht darin geübt werden, an weltliche Dinge zu denken, weil er daran gewöhnt ist. Es gilt, eine entsprechende Verbindung zu Gott aufzubauen. Darin liegt der Sinn von Japa, Meditation und Satsang. Es bedarf jedoch der ständigen Bemühung. Und als Resultat dieser Bemühung wird die Gestalt eurer bevorzugten Gottheit mit dem dazu gehörigen Mantra so natürlich im Geist auftauchen, wie es bei weltlichen Gedanken der Fall ist. Ganz egal, was ihr denkt oder seht, ihr werdet dann ständig das Göttliche im Bewußtsein bewahren. Es wird für euch dann keine von Gott getrennte Welt mehr geben.

„Kinder, seid also nicht entmutigt, wenn es euch am Anfang nicht gelingt, euch wirklich zu konzentrieren. Wenn ihr euch konstant bemüht, wird der Erfolg mit Sicherheit eintreten. Eure ständige Einstellung sollte sein: ‘Nur Gott ist ewig. Wenn ich ihn nicht erkenne, bleibt mein Leben fruchtlos. Ich muß ihn sobald wie möglich erblicken!’ Dann werdet ihr euch automatisch konzentrieren. Kinder, es gibt keine Hindernisse auf dem Weg eines

Menschen, der ständig das Ziel im Auge behält. Er betrachtet alle Situationen als positiv.

Br: „Ich kann morgens nicht meditieren, da ich so schläfrig bin."

Amma: „Sohn, wenn du dich während der Meditation müde fühlst, singe dein Mantra und bewege deine Lippen dabei. Wenn du eine Mala hast, halte sie dabei an dein Herz. Dadurch wirst du wacher. Man sollte bei der Meditation aufrecht sitzen. Nur Bequemlichkeit läßt das Bedürfnis aufkommen, sich hängen zu lassen. Wenn du dich trotzdem noch müde fühlst, steh auf und sing dein Mantra. Lehne dich beim Stehen nirgends wo an. Anlehnen bindet den Geist an diesen Komfort. Wenn du deine Müdigkeit immer noch nicht überwinden kannst, laufe eine Weile und nimm dann die Meditation wieder auf. Verscheuche Tamas mit Rajas. Hatha Yoga hilft auch.

Nur wenn wirkliches Lakshya Bodha (ununterbrochene wachsame Ausrichtung aufs Ziel) vorhanden ist, wird alle Schläfrigkeit verschwinden. Manche Leute, die in Fabriken zur Nachtschicht arbeiten, schlafen zwei oder drei Nächte hintereinander nicht. Trotzdem schlafen sie nicht vor den Maschinen ein, denn wenn sie ihre Konzentration auch nur einen Augenblick lang verlieren, könnten die Hände in die Maschinen geraten - es besteht die Gefahr, ihre Hände, sowie ihre Arbeit zu verlieren. Da ihnen das bewußt ist, gelingt es ihnen, den Schlaf zu verscheuchen - wie stark das Bedürfnis auch sein mag. Wir sollten dieselbe Wachheit beim Meditieren aufbringen und verstehen, das wir unser Leben verschwenden, wenn wir dem Schlaf erliegen und die Meditationszeit nutzlos verstreicht. Dann werden wir dem Schlaf nicht nachgeben."

Der Egoismus weltlicher Beziehungen

Als Amma den Meditationsraum verließ, fand sie einige Besucher vor, die auf sie warteten. Sie verneigten sich vor ihr. Amma führte sie zur Kalari-Veranda und setzte sich mit ihnen hin. Einer von ihnen brachte Amma einen Teller mit Früchten. Amma erkundigte sich: „Wie geht es dir, Sohn?"

Der Mann senkte schweigend seinen Kopf. Seine Frau hatte ihn wegen eines anderen Mannes verlassen, und aus reiner Verzweiflung hatte er zu trinken begonnen. Vor vier Monaten hatte ein Freund ihn zu Amma gebracht. Er war so betrunken zum Darshan erschienen, daß er nicht mehr bei Sinnen war. Amma hatte ihn nicht sofort gehen lassen, sondern für drei Tage im Ashram behalten. Seitdem rührte er keinen Tropfen Alkohol mehr an und kam so oft es die Zeit erlaubte. Aber es schmerzte ihn offensichtlich immer noch, daß seine Frau ihn verlassen hatte.

Amma: „Sohn, niemand liebt den anderen mehr als sich selbst. Hinter jedermanns Liebe steht eine selbstsüchtige Suche nach eigenem Glück. Wenn wir von einem Freund nicht das erwartete Glück bekommen, wird er zum Feind. So verhält es sich in der Welt. Nur Gott liebt uns selbstlos. Und nur durch Liebe zu ihm können wir andere selbstlos lieben und ihnen dienen. Nur Gottes Welt ist frei von Egoismus. Wir sollten all unsere Liebe und Anhänglichkeit nur auf ihn richten. Dann verzweifeln wir nicht, wenn wir im Stich gelassen werden, oder uns jemand etwas antut. Halte an Gott fest. Er ist alles, was man braucht. Warum der Vergangenheit nachhängen und bekümmert sein?"

Der Mann: „Es geht mir schon besser als zuvor, da ich jetzt Amma habe, die mich in jeder Hinsicht beschützt. Dein Mantra ist meine Stütze, wenn ich mich schlecht fühle." Amma reichte ihm etwas Bhasma, und er erhob sich, um zu gehen.

Als er weg war, sagte Amma zu den anderen: „Seht welche Erfahrungen die Menschen machen! Das sollte uns eine Lehre sein. Liebt ein Mann seine Frau wirklich? Und ist ihre Liebe für ihn echte Liebe? Ferner, warum lieben Eltern ihre Kinder? Sie lieben sie nur, weil sie ihrem eigenen Blut und Samen entstammen! Würden sie sonst nicht alle Kinder gleichermaßen lieben?

Wie viele Menschen wären bereit, für ihre Kinder oder Ehepartner das Leben zu lassen? Der Sohn war zwar bereit zu sterben, als seine Frau ihn verließ, aber nicht aus Liebe zu ihr, sondern zu sich selbst, aus der Enttäuschung heraus, sein eigenes Glück zu verlieren. Hätte er seine Frau wirklich geliebt, wäre es für ihn annehmbar gewesen, daß sie mit jemand anderem glücklicher ist. Ihr Glück wäre ihm dann wichtiger gewesen als alles andere. Auf diese Weise äußert sich selbstlose Liebe. Und wäre bei seiner Frau wirkliche Liebe vorhanden gewesen, hätte sie nicht einmal in das Gesicht eines anderen Mannes geschaut.

Wir sagen, wir lieben unsere Kinder, aber wieviele Menschen wären bereit, ihr eigenes Leben einzusetzen, um ihr Kind vor dem Ertrinken zu retten? Eine Tochter kam mit ihrer Geschichte zu Amma. Ihr Kind war in einen tiefen Brunnen gefallen. Sie sah ihr Kind fallen, konnte aber nichts tun. Bis die Taucher eintrafen, war das Kind tot. Warum kam es der Mutter nicht in den Sinn, in den Brunnen zu springen, um ihr Kind zu retten? 99 Prozent der Menschen sind so. Nur sehr selten ist jemand bereit, das eigene Leben zu riskieren, um jemand anderen zu retten. Daher sagt Amma, daß nur Gott dich selbstlos liebt. Haltet euch eng an ihn. Das bedeutet nicht, daß du andere nicht lieben solltest. Sieh Gott in allen und liebe diesen Gott. Dann wirst du nicht in Kummer versinken, wenn jemandes Liebe schwindet."

Ein junger Mann, der zum ersten Mal den Ashram besuchte, saß hinter den anderen und hörte Amma zu, allerdings ohne jedes Zeichen von Respekt oder Ehrerbietung auf dem Gesicht. Als Amma aufhörte zu sprechen, zeigte er auf ein Bild in Krishna Bhava und fragte: „Bist das nicht du mit der Krone, den

Pfauenfedern und anderen Dingen? Warum kleidest du dich so? Ist das irgendein Spiel?"

Als sie solch eine unerwartete Frage vernahmen, drehten sich alle Verehrer Ammas um und starrten ihn an.

Rollenspiel für die Gesellschaft

Amma: „Sohn, weißt du, ob nicht diese Welt selbst ein Spiel ist? Jeder ist an einem beteiligt, ohne es zu wissen. Dieses Spiel ist dazu gedacht, die Menschen aus einem anderen aufzuwecken. Es ist eines, das darauf abzielt, ihre Unwissenheit zu beseitigen.

Sohn, du wurdest nackt geboren. Warum trägst du Kleidung, wenn du weißt, daß du in Wirklichkeit nackt bist?

Junger Mann: „Ich lebe in einer Gesellschaft und habe mich an ihre Normen zu halten, ansonsten wird die Gesellschaft mich verurteilen.

Amma: „Also trägst du die Kleidung wegen der Gesellschaft. Amma trägt ihr Kostüm für die selbe Gesellschaft. Diejenigen, die das Ziel über den Pfad der Weisheit (jnana) erreichen, kann man an den Fingern einer Hand abzählen. Amma kann nicht all die anderen ignorieren, die nur über den Weg der Hingabe weiter kommen können. Sri Shankaracharya, ein Advaita-Exponent, hat Tempel gegründet, nicht wahr? Er sagte, Gott sei Bewußtsein, aber zeigte er nicht auf, daß auch ein einfacher Stein Gott ist? Und verfaßte er nicht die Saundarya Lahari, in der er die Gestalt der göttlichen Mutter beschrieb? Der selbe Vyasa, der die Brahma Sutras schrieb, verfaßte auch die Srimad Bhagavata. Da sie wußten, daß die Philosophie der Nicht-Dualität und Vedanta vom durchschnittlichen Geist nicht verarbeitet werden können, bemühten sie sich, die Hingabe in den Menschen zu stärken.

Sohn, Amma kennt ihre eigene Natur und wirkliche Gestalt sehr gut, aber die heutigen Menschen benötigen einige Hilfsmittel, um jenes höchste Prinzip zu verwirklichen. Gottesbilder sind notwendig, um den Glauben und die Hingabe der Menschen zu steigern. Es ist leichter, ein Hühnchen zu fangen, wenn man ihm Nahrung anbietet, als wenn man hinterher läuft. Wenn es das Futter sieht, wird es nahe heran kommen, und man kann es dann leicht fangen. Um Durchschnittsmenschen auf die spirituelle Ebene zu heben, ist es zunächst einmal notwendig, sich auf deren Ebene zu begeben. Ihr Geist kann nur Namen und Formen erfassen, folglich kann man ihnen nur über Namen und Formen helfen, ihn zu erheben. Denk an die Uniform eines Anwalts oder eines Polizisten. Wenn der Polizist in seiner Uniform auftaucht, herrschen Ordnung und Disziplin. Die Haltung der Leute wird ganz anders sein, wenn er seine Freizeit-Kleidung trägt, nicht wahr? Darin liegt die Bedeutung von Kostümen und Ausschmückung.

Diejenigen, die in einer Statue den Stein sehen können, das Gold im Ohrring, das Rohr im Stuhl - das Grundmaterial von allem, die wirkliche Essenz von allem - brauchen all das nicht. Sie haben schon die Advaita-Blickweise errungen. Die meisten Menschen jedoch haben diese Ebene noch nicht erreicht. Deshalb brauchen sie all diese Dinge."

Der junge Mann stellte keine weitere Frage. Amma schloß ihre Augen und meditierte eine Weile.

Das Geheimnis von Karmayoga

Als Amma ihre Augen wieder öffnete, fragte ein Anhänger: „Hören die Handlungen eines *karma yogi*, der der Welt dient auf, wenn er spirituell weiter fortschreitet?"

Amma: „Nicht unbedingt, möglicherweise werden sie bis ganz zum Schluß fortgesetzt."

Anhänger: „Amma, was ist höher, Bhakti oder Karma-Yoga?

Amma: „Man kann nicht sagen, daß Bhakti und Karma-Yoga sich wirklich unterscheiden, da ein echter Karma-Yogi über wirkliche Hingabe verfügt und ein wahrer Gottesverehrer ein echter Karmayogi ist.

Nicht jede Handlung ist unbedingt Karma-Yoga, sondern nur die selbstlosen, die man Gott dargebracht hat, lassen sich als Karma-Yoga bezeichnen. Ebenso wenig kann man viermaliges Umrunden (eines Heiligtums), das Heben der Arme und Begrüßung der Gottheit als Bhakti einordnen. Unsere Gedanken sollten bei Gott sein und all unser Tun sollte Gottesverehrung sein. Wir sollten unsere geliebte Gottheit in allen sehen und ihnen Liebe und Hilfsbereitschaft zuteil werden lassen. Wir sollten uns Gott von ganzem Herzen überantworten. Nur dann können wir behaupten, über Bhakti zu verfügen.

Ein echter Karma-Yogi hat bei jeder Handlung seine Gedanken bei Gott. Wir sollten die Einstellung hegen, daß alles Gott ist. Dann ist es Bhakti. Andererseits, wenn wir bei der Ausübung einer Puja (rituelle Verehrung) an andere Dinge denken, kann man sie nicht als Bhakti-Yoga bezeichnen, da es sich nur um eine äußere Tätigkeit handelt und nicht um echten Gottesdienst. Hingegen, wenn unsere Aufgabe darin besteht, Toiletten zu reinigen, und wir das Mantra dabei mit der Einstellung singen, daß es Gottes Arbeit ist, so läßt sich das als Bhakti- sowie Karma-Yoga bezeichnen.

„Es gab einmal eine arme Frau, die vor jeder Tätigkeit die Worte sprach: *Krishnarpanam astu* (Möge dies eine Darbringung an Krishna sein). Ob sie nun den Vorhof säuberte oder ihr Kind badete, sie sprach stets: 'Krishnarpanam astu.' Neben ihrem Haus stand ein Tempel. Der Tempelpriester mochte das Gebet der Frau nicht. Er konnte den Gedanken nicht ertragen, daß sie beim Wegschütten von Abfall 'Krishnarpanam' sagte. Er pflegte die Frau dafür zu tadeln, aber sie gab daraufhin nie eine Antwort.

Eines Tages hob sie Kuhfladen auf, die auf dem Vorhof lagen und warf sie fort. Wie üblich vergaß sie nicht 'Krishnarpanam astu' zu sagen. Die Fladen landeten vor dem Tempel. Als der

Priester das sah, kochte er vor Wut. Er zerrte die Frau zum Tempel und ließ sie die Kuhfladen beseitigen. Anschließend schlug er sie und jagte sie davon.

„Am nächsten Tag konnte der Priester seinen Arm nicht mehr bewegen; er war völlig gelähmt. Er rief zum Herrn. In der kommenden Nacht erschien ihm der Herr im Traum und sagte: 'Ich habe mich viel mehr über die Kuhfladen gefreut, die meine Verehrerin mir dargebracht hat, als über den süßen Payasam von dir. Was du tust kann man nicht als Verehrung bezeichnen, wogegen alle ihre Handlungen Verehrung sind. Ich toleriere es nicht, wenn du einer solchen Anhängerin Schaden zufügst. Nur wenn du ihre Füße berührst und um Vergebung bittest, wirst du genesen.' Der Priester sah seinen Irrtum ein. Er bat die Frau um Vergebung und wurde bald gesund.

Wende dich jetzt sofort Gott zu

Besucher: „Ich habe sehr viel Arbeit und finde keine Zeit zum Meditieren. Wenn ich versuche, Japa auszuüben, kann ich mich überhaupt nicht konzentrieren. Amma, wäre es in meinem Fall nicht besser, mit Japa und Meditation zu warten, bis ich nicht mehr so beschäftigt und innerlich etwas ruhiger bin?"

Amma: „Sohn, du magst glauben, dich Gott zuzuwenden, wenn du weniger Arbeit hast oder wenn du genügend weltliche Vergnügen hattest - aber das wird nicht geschehen. Du solltest dich jetzt sofort, inmitten all deiner Probleme Gott zuwenden; er wird dir sicherlich eine Möglichkeit zeigen.

Amma nennt dir ein Beispiel. Nehmen wir einmal an, eine junge Frau leidet unter Geistesgestörtheit. Ein junger Mann kommt mit einem Heiratsantrag. Als er jedoch von ihrer Krankheit erfährt, erklärt er, er würde sie nur heiraten, wenn sie wieder gesund sei. Nach Auffassung des Arztes jedoch würde sie nur durch Heirat genesen. Für die Frau wäre es sinnlos, auf Genesung zu warten, bevor sie heiratet.

Oder stell dir vor, daß Wasser würde sagen: 'Du darfst erst zu mir kommen, wenn du Schwimmen gelernt hast.' Wie sollte das möglich sein? Um Schwimmen zu lernen, muß man ins Wasser gehen! Desgleichen kannst du nur durch Gott dein Denken reinigen. Denkst du bei der Arbeit an Gott, so wirst du die Arbeit gut ausführen können. Jegliches Hindernis wird verschwinden, und vor allem wird dein Geist reiner.

Wenn du glaubst, du wirst anfangen, deine Gedanken auf Gott zu lenken, wenn deine Schwierigkeiten vorbei sind und Ruhe in deinem Geist eingekehrt ist, so irrst du dich, weil das nie geschehen wird. Auf diese Weise erreichst du Gott nie. Es ist zwecklos zu warten, bis mehr innere Ruhe eingetreten ist. Fortlaufende Bemühung ist der einzige Weg, sich zu bessern. Du kannst jederzeit deine Gesundheit oder mentalen Fähigkeiten verlieren, dann wird dein Leben verschwendet sein. Deshalb laßt uns sofort den Weg zu Gott beschreiten. Das ist es, was vonnöten ist."

Ein Besucher: „Amma, eine Anzahl junger Leute sind von zu Hause weggegangen und hierher gekommen, um Gott zu suchen. Aber sind sie nicht in einem Alter, wo sie das Leben genießen sollten? Können sie nicht an Gott denken und später Sannyasa annehmen?

Amma: „Sohn, wir haben diesen menschlichen Körper erhalten, um Gott zu verwirklichen. Jeden Tag kommen wir dem Tod näher. Durch weltliche Vergnügen büßen wir Kräfte ein. Denken wir jedoch unablässig an Gott, wird unser Geist gestärkt. Dadurch gewinnt unser positives Samskara an Kraft und wir können sogar über den Tod hinaus wachsen. Daher sollten wir uns bemühen, Herr unserer Schwächen zu werden, solange wir gesund und voller Vitalität sind. Dann braucht man sich um die Zukunft nicht zu sorgen.

Amma fällt eine Geschichte ein. In einem gewissen Land konnte jeder König werden, aber die Zeit der Regentschaft war auf fünf Jahre begrenzt. Danach wurde der König auf eine einsame Insel gebracht und dort dem Tod überlassen. Es gab keine Menschen auf dieser Insel, nur Raubtiere, die ihn sofort töteten und fraßen. Obwohl die Leute das wußten, meldeten sich viele mit dem Wunsch, König zu werden, weil sie ein Verlangen danach hatten, sich der Macht und dem Vergnügen dieser Position zu erfreuen. Jeder war bei seiner Thronbesteigung in Hochstimmung. Aber danach gab es nur Kummer, da sie den Tag fürchteten, an dem sie von den wilden Tieren auf der Insel zerfleischt und gefressen würden. Deshalb befand sich jeder König in Aufruhr und lächelte nie. Obwohl ihnen jeder nur denkbare Luxus zur Verfügung stand - köstliche Speisen, Diener, Tanz und Musik - zeigten sie an nichts von all dem Interesse. Sie waren unfähig, irgend etwas zu genießen. Vom Augenblick der Machtübernahme an sahen sie nur den Tod vor Augen. Sie wollten Glück, hatten aber keinen leidfreien Moment.

Als die Zeit des zehnten Königs abgelaufen war, wurde er auf die Insel gebracht und wie alle anderen von den wilden Tieren gefressen. Der nächste, der kam, um zum König gekrönt zu werden, war ein junger Mann. Aber er war völlig anders als die vorherigen Könige. Nach der Machtübernahme zeigte er sich kein bißchen unglücklich. Er lachte mit allen, tanzte, ging auf die Jagd und machte oft Rundritte, um sich nach dem Wohlbefinden der Menschen zu erkundigen. Jedem fiel auf, daß er ständig guter Dinge war.

Als schließlich seine Tage als König gezählt waren, änderte sich sein Verhalten nicht. Jeder war erstaunt. Sie sagten zu ihm: 'Eure Hoheit, die Zeit, um zur Insel zu gehen, rückt näher, aber ihr scheint überhaupt nicht traurig zu sein. Gewöhnlich beginnt die Pein mit der Thronbesteigung, aber ihr seid sogar jetzt noch guter Dinge!'

Der König antwortete: Warum sollte ich bedauern? Ich bin bereit, zur Insel zu gehen. Es gibt dort keine gefährlichen Tiere mehr. Als ich König wurde, habe ich als erstes das Jagen gelernt. Dann ging ich mit meinen Truppen auf die Insel, und wir jagten und töteten alle Raubtiere. Ich rodete den Wald auf der Insel und machte Ackerland daraus. Ich grub Brunnen und errichtete einige Häuser. Nun werde ich mich dort zum Leben hinbegeben. Wenn ich diesen Thron aufgegeben habe, werde ich weiter wie ein König leben, denn alles was ich brauche, ist auf der Insel vorhanden.'

Wir sollten wie dieser König sein und die Welt der Glückseligkeit entdecken, solange wir uns in dieser materiellen Welt befinden. Statt dessen gleicht fast jeder den vorhergehenden Königen. Sie sind keinen Augenblick frei von Furcht und Sorgen um die Zukunft. Aus diesem Grund vermögen sie nicht einmal die Arbeit des heutigen Tages richtig auszuführen. Bis zum Ende gibt es Tränen. Aber wenn wir heute jeden Moment achtsam verbringen, müssen wir nicht morgen leiden - dann wird jeder folgende Tag ein Tag der Glückseligkeit sein.

Kinder, glaubt nicht, daß ihr die Welt der Sinne jetzt genießen und an Gott später denken könnt. Die Sinneswelt vermag niemals, uns wirkliche Befriedigung zu vermitteln. Nachdem wir etwas Payasam gegessen haben, mögen wir vielleicht zunächst einmal zufrieden sein; aber schon bald werden wir doppelt so viel wollen! Also laßt euch nie in den Sinn kommen, erst die materielle Welt zu genießen und Gott später zu suchen! Die Sinne werden niemals genug haben. Verlangen hört nicht so leicht auf. Nur wer alle Wünsche abgelegt hat, ist vollendet. Kinder, übergebt euch an Gott und handelt aus diesem Bewußtsein heraus. Dann könnt ihr sogar den Tod überwinden, und Glückseligkeit wird ewig euer sein.

Mittwoch, den 16. April, 1986

„Trotzdem handele ich"

– Bhagavad Gita III:22

Das Betongießen für das neue Gebäude begann diesen Morgen. Da es eine grobe Arbeit war, bat jeder Amma, sich nicht zu beteiligen.

Br. Balu:[33] „Amma, wir machen Beton. Zement und Kiesel werden auf dich fallen, und Zement verursacht Verbrennungen."

Amma: „Wird er nur auf meinem Körper brennen, bei euch Kindern nicht?"

Balu: „Aber es ist nicht nötig, daß du hilfst. Wir sind hier, um die Arbeit zu tun."

Amma: „Sohn, Arbeit macht Amma nichts aus. Als sie aufwuchs, saß sie nicht in ihrem Zimmer herum. Sie hat hart gearbeitet."

Als Amma das äußerte, wußte jeder, daß sie „besiegt" waren. Amma stellte sich in die Reihe der Leute, die Eimer mit Zement trugen.

Ein Eimer mit gemischtem Beton entglitt plötzlich der Hand eines Brahmacharis und fiel zu Boden. Er machte schnell einen Satz zurück, so daß er nicht auf seine Füße fiel, aber etwas Beton spritzte auf Ammas Gesicht. Sie säuberte ihr Gesicht mit einem Tuch, das ihr ein Brahmachari reichte, anschließend band sie es um ihren Kopf und nahm im Spaß eine Pose ein, die Lachtiraden inmitten der schweren Arbeit hervorrief.

Als die Sonne heißer wurde, begannen Schweißperlen Ammas Stirn hinunter zu rinnen. Als ein Anhänger sie in der heißen Sonne arbeiten sah, kam er mit einem Schirm, um ihn über ihren Kopf zu halten; aber sie ließ es nicht einmal zu, ihn

---

[33] Swami Amritaswarupananda.

zu öffnen. „Wenn so viele von Ammas Kindern mit der heißen Sonne bei der Arbeit ringen, soll Amma da die Annehmlichkeit eines Schirms wollen?"

Als die Arbeit weiterging, erinnerte Amma ihre Kinder: „Stellt euch vor, daß die Person neben dir deine geliebte Gottheit ist, und ihr ihm oder ihr den Eimer reicht. Dann geht keine Zeit verloren."

Alle waren ganz bei Ammas Worten und ihrem Lachen, so daß niemand die Schwerarbeit als solche empfand oder bemerkte, wie die Zeit verstrich. Wenn sie fest stellte, daß ihre Kinder von ihrem Mantra abschweiften, sang Amma die göttlichen Namen.

"Om Namah Shivaya, Om Namah Shivaya…"

Die Arbeit dauerte bis zum Abend. Da sie solch harte körperliche Arbeit nicht gewohnt waren, bekamen die meisten Brahmacharis Blasen an den Händen. Aber nach der Arbeit blieb keine Zeit zum Ruhen. Sie duschten und trafen dann Vorbereitungen zur Abfahrt nach Thiruvananthapuram (Trivandrum), wo ein Bhajanprogramm abgehalten werden sollte.

Einer der Brahmacharis hatte sich nicht an der Arbeit beteiligt, sondern den ganzen Tag mit Sanskritstudium verbracht. Als sie ihn an der Fähre sah, ging Amma zu ihm und sagte: „Mein Sohn, ein Mensch, der kein Mitgefühl für das Leiden anderer hat, ist überhaupt nicht spirituell. So jemand kann Gott niemals erfahren. Amma kann nicht beiseite stehen und ihren Kindern beim Arbeiten zuschauen. Ihr Körper wird schon bei dem Gedanken schwach, daß die Kinder ganz allein arbeiten. Sie leistet ihnen Gesellschaft mit der Einstellung, daß sie ihnen wenigstens ihre Erschöpfung abnehmen kann. Wie kannst du nur so wenig Mitgefühl haben, Sohn? Wenn so viele arbeiten, wo nimmst du den Mut her fern zu bleiben?

Der Brahmachari wußte keine Antwort. Als sie ihn mit hängendem Kopf reuevoll dastehen sah, sagte Amma: „Amma wollte dir mit ihren Worten keine Schmerzen bereiten, Sohn, sondern dafür sorgen, daß du beim nächsten Mal mehr überlegst. Es nützt nichts, den Intellekt mit Wissen voll zu stopfen - es ist notwendig, liebevoll und mitfühlend zu werden. Mit dem Verstand muß sich auch das Herz weiten. Dazu ist Sadhana da. Niemand kann das Selbst erfahren, bis das Herz voller Mitgefühl ist."

Das Fährboot traf ein. Bis Amma und die Brahmacharis am anderen Ufer ankamen, stand Br. Ramakrishnan[34] mit dem Fahrzeug zur Abfahrt bereit da. Er war am Morgen nach Kollam gefahren, um den Wagen reparieren zu lassen und war gerade rechtzeitig eingetroffen, um Amma und die anderen zum Programm zu fahren. Er war den ganzen Tag nicht dazu gekommen, etwas zu essen. Amma stieg in den Wagen und forderte ihn auf, sich neben sie zu setzen.

Ramakrishnan: „Meine Kleidung ist dreckig und ich stinke nach Schweiß. Wenn ich neben dir sitze, wird deine Kleidung schmutzig und du wirst auch riechen, Amma."

Amma: „Das ist für Amma kein Problem, komm her, Sohn! Amma ruft dich. Es ist der Schweiß eines meiner Kinder, der Schweiß harter Arbeit. Es ist wie Rosenwasser!"

Da Amma darauf bestand, kam Ramakrishnan schließlich und setzte sich neben sie, während Brahmachari Pai[35] den Wagen fuhr. Unterwegs ließ Amma anhalten, um vom Haus eines Anhängers etwas zu essen für Ramakrishnan zu holen.

Satsang unterwegs

Bei der Gruppe, die Amma begleitete befand sich auch ein junger Mann in ungefähr dem gleichen Alter wie die Brahmacharis. Er war an diesem Tag zum ersten Mal in den Ashram gekommen. Mit erstaunten Augen beobachtete er die Szene von Amma mit

[34] Swami Ramakrishnananda.

[35] Swami Amritamayananda.

ihren Kindern unterwegs: Es war nicht gerade leise und es wurde viel gelacht.

„Komm her, Sohn", rief Amma, und machte Platz für ihn.

Amma: „Ist es hart für dich, so eingequetscht zu fahren?"

Junger Mann: „Nein, Amma. Als ich aufs College ging, stand ich oft auf der Stufe außen am Bus, weil die Busse so voll waren. Deshalb fällt es mir nicht schwer."

Amma: „Anfangs fuhr Amma mit dem öffentlichen Bus zu Bhajanprogrammen und machte Besuche bei Anhängern. Dann nahm die Zahl der Kinder zu, und es war nicht immer allen von uns möglich, in den selben Bus hinein zu kommen[36]. Es war auch schwierig, Tabla und Harmonium im Bus zu befördern; zudem war es manchmal unmöglich, pünktlich ans Ziel zu kommen. So versuchten alle, Amma dazu zu bringen, einen kleinen Bus zu kaufen. Schließlich stimmte sie zu. Aber mittlerweile haben die Reparaturkosten den Kaufpreis überstiegen! Ist das richtig, Ramakrishnan?"

Alle lachten. Laute Unterhaltung kam aus dem hinteren Teil des Fahrzeugs. Amma drehte sich um und rief: „Balu, mein Sohn!"

„Ja, Amma!"

„Sing einen Bhajan!"

Br. Srikumar hob das Harmonium auf seinen Schoß.

"Manasa bhajare guru charanam…"
(Oh Geist, verehre des Gurus Füße)

Amma und die anderen sangen noch ein paar weitere Lieder. Danach waren alle für ein paar Minuten still und ließen die Süße der heiligen Namen, die sie gerade besungen hatten, auf

---

[36] Indische Busse sind gewöhnlich übervoll.

129

sich wirken. Amma lehnte mit halb geschlossenen Augen an Gayatris Schulter.

Als der Neuling sah, daß Amma ihn anschaute, entschloß er sich, eine Frage zu stellen. „Amma, heißt es nicht, daß Sadhaks keinen Umgang mit Frauen haben sollten? Wie kann dann eine Frau sie als ihr Guru lenken?"

Amma: „Gibt es auf der Ebene der Wahrheit Mann oder Frau? Für einen Mann ist es weitaus besser, einen weiblichen als einen männlichen Guru zu haben. Meine Kinder sind in dieser Hinsicht sehr gut dran. Wer einen männlichen Guru hat, muß alle Frauen transzendieren, wer hingegen einen weiblichen hat, tut dies, indem er lediglich über die Frau im Guru hinaus wächst."

Junger Mann: „Hat nicht Ramakrishna Deva strikte Einschränkung hinsichtlich Frauen und Gold vorgeschrieben?"

Amma: „Ja, seine Worte sind sicherlich zutreffend. Ein Sadhak sollte nicht einmal das Bild einer Frau anschauen. Hat jemand jedoch einen Guru, so steht ihm damit jemand zur Verfügung, der ihm den richtigen Weg weist und führt. Man muß dann dem Guru nur folgen, das ist alles.

Das Gift einer Schlange kann tödlich für dich sein; trotzdem wird das Gegengift daraus gewonnen, ist es nicht so? Ein wahrer Guru wird dem Jünger alle möglichen Hindernisse in den Weg legen, da dieser nur auf diese Weise die Stärke entwickelt, alle Hindernisse zu transzendieren. Wer aber nicht unter der direkten Obhut eines Gurus steht, muß sicherlich sehr vorsichtig sein.

Pai, mein Sohn, schau beim Fahren nach vorn!" Lachend sagte Amma: „Er schaut beim Fahren Amma im Spiegel an!"

Junger Mann: „Amma, du scheinst selbst nachdem du den ganzen Tag ohne die kleinste Pause gearbeitet hast nicht ermüdet zu sein. Uns hingegen bereitet der Körper ständig Kummer!"

Amma: „Ja, es heißt, daß der Körper ein Sack voller Leiden ist. Nichtsdestotrotz sagen die Weisen, welche die Wahrheit erfahren haben, daß diese Welt voller Segen ist. Für die in Unwissenheit Lebenden ist der Körper in der Tat ein Sack voller Leiden. Doch durch ständige Bemühung kann eine Lösung gefunden werden. Durch Erkenntnis, was ewig und was vorübergehend ist, kann Leid beseitigt werden.

Betrachtet einmal eine schwarze Krähe inmitten einem Schwarm weißer Kraniche. Das Schwarz hebt die Schönheit des Weiß hervor. Nur aufgrund der Anwesenheit von schwarz wissen wir die Schönheit von weiß zu schätzen. Desgleichen lehrt uns Leid den Wert von Freude. Wenn wir Leid erfahren haben, werden wir vorsichtiger sein.

Ein Mann unternahm draußen einen Gang, als ein Dorn seinen Fuß stach. Danach machte er seine Schritte äußerst vorsichtig und vermied dadurch, in eine nahe gelegene, tiefe Grube zu fallen. Ein kleines Leiden kann uns also ein größeres ersparen. Wer mit vollkommener Aufmerksamkeit vorangeht, wächst über alles Leid hinaus und erreicht ewige Glückseligkeit. Wer das Unendliche erkannt und die Wahrheit verwirklicht hat, leidet nicht - sondern erfährt nur Glückseligkeit. Leiden erwächst aus der Identifikation mit dem Körper. Wenn man hingegen den selben Körper als das Vehikel betrachtet, das man benutzt, um ewige Glückseligkeit zu erreichen, dann gibt es kein Problem."

Junger Mann: „Wieviel Freude man diesem Leben auch zuschreibt, in der tatsächlichen Erfahrung scheint es voller Leid zu sein.

Amma: „Sohn, warum bewußt in die Grube fallen? Warum weiter leiden, wenn es sich vermeiden läßt? Wie die Wärme der Sonne und die Kühle des Wassers, so entsprechen Leid und Freude der Natur des Lebens. Warum also alle Kraft durch Kummer verlieren? Warum ohne Lohn arbeiten? Wenn du glaubst, es brächte dir etwas, so steht es dir natürlich frei kummervoll zu sein!

Hat man eine Wunde am Körper, sitzt man nicht nur heulend da, sondern gibt Medizin darauf und verbindet die Wunde, ansonsten könnte sie sich entzünden und dich schwächen. Hast du das Wesentliche des spirituellen Lebens gegriffen, werden triviale Dinge dir nicht zusetzen. Wenn du weißt, daß ein Knallkörper jeden Augenblick losgehen kann, wirst du dich nicht erschrecken, wenn er explodiert. Ist man nicht darauf vorbereitet, kann man sich so erschrecken, daß es sich sogar auf die Gesundheit auswirkt.

Die Weisen haben uns gesagt, wie man diesen *samsara*-Ozean überquert. Die Schriften enthalten ihre Anweisungen für uns. Wir müssen sie nur befolgen. Es ist notwendig, die wesentlichen Prinzipien durch das Studium der Schriften und durch Zuhören bei Satsangs zu verinnerlichen. Wir sollten uns niemals die Gelegenheit entgehen lassen, in die Nähe eines Mahatmas zu kommen. Wir sollten uns ganz und gar dem Guru hingeben. Wenn wir mit Aufmerksamkeit (Shraddha) voranschreiten, werden wir von allem Leid frei."

Das Fahrzeug schwankte heftig. Pai hatte nur knapp einem entgegen kommenden Lastwagen ausweichen können.

„Sohn, fahr vorsichtig!"

„Amma, der Lastwagen fuhr auf der falschen Seite!"

Ammas Aufmerksamkeit richtete sich auf die bandagierte Hand eines Brahmacharis. Behutsam nahm sie seine Hände in ihre. „Oh, deine Hände sind ganz kaputt! Tut es weh, Sohn?"

Br.: Nein, Amma. Nur die Haut ist ab. Ich habe den Verband angelegt als Schutz gegen Schmutz; das ist alles."

Amma küßte liebevoll seine von Arbeit zerschundenen Hände.

Das Programm endete spät und sie fuhren mitten in der Nacht zurück. Schlafende Köpfe stießen aneinander. Ammas Kopf ruhte in Gayatris Schoß. Durch das offene Fenster strich ein kühler Wind über Locken, die in Ammas halbmondförmige

Stirn fielen. Im Licht der vorbei gleitenden Straßenlaternen glitzerte ihre Nasenschmuck wie ein Stern.

Samstag, den 19. April 1986

Anwälte auf der Suche nach Gerechtigkeit

Es war vier Uhr nachmittags und Amma hatte noch nicht mit dem Darshan für ihre Anhänger aufgehört. Ein Rechtsanwalt, der regelmäßig zum Ashram kam, betrat die Hütte zusammen mit einem Freund, der Amma zum ersten Mal begegnete. Nachdem sie sich vor Amma verbeugt hatten, setzten sich die zwei jungen Männer auf eine Strohmatte.

Anwalt: „Amma, dies ist mein Freund, der mit mir zusammen arbeitet. Er hat Probleme mit der Familie und sich entschlossen, sich von seiner Frau scheiden zu lassen. Sie ist jedoch gegen die Trennung. Sie hat vor, auf Unterhalt für sich und ihr Kind zu klagen."

Amma: „Sohn, warum willst du dich von ihr trennen?"

Freund: „Ihr Verhalten ist nicht gut. Mehrmals habe ich erlebt, daß sie wirklich schlimme Sachen gemacht hat."

Amma: „Hast du es selbst gesehen, Sohn?"

Freund: „Ja."

Amma: „Du solltest nichts unternehmen, ohne es wirklich selbst gesehen zu haben, Sohn. Denn das wäre eine große Sünde. Die Sünde, in einer unschuldigen Person Tränen hervor zu rufen ist schlimmer als irgend eine üble Tat. Wenn du sie verläßt, wächst dein Kind ohne Vater auf. Sollte deine Frau wieder heiraten, hat es auch keine richtige Mutter[37]. Hat man ein Kind in diese Welt

---

[37] Es sollte bedacht werden, daß Amma sich auf diese bestimmte Frau bezieht und nicht alle anderen Frauen in solcher Situation.

gesetzt, ist es dann nicht traurig, wenn das Leben dieses Kindes zur nicht endenden Misere würde? Wenn du das schlechte Verhalten deiner Frau tolerieren könntest, wäre es dann nicht besser, mit ihr in Einklang zu leben?"

Freund: „Nein, Amma, es ist unmöglich - zumindest in diesem Leben. Schon wenn ich an sie denke, kommen mir Haßgefühle. Ich habe keinerlei Vertrauen mehr."

Amma: „Stabilität basiert auf Vertrauen. Verliert man es, ist alles verloren. Amma sagt das nur, weil du erwähnt hast, du wärest selber Zeuge ihres schlechten Verhaltens gewesen, und daß du nicht länger mit ihr leben könntest. Es wäre besser, wenn ihr irgendwie wieder zueinander gefunden hättet. Aber Amma will dich nicht drängen, bei deiner Frau zu bleiben. Denke nochmals darüber nach und dann triff deine Entscheidung, Sohn. Viele sind mit ähnlichen Problemen hergekommen. In den meisten Fällen war die Frau unschuldig. Der Argwohn der Ehemänner verursachte all die Probleme."

Freund: „Viele Male habe ich ihr vergeben, Amma. Aber jetzt kann ich es nicht mehr. Ich habe sogar an Selbstmord gedacht."

Amma: „Auf solche Gedanken solltest du nicht kommen. Hängt dein Leben von den Worten und Handlungen einer anderen Person ab? All deine Probleme beruhen darauf, daß du keinen festen Stand in dir selbst hast. Sohn, verschwende deine Zeit nicht damit, hierüber zu brüten. Lies statt dessen spirituelle Bücher, wann immer es dir möglich ist. Mit einigem spirituellem Verständnis kannst du es vermeiden, Kummer zu fühlen."

Freund: „Wir suchten einen Astrologen auf, der meinte, es wäre richtig für mich Japa zu machen, ich solle jedoch nicht meditieren, da es sehr schaden würde."

Amma (lachend): „Das ist interessant! Keine Meditation? Natürlich gibt es da einen Punkt: Wenn du ein neues Auto kaufst, solltest du es am Anfang nicht zu schnell fahren und ihm etwas Pause gönnen, wenn du einige Zeit gefahren bist, damit der Motor nicht überhitzt. Ähnlich sollte man zu Beginn nicht zu lange meditieren, weil dann der Körper heiß wird. Manche meditieren bei ihrem anfänglichen Vairagya-Schub zu viel. Das tut nicht gut.

Wenn du Japa ausübst, versuche, dich dabei zu konzentrieren. Wenn du dein Mantra singst, visualisiere deine bevorzugte Gottheit, oder konzentriere dich auf die Buchstaben des Mantras. Meditation wird dir nicht schaden, Sohn. Sobald du die Gestalt der geliebten Gottheit klar siehst, konzentriere dich einfach darauf. Ohne Konzentration bringt es nichts."

Freund: „Der Astrologe riet zum Tragen von Ringen mit bestimmten Steinen, wodurch die üble Wirkung von Planeten-Konstellationen beseitigt würde."

Amma: „Es stimmt, daß man jedem Planeten bestimmte Steine zuordnet, aber nichts kann dir so viel Nutzen bringen wie Meditation. Sohn, dein Mantra zu singen wird dich vor allen Gefahren wie eine Rüstung schützen."

Die zwei Männer warfen sich vor ihr nieder und erhoben sich dann. Der Anwalt bat seinen Freund, einen Augenblick draußen zu warten. Nun wandte er sich persönlich an Amma: „Er ist nur gekommen, weil ich darauf bestand. Wenn ich an ihr kleines Mädchen denke, bete ich dafür, daß die Familie nicht auseinander geht. Amma, bitte finde einen Weg, sie wieder zu Verstand kommen zu lassen."

Amma: „Im Herzen dieses Sohnes ist nur Wut für seine Frau. Aber trotzdem wird Amma ein Sankalpa machen."

Der Anwalt kannte aus Erfahrung die Bedeutung der Worte: 'Amma wird ein Sankalpa machen.'

Sein Gesicht zeigte Erleichterung. Er hatte das Gefühl, daß eine schwere Last genommen worden war. Ammas mitfühlender Blick folgte den zwei Freunden, als sie sich zusammen entfernten.

Samstag, den 10. Mai 1986

Unerwartete Prüfungen

Es war 2 Uhr morgens. Sand wurde für das Fundament des Hauptashramgebäudes heran getragen. Zusammen mit den Brahmacharis hatten sich auch einige Besucher dieser Arbeit spät in der Nacht angeschlossen. Alle wollten die seltene Gelegenheit wahrnehmen, an Ammas Seite zu arbeiten und später ihr Prasad zu erhalten.[38]

Viele hatten vergebens versucht, Amma vom Sandtragen abzuhalten, als sie sich nach den Bhajans der Arbeit anschloß. Ihr Argument lautete: „Kann Amma nur dasitzen und ihren Kindern bei der Arbeit zuschauen? Solche Last wäre für Amma doppelt so schwer! Amma hat früher um die Gelegenheit gebetet, den Gottgläubigen dienen zu können. Gott ist der Diener der selbstlos Dienenden.

Aber laßt uns jetzt aufhören, Kinder. Ihr habt seit dem Morgen gearbeitet." Amma rief Gayatri und erkundigte sich: „Tochter; haben wir *vadas* (ein pikanter Imbiß aus Hülsenfrüchten) für die Kinder?"

Gayatri blickte zu den Sternen hinauf. Sie schienen sie zwinkernd anzulächeln und zu sagen: „Viel Glück dabei, zu dieser Nachtzeit Vadas zu finden!"

Amma sagte: „Geh und mahle geteilte Erbsen. Wir machen schnell Vadas."

Gayatri ging, um den Teig zu machen, und ein Feuer wurde entfacht. Als Gayatri etwas später zurück kam, machte sich Amma selbst daran, die Vadas zu frittieren. Die fertigen Vadas legte sie

---

[38] Wenn Amma zusammen mit ihren Jüngern und Anhängern spät in der Nacht mit der Arbeit aufhörte, verteilte sie gewöhnlich an alle einen kleinen Imbiß und ein warmes Getränk als Prasad.

in ein Behältnis und gab einige davon einem Brahmachari mit den Worten: „Sohn, verteile sie gleichmäßig an alle."

Er verteilte sie an die Anwesenden und ging dann zu denen, die sich in einem anderen Ashrambereich aufhielten. Amma gab einen weiteren Vada an diejenigen, die sich um sie herum befanden. Gleich darauf kehrte der Brahmachari zurück. Nachdem er ein Vada für sich selbst nahm, blieb einer übrig.

Amma: „Hat Amma dich nicht gebeten, allen gleich viel zu geben?"

Br: „Ich habe jedem einen gegeben. Einer ist übrig. Wir können ihn in Stücke brechen und allen etwas davon geben."

Amma: „Nein, nimm du ihn. Amma gab allen einen zweiten, und du hast nur einen bekommen. Amma wollte sehen, ob du den letzten essen würdest, ohne ihn zurück zu bringen."

Die Gutherzigkeit eines Sadhaks kann man an seiner Bereitschaft erkennen, alles was er hat, selbstlos an andere zu geben. Außerdem zeigt sich die Reife im Bestehen von unerwarteten Prüfungen. In der Schule gibt es manchmal auch Tests ohne vorherige Ankündigung. Erst wenn du am Morgen in der Schule ankommst, erfährst du davon. Das Bestehen solcher Tests zeigt die wirkliche Fähigkeit des Schülers. Alle kennen die Daten der anderen Prüfungen und haben Zeit, sich darauf vorzubereiten. Was für einen Sinn hätte es, wenn Amma euch vorher mitteilen würde, daß sie euer Verhalten prüft? Nach Vorwarnung wäre es, als wenn du für eine Rolle probst und sie dann spielst. Nein, es gilt, die Überraschungstests zu bestehen. Darin zeigt sich eure Wachsamkeit.

Jedes Wort und jede Handlung eines wahren Suchers ist begleitet von großer Wachsamkeit und Unterscheidungskraft. Es wird kein einziges Wort unnütz ausgesprochen. Jede Anordnung des Gurus führt er freudig aus im Wissen, das jedes Wort des Gurus zu seinem Besten ist. Ein Jünger sollte selig jedes Wort des Gurus befolgen. Man muß bereit sein, jede Art von Arbeit auszuführen, mit der Einstellung, daß dies zum Ziel führt."

In allen stieg der feste Entschluß auf, Ammas Worte im eigenen Leben anzuwenden.

Brahmacharini Leela[39] stellte die Frage: „Amma, war Ravana eine wirkliche Person oder repräsentiert er nur ein Prinzip?"

Ein Brahmachari: „Wenn Ravana keine reale Person, sondern lediglich ein Symbol war, dann müßten wir das auch von Rama sagen."

Amma: „Rama als auch Ravana waren Personen, die wirklich gelebt haben. Aber die Darstellung von Ravana mit zehn Köpfen, sollte ihn als Menschen bezeichnen, der ein Sklave aller zehn Sinne war."[40]

Br. Shakti Prasad: „Wenn Ziegen und Menschenbabys mit zwei Köpfen geboren werden können, warum dann nicht Ravana mit zehn Köpfen?"

Amma: „So es der Wille Gottes ist, ist nichts unmöglich. Kinder, geht jetzt zu Bett. Ihr müßt Morgen früh aufstehen."

Sonntag, den 18. Mai 1986

Sonntags ist der Ashram üblicherweise sehr voll, besonders wenn ein Feiertag aufs Wochenende fällt. Solch ein Sonntag war heute und die Darshanhütte war überfüllt. Die Elektrizität war ausgefallen und ohne Ventilator war es sehr heiß in der Hütte. Nichtsdestotrotz schien die große Menschenansammlung Amma besonders zu erfreuen. Sie bestand darauf, daß man nicht ihr, sondern den Anwesenden mit den Handfächern zuwedelte und

---

[39] Swamini Atmaprana.

[40] Dies bezieht sich auf die fünf Wahrnehmungsorgane: Augen, Nase, Ohren, Haut und Zunge, sowie die fünf Organe der Handlung: Hände, Beine, Mund, Genitalien und Ausscheidungsorgan.

gab ferner den Brahmacharis die Anweisung, für die Kranken und Älteren Stühle zu holen, sowie ihnen im Bedarfsfall Wasser zu bringen. Besonders besorgt war sie um die Menschen, die draußen in der Sonne warteten. Wegen der vielen Menschen war es für Amma schwierig, alle Einzelheiten anzuhören oder auf die Kümmernisse und Beschwerden der Anhänger näher einzugehen. Daher empfahl Amma, welche die Gedanken der Besucher lesen konnte, Lösungen und versicherte sie ihres Segens, bevor viele von ihnen ihre Probleme aussprachen.

Amma: „Kinder, kommt schnell! Macht keine Umstände mit Verbeugen oder so!" Denn nur wenn die Leute, die sich in der Hütte befanden, hinausgingen, konnten die draußen in der Sonne Wartenden hereinkommen und Platz nehmen.

Mitgefühl mit den Armen

Eine Anhängerin berichtete Amma unter Tränen von ihrem Problem: „Amma, alle Hühner in unserer Gegend sind krank. Unsere Henne fängt auch an, krank zu werden. Amma, kannst du sie bitte retten?"

Ein in der Nähe stehender Brahmachari empfand Geringschätzung für diese Frau, die bei dem Andrang Amma mit solch einer trivialen Angelegenheit belästigte, statt schnell weg zu gehen, nachdem sie Ammas Darshan empfangen hatte. Aber schon im nächsten Moment, warf ihm Amma einen solch strengen Blick zu, daß er sich darunter wand. Liebevoll tröstete sie die Frau und gab ihr Bhasma (Asche), um es auf die Henne zu tun. Zufrieden ging die Frau weg.

Als die Frau fort war, rief Amma den Brahmachari zu sich. „Sohn, du verstehst ihren Kummer nicht. Hast du eine Ahnung, wieviel Leid es in dieser Welt gibt? Wenn du es wüßtest, hättest du diese Frau nicht so geringschätzig betrachtet. Durch Gottes Gnade hast du alles, was du brauchst. Du mußt dich nicht sorgen.

Das einzige Einkommen dieser Frau kommt von den Eiern ihrer Henne. Ihre Familie würde hungern, wenn die Henne stirbt. Wenn Amma über das Leben dieser Frau nachdenkt, empfindet sie ihren Kummer nicht als trivial. Sie verwendet einen Teil ihrer mageren Ersparnisse vom Eierverkauf dazu, hierher zu kommen. Da Amma weiß, wie schwer diese Frau es hat, gibt Amma ihr ab und zu das Fahrgeld für den Bus. Sieh welche Haltung der Selbsthingabe sie inmitten solcher Misere aufbringt! Amma steigen die Tränen in die Augen, wenn sie daran denkt! Jemand, der so viel essen kann, wie er mag, weiß nicht um die Qual des Hungers, dazu muß man erst selbst hungern.

Höre jedem einzelnen Menschen aufmerksam zu. Vergleiche keine Person mit einer anderen. Wir sollten uns auf die jeweilige Ebene der Menschen einstellen; nur dann können wir ihre Belange verstehen, angemessen darauf reagieren und Trost spenden.

Ein junger Mann hatte Amma aufmerksam beobachtet vom dem Augenblick an, als er die Hütte betrat. Er war ein College-Lehrer aus Nagpur und vor ein paar Tagen eingetroffen. Bei seiner Ankunft hatte er verlauten lassen, er müsse sofort nach dem Darshan heimkehren, da er dringend in seine Heimatstadt müsse. Aber das war einige Tage zuvor - und er war immer noch nicht abgereist. Amma sagte nun zu allen um sie herum: „Dieser Sohn ist seit ein paar Tagen hier. Amma hat ihn mehrmals gebeten, heim zu fahren und später wieder zu kommen. Aber er will nicht hören. Er ist immer noch hier."

Der junge Mann wußte nicht, was Amma sagte, da er kein Malayalam verstand. Aber als alle sich umdrehten und ihn anschauten, war ihm klar, daß sie über ihn sprach. Ein Mann, der neben ihm saß, übersetzte Ammas Worte für ihn. Der junge Mann antwortete: „Da ich gar nicht erst weg gehe, warum übers Wiederkommen sprechen?"

Amma (lachend): „Amma kennt den Trick, um dir Beine zu machen!"

Betteln für ihre Kinder

oh Annapurna, du bist immer gefüllt
mit den Elementen, die das Leben erhalten,
Oh, du von Shankara Geliebte,
gewähre mir die Almosen der Weisheit und Entsagung!
                                    –Sri Shankaracharya

Schon vor einer Weile hatte die Glocke für das Mittagessen geläutet, aber viele hatten noch nicht gegessen, da sie sich nicht von Amma losreißen konnten. Die Zeit verging und schließlich kam ein Ashrambewohner und richtete Amma aus, daß diejenigen, die das Essen ausgaben, warteten. Auf Ammas Drängen hin gingen noch ein paar Leute zum Essen. Aber einige Anhänger wollten sich nicht erheben, bevor Amma soweit war, die Darshanhütte zu verlassen. Das Essen kümmerte sie nicht. Ihre Erfüllung lag darin, nicht einen einzigen Augenblick verloren gehen zu lassen, den sie in Ammas Gegenwart verbringen konnten. Die Ashrambewohner nahmen die Unannehmlichkeit hin, bis drei oder vier Uhr nachmittags zu warten, um ihnen ihr Mittagessen zu geben.

Es war nach drei Uhr nachmittags als Amma sich schließlich erhob. Die Anhänger drängten sich um sie, verneigten sich vor ihr und versperrten ihr damit unabsichtlich den Weg. Einige von ihnen griff sie und ließ sie aufstehen, wobei sie ihnen liebevoll Klapse gab und sie streichelte, als sie sich einen Weg zur Küche bahnte.

In der Küche fand Amma diejenigen, die das Mittagessen ausgaben mit einem Problem vor. Wie an anderen Devi-Bhava-Tagen hatte man mehr gekocht als nötig erschien, aber trotzdem war alles schnell weg. Daraufhin wurde noch mehr Reis gekocht, aber auch der war in kurzer Zeit aufgegessen. Den ganzen Nachmittag über waren noch unerwartet mehr Leute im Ashram eingetroffen. Man hatte ein drittes Mal Reis gekocht, aber auch davon war kaum mehr etwas übrig. Aber viele hatten noch nichts gegessen. Weiterer Reis stand auf dem Feuer, aber es gab kein Gemüse mehr dafür. Das Küchenpersonal fragte sich, was sie tun sollten, als Amma hereinkam.

In keiner Weise beunruhigt, öffnete Amma einige Dosen mit Tamarinde, Senfkörnern und Curryblättern. In ein paar Minuten war *rasam* (Tamarinde in Wasser mit Salz, Chili, Zwiebeln usw. gekocht) zubereitet. Eine Besucherin hatte am Morgen ein Gefäß mit Joghurt gebracht. Einige Zwiebeln, Tomaten und grüner Chili wurden geschnitten und zum Joghurt gegeben. Schon bald war alles, auch der Reis, fertig. Amma selbst gab nun das Mittagessen an ihre Kinder aus. Die Anhänger aßen das Prasad aus Ammas heiligen Händen mit mehr Genuß als ein üppiges Mahl.

Schließlich kamen die letzten zum Essen und Amma bediente auch sie. Nachdem man sicher war, daß alle Haushälter gegessen hatten, setzten sich die Ashrambewohner zum Essen hin. Es gab nur noch Reis und Rasam. Drei Brahmacharis bedienten die anderen. Als sie damit fertig waren, gab es keinen Reis mehr. Amma konnte es nicht ertragen, daß drei ihrer Kinder hungern sollten, nachdem sie mehrere Stunden lang ununterbrochen gearbeitet hatten. In der Küche gab es nichts mehr außer ungekochtem Reis, und es würde einige Zeit in Anspruch nehmen, ihn für sie zu kochen.

Als die drei Brahmacharis Ammas Besorgnis sahen, versicherten sie fest, keinen Hunger zu haben und nichts zu wollen. Aber Amma gab sich damit nicht zufrieden. „Kinder, wartet zehn Minuten," bat sie. „Amma ist gleich wieder da!" Dann ging sie mit einem Gefäß hinaus. Ging sie zu Sugunachans Haus? Vielleicht war sie auch in ihr Zimmer gegangen, um zu sehen, ob es dort etwas Eßbares gab, das Anhänger vielleicht dargebracht hatten. Während sie warteten, wuschen die Brahmacharis alles Geschirr und machten die Küche sauber.

Bald darauf kam Amma zurück. Ihr Gesicht strahlte mit einem Lächeln, so hell wie der Vollmond. Sie hatte offensichtlich etwas zu essen für ihre Kinder gefunden. Die Brahmacharis konnten ihre Neugier nicht zurückhalten. Als sie einen Blick in ihr Gefäß warfen, sahen sie, daß es angefüllt war mit verschiedenen zusammen gemischten, gekochten Reis-Sorten.

Tränen stiegen in die Augen der Brahmacharis. „Amma!" rief einer von ihnen aus. Amma hatte in den benachbarten Hütten um Nahrung für ihre Kinder gebeten. Nun war sie mit ihren Essensgaben (Bhiksha) zurückgekehrt. Das war die Ursache für ihr freudestrahlendes Gesicht.

Alle Nachbarn waren armes Fischervolk, die selbst kaum genügend zu essen hatten. Da Amma das wußte, hatte sie von jeder Hütte nicht mehr als eine Hand voll Reis genommen.

Die Brahmacharis warfen einen Blick auf ein Bild an der Wand, das Shiva als Bettler zeigte, der Devi Annapurneshwari, die auf einem Thron saß, um Nahrung bat.[41] Nun hatte Devi selbst an die Tür der Fischer geklopft, um Bhiksha für ihre Kinder zu erbitten. Amma setzte sich auf den Boden und lehnte sich gegen die Tür; die Brahmacharis nahmen um sie herum Platz. Sie formte kleine Bälle aus dem Reis mit etwas *sambar* aus dem Gefäß und fütterte ihre Kinder mit ihren eigenen Händen.

Amma: „Noch einen Ball!"

„Nein, Amma, dann bleibt nichts mehr für dich übrig."

„Kinder, wenn ihr genug zu essen gehabt habt, hat Amma keinen Hunger mehr!" Sie fütterte einen von ihnen mit einem weiteren Reisball. Es waren kaum mehr zwei Handvoll Reis übrig

---

[41] Göttin des Überflusses - ein Aspekt Durgas.

und ein Stückchen Sambar-Kartoffel. Als Amma dies zu sich genommen hatte, stand sie voll zufrieden auf.

Donnerstag, den 25.Mai 1986

Ramakrishnan lag mit Fieber im Bett. Amma saß bei ihm. Ein Brahmachari kam in die Hütte mit Kaffee, der mit Basilikumblättern, schwarzem Pfeffer und Ingwer zubereitet worden war.

An der Wand hing ein altes Photo von Amma in einem farbigen Sari und einer farbigen Bluse. Als ihr Blick darauf fiel, ließ sie die Bemerkung fallen: „Zu jener Zeit mußte Damayanti Amma zwingen, einen Sari anzuziehen. Als Amma sich einmal fertig machte, um wo hin zu gehen, bekam sie eine kräftige Tracht Prügel, weil sie keinen Sari trug. Also zog sie einen an, aber sobald sie im Boot war, zog sie ihn aus und hielt ihn aufgerollt in ihren Händen." Amma lachte.

Erste Fütterung

Eine Frau hatte ihr Baby zu Ammas Darshan gebracht. Viele Jahre hatte sie sich ein Kind gewünscht, aber konnte keines empfangen. Nachdem sie Amma begegnet war, schenkte sie schließlich dank Ammas Sankalpa einem Sohn das Leben. Nun war sie mit ihren Verwandten zum *anna prasanna* (erste Fütterung fester Nahrung) des Kindes gekommen. Sie hatten es eilig mit der Zeremonie, weil sie möglichst bald heimkehren wollten.

Die Frau bat: „Ammaji, bitte füttere das Kind jetzt gleich. Wir können mit dem Baby nicht über Nacht bleiben, da es nicht ohne sein Bettchen schläft. Ich habe auch keine Milch für ihn mitgebracht. Wenn wir gleich wieder gehen, können wir vor dem Abend zu Hause eintreffen."

Amma: „Meine Tochter, sprich nicht auf diese Weise!" Du hast das Kind durch Gottes Segen erhalten. Du bist zu einem göttlichen Ort gekommen. Nur wenn die Menschen zu einem solchen Ort kommen, haben sie es plötzlich eilig! Sobald sie den Tempel oder *gurukula* erreichen, wollen sie schnell zurückkehren. Wenn ihr ein krankes Kind ins Krankenhaus bringt, sagt ihr dann zum Arzt: 'Ich hab's eilig! Bitte lassen sie mich möglichst bald gehen?' Sagt ihr: 'Doktor, ich habe keine Milch oder keinen Korb für das Kind dabei, und es ist müde, also müssen sie ihn sofort anschauen?' Wenn wir einen Tempel oder Ashram besuchen, sollten wir eine Einstellung der Gottergebenheit haben. Tochter, durch gute Taten, Besuch von Tempeln und Ashrams, sowie Gedanken an Gott, wird unser Prarabdha (laufendes"Karma) viel leichter. Ist dir das nicht klar?

Ihr eilt von hier weg, und wenn der Bus auf dem Weg zusammenbricht, beim wem beschwert ihr euch dann? Es stimmt Amma traurig, daß du, nachdem du jahrelang hierher gekommen bist, so sprichst. Du solltest niemals auf diese Weise sprechen, Tochter. Überlaß es dem Willen Gottes. Warum hast du nicht gedacht: 'Amma wird das Baby füttern, wenn sie es für richtig hält?' Das wäre Gottergebenheit. Geht ihr jetzt, so wird es auf dem Weg viele Schwierigkeiten geben, deshalb möchte Amma euch zu diesem Zeitpunkt nicht zurück kehren lassen."

Es war das erste Mal für die Frau, daß sie Amma so streng sprechen hörte, und ihr Gesicht wurde blaß. Als Amma das sah, winkte sie sie in ihre Nähe und sagte: „Amma sprach so, weil sie sich frei dir gegenüber fühlte. Also fühle dich nicht schlecht!"

Das Gesicht der Frau hellte sich bei diesen Worten auf.

Obwohl Amma zunächst dagegen war, gab sie dem Kind sofort die erste feste Nahrung aus Reis und schickte die Familie fort, damit sie vor Einbruch der Nacht nach Hause kommen konnten.

Freitag, den 30. Mai 1986

Es war fast 12 Uhr mittags. Amma sprach zu den Besuchern in der Darshanhütte. Darunter befand sich ein Brahmachari aus einem anderen Ashram in Kidangoor. Sie sagte zu ihm: „Sohn, es ist etwas anderes, ob man Medizin für die Wunde an der eigenen Hand oder für die Schmerzen von jemand anderem besorgt. Letzteres zeigt ein liebendes Herz. Das braucht ein spirituell Suchender; dazu sind spirituelle Übungen gedacht. Sadhana sollte nicht für die eigene Befreiung ausgeführt werden, sondern damit man liebevoll, mitfühlend und verständnisvoll genug wird, um Leid in der Welt zu beseitigen. Es führt zu nichts, irgendwo mit geschlossenen Augen zu sitzen und sonst nichts zu tun. Unser Herz muß so weit werden, daß wir das Leid der Welt als unser eigenes empfinden, und etwas unternehmen, um es zu erleichtern.“

Behandlung für Amma

Seit dem Morgen hustete Amma arg. Ein Brahmachari ging Dr. Leela holen.

Die Woche zuvor war ein Anhänger mit einem schweren Husten in den Ashram gekommen. Sein Husten hallte im ganzen Ashram wider. Stoßweiser Husten plagte ihn, als er zum Kalari kam und sich vor Amma verneigte. Aber als er nach Ammas Darshan wieder den kleinen Tempel verließ, war sein Husten weg. Er hörte von dem Augenblick an auf, wo er das heilige Wasser trank, das Amma ihm gegeben hatte. Nach einwöchigem Ashramaufenthalt war er an diesem Morgen zufrieden abgereist.

Als sich Amma einmal in Tiruvannamalai aufhielt, erkrankte sie. Nealu entschied, daß sie ohne Verzögerung einen Arzt aufsuchen sollte. Obwohl es am Ort einige Ärzte gab, die Ammas Anhänger waren, brachte man sie zu einem anderen Arzt.

Ungebeten war Amma ahnungslos geradewegs in den Behandlungsraum des Arztes gegangen. Der Arzt war sehr verärgert darüber gewesen und schickte sie wieder hinaus. Amma erinnerte sich immer lachend daran: „Es gibt keinen Grund, ihm Vorwürfe zu machen; er untersuchte gerade jemanden, als Amma plötzlich herein platzte! Er muß seine Konzentration verloren haben!" Als sie das Zimmer des Arztes verlassen hatte, riefen Arzt als auch Krankenschwester sie zurück. Sie wußten nicht, wer Amma war, oder warum sie gekommen war. Später ließ Amma verlauten: „Amma wird keinen Arzt mehr aufsuchen. Wenn einer gebraucht wird, soll einer der Ärzte unter ihren Kindern zum Ashram kommen."

Ammas Worte bewahrheiteten sich. Als erstes ließ sich die Medizinerin Bri. Leela im Ashram nieder. Als sie Amma begegnete, arbeitete sie in einem Krankenhaus des Sri Ramakrishna Math in Thiruvanantupuram. Leela sah in Amma ihr höchstes Lebensziel. Bald darauf gab sie ihre Arbeit auf und kam, um im Ashram zu leben. Jetzt oblagen ihr alle Behandlungen Ammas. Da es Leela klar war, daß Ammas Beschwerden nicht durch Medizin allein zu kurieren waren, war sie in keiner Weise beunruhigt, wenn Amma erkrankte - selbst wenn sie sehr schwach erschien. Sie betrachtete Ammas Krankheiten als *leela* (Spiel) der geliebten Gemahlin Shivas, der selbst dem Herrn des Todes den Tod brachte. Mit anderen Worten, sie sah Ammas Krankheiten lediglich als Spiel der göttlichen Mutter.

Leela erkundigte sich: „Soll ich dir ein paar Tabletten bringen, Amma? Sie legte die Hand auf Ammas Stirn und sagte: „Du hast kein Fieber. Es ist nichts Schlimmes. Es wird dir bald wieder gut gehen."

Amma entgegnete lachend: „Selbst wenn Amma tot ist, wird meine Tochter Leela den Körper untersuchen und sagen: „Es ist nichts Ernstes. Bald wird es dir wieder gut gehen!" Alle stimmten in das Lachen ein.

Samstag, den 31. Mai 1986

Sadhana sollte vom Herzen kommen

Ein Brahmachari kam zu Amma und bat um praktische Ratschläge für sein Sadhana. Amma gab ihm Hinweise für die Meditation: „Sohn, konzentriere dich auf den Punkt zwischen den Augenbrauen. Sieh deine bevorzugte Gottheit dort, so wie du dein eigenes Bild in einem Spiegel betrachtest." Sie legte ihren Finger zwischen seine Augenbrauen und fügte hinzu: „Stell dir dort einen Schrein vor, in dem deine geliebte Gottheit sitzt.

Wer nur pflichtgemäß nach Zeitplan meditiert, wird Gott niemals sehen. Du mußt Tag und Nacht nach ihm rufen, ohne Gedanken an Nahrung oder Schlaf. Nur wer so vorgegangen ist, hat Gott verwirklicht. Diese Art von Loslösung gilt es zu entwickeln. Wenn jemand Chilipaste auf deinen ganzen Körper schmieren würde, stell dir vor, wie sehr du darum ringen würdest, dem Brennen zu entrinnen! Mit der gleichen Intensität solltest du dich nach dem Anblick Gottes sehnen, nach seiner Vision rufen und weinen ohne auch nur einen Augenblick zu verschwenden. Nur dann werden alle anderen Gedanken verschwinden, so wie im Tiefschlaf, dann wirst du die Ebene göttlicher Erfahrung erreichen.

Wenn die Fischer ein Boot ins Meer lassen, schließen sie ihre Augen, und unter lauten Schreien schieben sie es mit aller Kraft an, um hinter die Wellen zu gelangen. Jeder rudert kräftig und ohne Unterlaß, dabei laute Rufe ausstoßend - bis sie jenseits der Wellen sind. Danach können sie die Ruder beiseite legen und ruhen. Vor und hinter den Wellen befindet sich derselbe Ozean, aber der eine Teil ist unruhig vom Wellengang, während der

andere ruhig ist. Am Anfang sollten wir ebenfalls nicht ruhen -
nicht einmal kurz. Wir müssen wachsam sein. Nur dann können
wir jene jenseitige Stille erreichen.

Totapuri[42] war in Advaita etabliert. Trotzdem stand er
inmitten eines Feuerrings und vollzog Tapas. Ramakrishna Deva
erreichte die Verwirklichung durch ununterbrochenes Denken an
Gott. Zur Verwirklichung ist unerläßlich, ständig die Gedanken
auf Gott zu richten. Ein echter Sadhak führt nicht Japa und
Meditation lediglich nach Zeitplan aus. Seine Liebe zu Gott geht
über Vorschriften hinaus. Am Anfang muß der Sadhak bestimmte
Regeln annehmen, aber spirituelle Praktiken sollten nicht nur als
Pflicht angesehen werden. Man sollte unter Tränen zu Gott flehen
und beten. Nur nach Gott allein sollten wir rufen und weinen
und nach nichts anderem. Haben das nicht Ramakrishna und
Meera gemacht?"

Die selbe Wahrheit unter verschiedenen Namen

Br: „Wenn jemand auf Krishna meditiert, ist es dann verkehrt,
ein Devi-Mantra zu singen oder Devis tausend Namen?

Amma: „Das ist kein Problem. Welches Mantra oder heiligen
Namen du auch anwendest, deine Gedanken sollten auf deine
bevorzugte Gottheit gerichtet werden.

Br: „Wie ist das möglich? Sind da nicht die besonderen
bijaksharas (Saatbuchstaben) für jede Gottheit? Wie kann es
dann richtig sein, das Mantra einer anderen Gottheit zu singen?"

Amma: „Welchen Namen du auch anwendest, die göttliche
Kraft ist ein und dieselbe. Ob man eine Kokosnuß nun ‘tenga'[43]
oder Kokosnuß nennt, sie verändert sich nicht, oder? Ebenso

---

[42] Ein großer Asket des Jnana-Weges (Weg höchster Weisheit), der Sri Ramakrishna in Sannyasa einweihte.

[43] Malayalam für Kokosnuß

hegen die Menschen in ihrem Herzen Vorlieben für verschiedene Gottesbilder - je nach ihrem Samskara. Sie kennen Gott anhand von verschiedenen Namen, aber das alles-durchdringende Bewußtsein ist jenseits aller Namen. Gott ist nicht jemand, der nur reagiert, wenn er den Ton eines bestimmten Rufes hört - er wohnt in unserem Herzen und kennt es. Gott hat unendlich viele Namen. Jeder Name ist seiner.

Eine Puja sollte an die Gottheit gerichtet werden, der sie zugeordnet ist, mit den entsprechenden Mantren. Aber wenn du Selbstverwirklichung anstrebst, spielt es keine wirkliche Rolle, ob die göttliche Gestalt über die du meditierst, eine andere ist, als die, auf die sich dein Mantra bezieht, da wir alles als die verschiedenen Formen des höchsten Selbst betrachten. Wir sollten alles als im Einen enthalten sehen und daß dieses Prinzip in uns allen existiert. Es ist ein und dasselbe Bewußtsein, das alles durchdringt, einschließlich uns selbst. Obwohl es anfänglich besser ist, die Aufmerksamkeit auf einen bestimmten Namen und die entsprechende Gestalt zu lenken. In fortgeschrittenerem Stadium sollte man fähig sein, das höchste Prinzip in allen Namen und Formen zu sehen.

Mantra-Japa hat zum Ziel, uns zur höchsten Stille des Selbst zu führen, von dem alle Töne und Formen ausgehen. Wird Mantra-Japa mit dem richtigen Verständnis dieses Prinzips ausgeführt, wird es uns schließlich zur Quelle führen. Dann verwirklicht der Sucher den göttlichen Aspekt, über den er meditiert hat, als auch alle anderen Aspekte, die ihm inne wohnen und Manifestationen des einen Selbst sind.

Als Krishna mit den Gopis in Brindavan lebte, wollten die Gopis ihn ständig sehen, immer in seiner Gegenwart sein. Sie verehrten ihn so sehr, daß sie ihn *Hridayesha* - Herr ihrer Herzen - nannten. Dann eines Tages begab sich Krishna nach Mathura und kehrte nie mehr zurück. Einige Leute gingen zu den Gopis und hänselten sie: 'Wo ist euer Hridayesha jetzt? Es scheint, daß er nicht Hridayesha, sondern Hridayasunya (herzlos) ist.' Die Gopis entgegneten: Nein, er ist immer noch unser Hridayesha. Früher sahen wir Krishna nur in seiner körperlichen Gestalt, und wir konnten seine Stimme nur mit unseren Ohren hören. Aber nun können wir ihn in allen existierenden Formen sehen: Sogar unsere Augen sind Krishna selbst. Wir hören ihn jetzt in allen Tönen: Unsere Ohren sind zu Krishna geworden. Wahrlich, wir selbst sind Krishna geworden!'

Ähnlich sehen wir Gott zunächst in einer bestimmten Gottheit und nennen diese bei einem bestimmten Namen, aber wenn unsere Hingabe reift und voll erblüht, gelangen wir dahin, Gott in allen Formaspekten und Namen zu sehen und in uns selbst."

Die abendlichen Bhajans waren zu Ende. Es gab *doshas* (Pfannkuchen) zum Abendessen. Da unerwartet viele Leute eingetroffen waren, lief die Zubereitung weiter bis 10:30 Uhr. Jeder fertige Pfannkuchen wurde sofort serviert. Amma ging in die Küche und schickte einen Brahmachari in das Haus ihrer Eltern, um eine weitere Dosha-Pfanne zu holen. Als sie gebracht wurde, stellte Amma sie sogleich aufs Feuer und begann Doshas zu machen. Heißt es nicht, daß Gott als Brot vor den Hungrigen erscheint, sei dieser Hunger nun konkret oder spirituell?

Jede Handlung als Gottesverehrung ausführen

Nach dem Abendessen machte Amma bei den Brahmacharis mit, die Kies zur Betonherstellung heranschafften. Sie bildeten eine Kette und reichten den Kies in runden Stahlpfannen von einer Person zur nächsten. Diejenigen, die nicht einmal ihre eigene Kleidung waschen mochten, bevor sie in den Ashram kamen, nahmen nun im Beisammensein mit Amma teil an diesem „Fest" harter Arbeit. Sie lernten jetzt einige praktische Lektionen in Spiritualität.

Mitten bei der Arbeit erklärte Amma: „Kinder, das ist auch Sadhana. Selbst bei der Arbeit sollten die Gedanken bei Gott sein. Jede Arbeit, bei der ihr eure Gedanken auf Gott richtet, ist Karma Yoga. Wenn ihr den Kies an den nächsten weiter reicht, stellt euch vor, es sei eure bevorzugte Gottheit und ebenso die Person, die euch den Kies übergibt."

Amma sang einen Kirtan, und alle sangen mit, während die Arbeit weiter ging.

Tirukathakal patam…

Oh Göttin Durga,
Oh Kali,
beseitigt mein trauriges Los.
Jeden Tag bitte ich um deinen Anblick.
Bitte erfülle mir einen Wunsch.

Laß mich durch Singen
Deine heiligen Taten verherrlichen.
Und wenn ich zu deinem Lobpreis singe,
komm bitte in mein Herz.

Oh du Essenz der Veden,
ich weiß nicht wie man meditiert,
und meiner Musik fehlt die Melodie.
Hab Erbarmen mit mir -
laß mich in Glückseligkeit eintauchen.

Du bist Gayatri.
Du bist Ruhm und Befreiung,
Kartyayani, Haimavati und Dakshayani -
Du bist die Seele der Verwirklichung selbst,
meine einzige Zuflucht.

Oh Devi,
verleih mir die Fähigkeit,
über die wesentlichen Grundsätze zu sprechen.
Ich verstehe, daß ohne dich -
der Verkörperung des Universums -
Shiva, das kausale Prinzip,
nicht existieren würde.

Es war weit nach Mitternacht. Mit Fäden silbernen Lichts wob der Mond einen zarten, glitzernden Schleier über die sich weithin erstreckenden Wipfel der Kokosnußbäume. In diesen stillen Stunden der Nacht war eine Mutter mit ihren Kindern in die Arbeit vertieft, ein Haus des Friedens zu errichten, das morgen unzähligen Tausenden als Zuflucht dienen würde. Die Szene rief die nektargleiche Weisheit der Bhagavad Gita in Erinnerung: „Wenn es Nacht ist für alle Wesen, bleibt der Mensch, der über Selbstbeherrschung verfügt, wach." Diese Worte wurden hier in Szene gesetzt: Während die ganze Welt schlief, arbeitete die Weltenmutter hart und ohne Ruhepause, um eine Welt ewigen Lichts zu errichten.

Montag, den 9. Juni 1986

An diesem Morgen begannen die traditionellen Riten für Anishs Einweihung in Brahmacharya. Für die Homa und weitere Einweihungsriten war ein Priester aus Alleppy gekommen. Das heilige Feuer loderte im Kalari und die Luft war angefüllt mit dem Klang der Rezitation aus den Veden, während Ammas göttliche Anwesenheit jeden mit Seligkeit erfüllte.

Amma befand sich in kindlicher Gemütsverfassung. Alle Worte und Handlungen riefen Freude in jedem hervor. Sie amüsierte sich über den Anblick Anishs mit geschorenen Haaren und dem traditionsgemäß stehen gelassenen Haarbüschel am Hinterkopf als Vorbereitung für den Empfang des gelben Gewandes. Sie nahm eine Hibiskusblüte und befestigte sie an dem Haarbüschel! Alle, die das mit ansahen, konnten sich ein Lachen nicht verkneifen.

Gleich darauf wechselte ihr Gesichtsausdruck plötzlich und wurde ernsthaft. Die Atmosphäre wurde auf einmal sehr ruhig. Die Stille wurde nur unterbrochen von dem Klang der vedischen Mantren und dem Knacken des Homafeuers, das mit Baumholz (Jackfruit) aufrecht erhalten wurde. An den Gesichtern konnte man ablesen, daß jeder sich in einem Zustand jenseits dieser Welt befand.

Amma gab ihrem Sohn seinen neuen Namen: Brahmachari Satyatma Chaitanya[44]. Nach der Einweihung warf sich Satyatma vor ihr auf den Boden und ging dann nach draußen, um traditionsgemäß Biksha zu empfangen.[45]

Eine Familie moslemischer Anhänger war in den Ashram gekommen, um Ammas Darshan zu erhalten. Es war ein Feiertag für Moslems, und sie wollten ihn mit Amma verbringen. Nach den Einweihungszeremonien ging Amma mit der Familie in die Hütte. Sie sprach lange Zeit mit ihnen, bevor sie auf ihr Zimmer ging.

Später am Nachmittag saß Amma mit einigen Brahmacharis auf der Dachterrasse. Seit Tagen hatten die Brahmacharis versucht, Ammas Erlaubnis für ein Gruppenphoto mit ihr zu erhalten, das man für ihre Biographie verwenden wollte. Sie hatte sich wiederholt geweigert. Nun brachte ein Brahmachari das Thema erneut hervor: „Amma, wir haben von vielen Mahatmas

---

[44] Inzwischen hat Br. Satyatma Chaitanya die Sannyasa-Einweihung erhalten, und ist jetzt bekannt unter dem Namen Swami Amritagitananda.

[45] Brahmacharis und Sannyasis sollen der Tradition nach nur Nahrung zu sich nehmen, die sie als Almosen erhalten haben. Heutzutage begeben sie sich am Tag ihrer Einweihung hinaus, um Biksha zu erbitten.

gehört, aber von den meisten gibt es keine Bilder. Und wie sehr bedauerten wir es, nicht zu wissen, wie sie aussahen! Wenn wir von dir kein Photo machen, so vorenthalten wir es der kommenden Generation. Amma, zumindest aus diesem Grund solltest du es erlauben.

Amma: „Wenn Amma einverstanden ist, wird eure Aufmerksamkeit von jetzt an nur auf solchen Dingen liegen. Das würde eurem Sadhana schaden. Außerdem kann ich mich nicht so herrichten, wie ihr es gerne hättet; das liegt mir nicht. Ich kann nicht für ein Bild posieren." Der ernste Ton ihrer Ablehnung ließ die Brahmacharis schweigen und traurig sein. Aber wie lange würde Amma ihre Kinder traurig sehen können? „Geht und ruft alle", sagte sie schließlich.

Die Gesichter leuchteten auf, und alle stürmten die Treppe hinunter. Alle Ashrambewohner versammelten sich auf der Dachterrasse für das Bild. Der ehrwürdige alte Ottoor Unni Namboodiripad, der älteste von Ammas Brahmachari-Kindern, war auch anwesend. Als das Photo gemacht war, bat Amma Ottor, einen Satsang zu geben. Krishnas Lilas (Spiele) flossen in einem ununterbrochenen Strom aus dem Mund dieses sanftmütigen Gläubigen, dessen inneres Selbst schon lang an das Kind Ambadis[46] übergeben worden war. Ganz hingerissen lauschte Amma zusammen mit den anderen den ewig frisch bleibenden Geschichten über die Streiche des kleinen Butterdiebes Krishna. Als Ottoor geendet hatte, sagte er in bestimmtem Ton: „Und nun möchten wir gerne Ammas Satsang hören!"

Amma: „Amma weiß nicht, wie man Satsang gibt. Wenn man ihr Fragen stellt, platzt sie einfach mit der Verrücktheit heraus, die ihr gerade in den Sinn kommt, das ist alles.

---

[46] Ambadi heißt der Ort, in dem Krishna aufwuchs.

Ottoor: „Es mag Verrücktes sein, aber das ist es, was wir hören möchten. Amma, wir haben nicht die intensive Hingabe, die du beschreibst. Was sollen wir tun?"

Amma schaute Ottoor an und lächelte. Er legte seinen Kopf auf ihren Schoß. Sie umarmte ihn sehr liebevoll und nannte ihn: „Unni Kanna (Baby Krishna)!"

Sadhana für sich selbst auszuüben ist unzureichend

Amma schaute zu einem Brahmachari, der hinter ihr saß. Der Brahmachari senkte seinen Kopf, um ihrem Blick auszuweichen. In Kenntnis seiner Gedanken sagte Amma: „Kinder, wißt ihr welche Erwartungen Amma an euch hat? Ihr solltet wie eine Sonne sein, nicht wie eine Feuerfliege, deren Licht nur ihren eigenen Bedürfnissen dient. Selbstlosigkeit ist alles, was ihr euch je wünschen solltet. Ihr solltet diejenigen sein, die ihre Hände heben, um anderen zu helfen, selbst im Augenblick des Todes."

Diese Aussage ging insbesondere dem Brahmachari, der hinter ihr saß, zu Herzen. Am Vortag war Bhava Darshan gewesen, mit besonders vielen Besuchern. Der Brahmachari, der für die Ausgabe des Mittagessens zuständig war, benötigte dringend Hilfe. Er hatte diesen Brahmachari, der mit ihm die Hütte teilte, gebeten, ihm zu helfen. Aber der hatte weiter meditiert, ohne einen Finger zu rühren. Amma war die Angelegenheit zu Ohren gekommen, und der Brahmachari mied sie den ganzen Morgen über.

Amma fuhr fort: „Kinder, wir sollten darauf achten, daß alle unsere Handlungen für andere von Nutzen und ihrem Wohl förderlich sind. Wenn das nicht möglich ist, sollten wir zumindest darauf achten, daß unser Verhalten anderen keinen Kummer oder Störung verursacht. Es ist wahres Gebet, Gott darum zu bitten, daß keiner unserer Gedanken, Worte oder Taten jemals anderen Schaden zufügt, sondern hilfreich für andere sind. Wir sollten gewillt sein, für den Fortschritt anderer zu beten - statt für unseren eigenen. Meine Kinder, solch selbstlose Liebe zu entwickeln ist der größte Fortschritt, den wir machen können. Wahrer Gottesdienst besteht darin, die Leiden anderer als die eigenen anzusehen und sich über das Glück anderer zu freuen. Wahre Gläubige sehen sich selbst in anderen. Ihre Welt ist eine des Friedens und der Zufriedenheit." Amma hielt inne. Ihr Blick ruhte in weiter Ferne.

Die Zeit für Bhajans rückte heran. Amma führte alle zum Kalari. Als sie Platz nahm, legte ein Brahmachari eine Tambura vor sie hin. Sie begann, das Instrument zu spielen und stellte den Ton für das erste Lied ein. Sie sang einen Kirtan, den Krishnan Nair, ein Haushälter, für sie geschrieben und ihr gewidmet hatte. Alle stimmten in das Lied ein, alles andere in ihrer Gegenwart vergessend.

Katinnu katayi, kanninnu kannayi...

Oh Mutter, die als das Ohr des Ohres leuchtet,
als der Geist des Geistes
und als das Auge des Auges,
Du bist das Leben des Lebens,
das Leben der Lebenden.

Was der Ozean für die Wellen ist,
das bist du für die Seele.
Du bist die Seele der Seelen.
Du bist der Nektar des Nektars der Weisheit.

Oh Mutter, du bist die Perle des unsterblichen Selbstes,
die Essenz der Glückseligkeit.
Du bist die große Maya.
Du bist das Absolute.

Die Augen können dich nicht sehen.
Der Verstand kann dich nicht erfassen.
Worte verstummen in deiner Gegenwart, oh Mutter.

Wer sagt, er hätte dich gesehen, hat dich nicht gesehen -
denn du, oh große Göttin, bist jenseits des Intellekts.
Die Sonne, der Mond und die Sterne scheinen nicht
durch sich selbst,
sondern leuchten durch deine Strahlkraft.

Mit Hilfe von Unterscheidungskraft kann der Mutige allein
den Weg zur Wohnstatt des ewigen Friedens
und der höchsten Wahrheit antreten.

Nach den Bhajans meditierten alle für kurze Zeit, bevor sie sich
für das Abendessen erhoben. Der bezaubernde Klang der Tambura unter Ammas Fingern und ihr Singen hallten noch beseligend
in ihrem Innern wider:
Mit Hilfe von Unterscheidungskraft kann der Mutige allein
Den Weg zur Wohnstatt des ewigen Friedens
Und der höchsten Wahrheit antreten...

Mittwoch, den 11. Juni 1986

Steter Schutz für diejenigen, die
völlig zu ihr Zuflucht nehmen

Es war kurz nach zwei Uhr morgens. Ein Brahmachari kehrte still
vom Strand zurück, wo er meditiert hatte. Er ging zum Kalari
und machte das Licht aus. Seine *Asana* (Matte) und seinen Schal
legte er auf der Veranda ab, dann weckte er Pai, der dort schlief
und gebeten hatte, um zwei Uhr zur Meditation geweckt zu
werden. Es war Pais Aufgabe, um vier Uhr die Glocke zu läuten,

um alle fürs Archana zu wecken. Als der Brahmachari zu seiner Hütte ging, um sich schlafen zu legen, sah er einen Mann und eine Frau vor der Vedantaschule sitzen.

„Wir möchten zu Amma", sagten sie in demütigem Ton, als sie sich erhoben.

Br: „Amma ist um Mitternacht auf ihr Zimmer gegangen. Sie stieg gerade die Treppe zu ihrem Zimmer hoch, als ich zum Strand ging.

Besucher: „Es muß kurz nach Mitternacht gewesen sein, als wir ankamen."

Plötzlich hörten sie heran nahende Schritte. Amma kam lächelnd auf sie zu. Die Besucher fielen ihr zu Füßen mit einer Mischung aus Ehrerbietung und freudiger Überraschung.

Amma: „Meine Kinder, wann seid ihr gekommen?"

Besucher: „Wir kamen kurz nachdem du auf dein Zimmer gegangen bist, Amma. Wir saßen hier und waren traurig darüber, dich in der Nacht nicht mehr treffen zu können."

Amma: „Amma hatte gerade ihre Augen geschlossen, als sie den Eindruck hatte, ihr stündet vor ihr. Sohn, ist mit eurer Tochter alles in Ordnung?"

Besucher: „Übermorgen wird sie operiert. Nach Einschätzung des Arztes handelt es sich um einen komplizierten Fall. Unsere einzige Hoffnung ist dein Segen! Darum sind wir gekommen."

Amma: „Warum kamt ihr so spät, Kinder? Hatte euer Auto eine Panne?"

Besucher: „Ja, Amma. Wir brachen mittags auf, aber hatten auf dem Weg Probleme mit dem Auto. Die Reparatur nahm einige Stunden in Anspruch. Deshalb wurde es so spät. Sonst wären wir bis acht Uhr hier gewesen."

Amma: „Mach dir keine Sorgen, Sohn. Kommt, setzen wir uns hin." Sie nahm ihre Hände und führte sie zur Kalari-Veranda. Sie sprach lange Zeit zu ihnen. Dann nahm sie etwas Bhasma

(Asche) aus dem Kalari und reichte es ihnen als Prasad. „Richtet meiner Tochter aus, sie brauche sich nicht zu ängstigen. Amma ist bei ihr." Als die Uhr vier schlug, verneigten sich beide vor ihr. Amma trug einem Brahmachari auf, sie mit dem Fährboot überzusetzen. Als die Besucher den Ashram verließen, wandten sie sich noch einmal um und schauten zurück. Im selben Augenblick warf auch Amma, die gerade die Treppe zu ihrem Zimmer hoch ging, einen Blick zurück und lächelte sie an - ein Lächeln, das zweifelsohne ein Zeichen des Schutzes war.

Es wehte eine erfrischende Brise. In Freude über die trost-spendende innere Kühlung der Gnade Ammas, begleitet von der angenehmen äußeren Kühle des frühen Morgens, bestiegen die Besucher das Fährboot und fuhren ab. Der Morgenstern leuchtete hell und verlieh der Oberfläche der „Backwaters" einen sanften Glanz.

Freitag, den 13. Juni 1986

Amma saß auf den Stufen zum Büro, umgeben von ein paar Leuten. Ein Brahmachari versuchte, die Notwendigkeit zu erläutern, gewisse Personen, die einen Zweig-Ashram leiteten, abzulösen, und die Verantwortung anderen zu übertragen. Amma hörte sich alles, was er zu sagen hatte, an. Schließlich sagte sie: „Ammas Ziel ist es, Eisen und Rost in Gold zu verwandeln. Es besteht keine Notwendigkeit, Gold wieder zu Gold zu machen!"

Der Brahmachari versuchte erneut, seinen Standpunkt darzulegen.

Amma: „Sohn, bringe die Geduld auf zuzuhören. Amma selbst hat diese Personen in das Komitee gebracht, nicht wahr? Begreife, daß Amma damit vielleicht eine bestimmte Absicht verfolgte. Zunächst erkannte Amma sich selbst, dann die ganze Welt. Erst danach hat sie diese Rolle übernommen. Amma weiß sehr wohl, wie solche Menschen zu führen sind. Amma hat die

Leiden und das Ringen von Hunderttausendenden von Menschen gesehen. Wer sonst hat solche Gelegenheit gehabt? Amma hat auch erlebt, wie sich das Naturell zahlreicher Menschen änderte. Wenn wir die Komiteemitglieder entlassen, werden sie ein Leben führen, das für niemanden von Nutzen ist. Wenn wir sie behalten, dann kümmern sie sich wenigstens um einige der Ashramangelegenheiten. Dann können sie wenigstens in dieser kleinen Weise dienlich sein und das Verdienst davon erhalten. Ist das nicht besser, als sie ohne Aufgabe sein zu lassen? Amma weiß, wie man sie dazu bringt, sich an Anweisungen zu halten.

Durch ihre Tätigkeit werden sie innerlich gereinigt, wodurch sie der Erlösung entgegen gehen. Wir können sie nicht einfach auf dem Weg hängen lassen. Es ist unsere Pflicht, sie zu retten. Unser Ziel ist es, anderen zu helfen, Hingabe für Gott zu entwickeln und inneren Frieden zu genießen. Wenn wir ernsthaft solche Absicht hegen, werden wir ihnen alle Fehler vergeben und uns bemühen, sie auf den rechten Pfad zu bringen.

Wir können nicht erwarten, daß alle gut sind. Einige werden es nicht sein. Aber wenn wir sie hinauswerfen und im Stich lassen, werden sie in der Welt mehr Fehler begehen. Wir verfügen über mehr Wissen als sie, somit müssen wir uns auf ihre Ebene begeben. Dann werden sie spirituelle Fortschritte machen. Stufe nicht jemanden als schlecht ein und denke nicht, er sollte entlassen werden, nur weil ein oder zwei Fehler begangen wurden.

Amma ist nicht der Meinung, daß deine Auffassung ganz und gar verkehrt ist. Viele Leute sammeln Geld im Namen des Ashrams, aber einige von ihnen leiten nur ein Viertel davon an den Ashram weiter. Amma weiß davon, aber sie handelt so, als wüßte sie es nicht. Sie gibt ihnen weitere Gelegenheit, ihre Fehler zu korrigieren. Wenn sie trotzdem nicht lernen oder ihr Verhalten nicht ändern wollen, dann gehen sie in der Regel von selbst. Amma mußte noch niemanden zwingen zu gehen. Sie gehen von sich aus.

Sind nicht auch diejenigen, die fehl gehen, unsere Brüder und Schwestern? Sie haben vielleicht noch nicht ausreichend an Weisheit gewonnen; aber wir können zu Gott darum beten. Das wird auch für uns von Nutzen sein, weil dadurch unser Bewußtsein erweitert wird."

Der Brahmachari verneigte sich und zog sich zurück.

Eine Lektion in Aufmerksamkeit (Shraddha)

Amma bemerkte, daß ein Brahmachari tief in Gedanken versunken da saß und sich dabei über seinen Bart strich.

Amma: „Nimm deine Hand weg. Solche Angewohnheiten sind bei einem Brahmachari nicht gut. Wenn man irgendwo sitzt, sollten Körper oder Gliedmaßen nicht unnötig bewegt werden. Angewohnheiten wie mit den Füßen zu wippen, die Hände umher wandern zu lassen und den Bart zu streichen, sind unpassend für einen Sadhak. Man sollte sich bemühen, still zu sitzen."

Eine Brahmacharini kam zu Amma und berichtete, daß viele Teller und Becher des Ashrams fehlten. Amma erwiderte: „Bring alle Teller und Becher her. Laß nichts irgendwo stehen. Bring alles her."

Jeder Ashrambewohner hatte einen Teller und ein Glas erhalten, beides bewahrten sie in ihrer Hütte auf. Amma ermahnte die Anwesenden: „Kinder, ihr solltet alle aufmerksamer in diesen Dingen sein. Viele Teller und Gläser sind verloren gegangen, weil sie irgendwo liegen gelassen wurden. Daraufhin erhielt jeder einen mit dem Namen versehenen Teller und ein Glas und nun fehlt davon auch wieder vieles. Wenn jemandem der Teller fehlt, nimmt er einfach einen vom Nachbarzimmer, ohne zu überlegen, daß der Betreffende dort ihn braucht. Wie soll er ohne Teller klar kommen? Schließlich endet es damit, daß Amma herangezogen wird, um den Streit zu schlichten." Amma lachte. „Diese Kinder sind schlimmer als kleine Babys!"

Die Brahmacharis kamen mit ihren Tellern und Gläsern; und Amma nahm eine ernste Haltung an.

Amma: „Von nun an darf niemand den Teller eines anderen benutzen. Wer seinen Teller verloren hat, sollte es zugeben. Lügt niemals zu eurem eigenen Vorteil, selbst wenn es das Leben kostet. Wenn ihr eure Teller oder andere Dinge wieder durch Nachlässigkeit verliert, ißt Amma nichts. Denkt daran, Kinder!"

Innerhalb weniger Minuten wurden alle Teller und Gläser vor Amma hin gestellt; und sie zählte alles. Es fehlte viel.

Amma: „Kinder, ist es nicht eurer Nachlässigkeit zuzuschreiben, daß so viele Teller und Gläser abhanden gekommen sind? Alle möglichen Leute kommen hierher. Wenn ihr eure Gebrauchsgegenstände nach Benutzung irgendwo liegen laßt, dann werden sie einfach von denen genommen, die sie gebrauchen können. Warum andere bezichtigen, wenn ihr ihnen die Gelegenheit zum Stehlen gegeben habt? Die Schuld liegt bei euch. Mit mehr Achtsamkeit eurerseits wären die Teller nicht verschwunden. Niemand von euch weiß den Wert von Geld zu schätzen, was macht es euch also aus, wenn Dinge verloren gehen?

„Als Amma aufwuchs, lernte sie Not kennen. Sie weiß um den Wert jedes Paisas (Pfennigs). Es war für sie sogar schwierig, genügend Feuerholz zusammen zu bekommen, um Tee zu machen. Sie kennt die Härten der Armut; daher läßt sie nicht einmal einen Krümel verkommen. Wenn sie ein Stückchen Holz sieht, denkt sie an dessen Wert und wie es verwendet werden kann. Aber wenn es meine Kinder auf ihrem Wege sähen, dann würden sie es einfach nur zur Seite stoßen. Bzw. wenn ihr es bei einem Regenguß entdecken würdet, kämet ihr niemals auf die Idee, es aufzuheben, zu trocknen und aufzubewahren. Amma jedoch würde es nicht als wertlos abtun. Kinder, würden wir ein

5-Paisa-Stück wegwerfen? Nein, denn es sind fünf Paisas. Dafür können wir aber nicht einmal ein kleines Stück Feuerholz bekommen. Wie können wir ohne trockenes Holz etwas kochen? Selbst wenn wir Hunderte von Rupies in unserer Hand hätten, benötigen wir trotzdem noch Feuerholz, um ein Feuer zu entfachen, nicht wahr? Wir sollten uns des Wertes und der Nutzungsmöglichkeit aller Dinge bewußt sein. Dann werden wir es uns nicht erlauben, irgend etwas zu verschwenden.

Betrachtet einmal die Situation in Krankenhäuern. Sie verfügen nicht über reines Wasser für Injektionen. Es kostet ein oder zwei Rupien, es außerhalb zu kaufen. Viele Patienten erleiden stundenlang Schmerzen, weil sie nicht einmal diesen Betrag aufbringen können. Eine Spritze würde ihre Schmerzen erleichtern, aber sie können sich keine leisten. Sie werden dann vom Schmerz verzehrt. Für sie haben zwei Rupien einen großen Wert! Kinder, Amma hat so viele kranke Menschen gesehen, die sich vor Schmerzen winden, weil sie nicht das Geld hatten, sich ein Schmerzmittel zu kaufen. Bei all euren Handlungen solltet ihr an diese Menschen denken.

Gott wohnt in jedem. Diejenigen, die unerträgliche Schmerzen erleiden, sind auch Gottes Kinder. Sie sind unsere Brüder und Schwestern. Indem ihr sie nicht außer acht laßt, entwickelt ihr echte Aufmerksamkeit (Shraddha). Verschwendet ihr achtlos eine Rupie, denkt daran, daß jemand euretwegen zehn Stunden Schmerzen erleidet. Ihr seid die Ursache der Qual dieses armen Menschen. Eure Unachtsamkeit kann damit verglichen werden, Schmutz in das Trinkwasser der Gemeinde zu werfen. Euer Verhalten läßt Amma an jene kranken Menschen denken, denn mit dem vergeudeten Geld, hättet ihr ihnen Medizin kaufen können. Aber vor allen Dingen vergebt ihr die Gelegenheit der Entstehung des Edelsteines in euch.

Amma rief die Brahmacharini, die sie über die fehlenden Teller informiert hatte.

Amma: „Von heute an trägst du die Verantwortung für das Küchengeschirr. Gib am Morgen die notwendige Anzahl Teller und Gläser an diejenigen, die das Essen ausgeben und am Abend sammle die Anzahl an Geschirrstücken ein, die du am Morgen verteilt hast. Was jetzt weg ist, ist weg. Wenn mehr verloren geht, wirst du dafür Rechenschaft ablegen müssen.

„Die Aufmerksamkeit, die wir jedem Detail entgegen bringen, kann uns Gott näher bringen. Das Maß an Shraddha, mit dem wir die äußeren Handlungen ausführen, enthüllt den in uns versteckten Schatz. Folglich, liebe Kinder, achtet auf eurem Weg auf alles. Durch die Betrachtung der kleinen Sachen weiß Amma von den großen."

Von der Küche ging Amma zur Nordseite des Ashrams. Dabei spuckte sie zur Seite. Der Speichel fiel auf eine wilde Spinatpflanze. Es war ihre Absicht gewesen, dorthin zu spucken, wo keine Pflanzen standen. Aber durch den Wind fiel die Spucke auf das Spinatblatt. Amma holte einen Topf mit Wasser und wusch vorsichtig die Blätter ab. Anschließend säuberte sie ihre Hände über der selben Pflanze, um kein Wasser zu verschwenden.

Amma war stets darauf bedacht, kein Wasser zu verschwenden. Selbst wenn ein Wasserhahn vorhanden war, wusch Amma ihre Hände und ihr Gesicht mit Wasser aus einem Behälter. Sie erklärte, daß wir dazu neigen, mehr Wasser als notwendig zu verbrauchen, wenn wir einen Hahn öffnen. Jede überflüssige Handlung sei *adharma* (nicht rechtschaffen), Versäumnis einer notwendigen ebenfalls. Wenn man Amma danach fragte, was Dharma sei, antwortete sie immer: „Es ist die Ausführung der notwendigen Handlungen zur richtigen Zeit und in angemessener Weise.

Der Amma begleitende Brahmachari ging mit Ammas Ausführungen einher und schätzte ihr Beispiel. Trotzdem kam ihm
ein gewisser Zweifel und er dachte: „Aber war es denn wirklich
notwendig, daß Amma die Blätter der Pflanzen abwusch, nur
weil ein bißchen Spucke darauf gefallen ist?"

Als Amma weiterging, sagte sie, wie als Antwort auf die
unausgesprochene Frage des Brahmacharis: „Diese Pflanzen sind
auch Lebewesen!"

Amma schaute einen Augenblick lang um sich; dann ging sie
in die Kantine. Einige Brahmacharis schälten für das Abendessen
Cassava-Wurzeln und schnitten sie in Stücke. Sie setzte sich zu
ihnen und half bei der Arbeit.

Brahmacharis und Familienbande

Ein Brahmachari begann mit der Konversation: „Es sind einige
Briefe von zu Hause gekommen. Ich habe keinen beantwortet.
Sollte ich schreiben, Amma?"

Amma: „Sohn, am Anfang sollten keine Briefe an die Familie
geschrieben werden. Schreibst du, so antworten sie, und dann
schreibst du wieder. Möchtest du wirklich schreiben - z.B. wenn
deine Eltern krank sind - so laß es mit ein paar tröstenden Zeilen genug sein. Übergib deinen Vater und deine Mutter Gott
(Paramatman) und schreibe ihnen aus dieser Einstellung heraus.
Dann wird es dich nicht binden. Erhältst du Briefe von zu Hause,
lies sie nicht immer wieder durch. Lege sie beiseite, wenn du den
Inhalt erfaßt hast. Die Briefe enthalten Neuigkeiten über deine
Familie und Freunde. Beim Lesen wirst du davon etwas beeinflußt, auch wenn du das nicht möchtest. Kinder, ihr solltet stets
daran denken, aus welchem Grund ihr hierher gekommen seid.

Nehmen wir einmal an, du besuchst einen Kranken auf der
Intensivstation, und du berichtest ihm ausführlich über die Leiden seiner Familie. Was ist das Ergebnis? Sein Zustand wird sich

weiter verschlechtern; vielleicht stirbt er sogar. Ähnlich befindet auch ihr euch zur Zeit in Behandlung, und große Vorsicht ist geboten. Wenn der menschliche Geist sich soweit entwickelt hat, daß keine Umstände ihn schwächen oder beeinflussen können, entstehen auch keine Probleme mehr. Bis dahin jedoch sind solche Einschränkungen notwendig. Gegenwärtig seid ihr alle wie Setzlinge, die im Schatten eines Baumes wachsen. Deshalb ist es notwendig, sich an bestimmte Regeln und Einschränkungen zu halten.

Befindet sich Familienmitglieder in sehr schlechtem Zustand und es gibt niemanden, der sich um sie kümmert, dann könnt ihr gehen, um ihnen die notwendige Pflege und Hilfe zu geben. Ihr solltet Gott in ihnen sehen und ihnen mit dieser Einstellung dienen. Wenn ihr hingegen die familiäre Bindung innerlich lebendig erhaltet, werdet ihr nicht viel vom Ashramleben profitieren - weder ihr noch eure Familie. Ist es euch nicht möglich, die Bindung zur Familie zu lösen, so ist es am besten, ihr lebt zu Hause und kümmert euch um eure Eltern.

Selbst wenn ihr keinen Besuch daheim macht, sondern durch Briefe von all ihren Neuigkeiten und Problemen erfahrt, werden all eure Gedanken darum kreisen. Die Gedanken an die Nöte zu Hause, werden automatisch Niederschlag in eurem Unterbewußtsein finden. Euer Mitgefühl bringt ihnen jedoch nichts. Habt ihr einmal eine bestimmte Entwicklungshöhe durch eure spirituellen Übungen erreicht, könnt ihr als Hilfe ein Sankalpa für sie machen. Aber das ist im jetzigen Stadium nicht möglich. Durch Sorgen um sie endet es nur damit, daß ihr die gewonnenen Kräfte verliert.

Wenn eure Familie euch schreibt, so ermuntert nicht euerseits dazu. Eine Kokosnuß kann nicht aufgehen, bevor sie nicht vom Baum gefallen ist. Als Ergebnis eurer Bindung entfernt ihr euch lediglich von Gott. Ihr werdet keinen Fortschritt machen, wenn ihr euch um die Ausübung von Sadhana bemüht, während ihr Bindungen zu Familie und Freunden aufrecht erhaltet. Vollzieht ihr jetzt Sadhana in Zurückgezogenheit, ohne die Gedanken um andere Dinge kreisen zu lassen, so könnt ihr die Kraft entwickeln, nicht nur eure Familie zu retten, sondern die ganze Welt."

Br: „Aber wie können wir uns keine Sorgen machen, wenn wir über die Probleme zu Hause erfahren?"

Amma: „Sohn, hast du einmal den spirituellen Pfad gewählt, solltest du alles völlig dem Allerhöchsten überlassen und vorwärts schreiten. Füllt man einen Speicher, erhalten damit alle angeschlossenen Leitungen Wasser. Desgleichen lieben wir alle, wenn wir Gott lieben, da er in allen wohnt.

Wenn deine Familie dich besucht, kannst du sie mit einem Lächeln begrüßen, dich respektvoll vor ihnen verneigen[47] und ein paar freundliche Worte sprechen. Das ist in Ordnung; soviel sollte sogar von dir kommen - aber auch nicht mehr. Vertraue darauf, daß Gott sich um all ihre Bedürfnisse kümmert. Diese Haltung des Übergebens an Gott solltest du haben. Bist du es letzten Endes, der sie tatsächlich beschützt? Liegt das in deiner Macht?"

Br: „Warum wird das Aufgeben der Familienbande als so wichtig erachtet?"

Amma: „Sohn, so wie die Erde alles anzieht, so richten sich die Gedanken auch schnell auf unsere Familie. Blutsverwandtschaft birgt diese besondere Eigenschaft in sich. Ein Sadhak sollte fähig sein, alle Menschen gleich zu betrachten. Nur wenn wir unsere Bande zu allem aufgeben, können wir unsere wahre Natur erkennen. Anhänglichkeit zu 'meinem' Vater, 'meiner' Mutter oder Schwester ist tief in uns verwurzelt. Ohne diesen Zustand zu beseitigen, können wir unser Bewußtsein nicht erweitern, und unser Sadhana wird nicht zu den erwarteten Resultaten führen.

---

[47] Es ist Brauch in Indien, daß sich junge Leute vor den älteren Familienmitgliedern verneigen und ihre Füße berühren.

Ruderst du ein Boot, das am Ufer festgebunden ist, wirst du das andere Ufer nicht erreichen."

Br: „Amma, ich schreibe niemandem. Ich wollte nur wissen, was richtig ist."

Amma: „Erfordern es die Umstände zu schreiben, so beschränkt euch auf zwei oder drei Sätze. Achtet darauf, daß das Geschriebene spirituellen Bezug hat. Dann wird das Lesen dieser Zeilen wenigstens ein wenig reinigend auf ihr Gemüt wirken. Ein Mensch, der den spirituellen Pfad eingeschlagen hat, kann einen großen Einfluß auf seine Familie und deren Art zu denken haben. Schreibe an sie ausschließlich über Positives. Einige Mitglieder von Ramakrishnans Familie haben begonnen, seinen Aufenthalt hier gut zu heißen. Durch ihren Umgang mit ihm fingen sie an, das Bedürfnis nach spirituellem Leben zu schätzen."

Br: „Du erwähntest, daß wir die Einstellung 'das ist meine Familie', aufgeben sollten, aber wie können wir ihnen ohne diese Haltung dienen? Stimmt es nicht, daß wir nur dann etwas wirklich gut ausführen, wenn der Sinn von 'mein' vorhanden ist?"

Amma: „Der Dienst eines spirituellen Menschen ist gleichzeitig sein Sadhana. Sein Ziel besteht in Freiheit von allen Bindungen. Er sehnt sich nach vollständiger Freiheit. Er dient anderen, um sich innerlich zu reinigen und Loslösung zu erreichen, damit er das höchste Ziel erreichen kann. Wer Gott liebt und sich an ihn übergeben hat, kann jede Handlung auch ohne ein Gefühl von 'mein' bestens ausführen. Sich zu bemühen und dann die Ergebnisse Gottes Willen zu überlassen - das sollte unsere Verhaltensweise sein. Ohne innere Losgelöstheit, bewirkt sogar der Dienst an anderen Bindung.

Jedoch sollte unser Wirken für andere ohne jegliche Erwartungshaltung sein. Bewerfen uns andere mit Dornen, sollte es uns möglich sein, Blumen zurück zu werfen. Reicht man uns Gift, sollten wir Payasam geben. In entsprechender Weise sollten wir denken. Der Welt zu dienen hat den Sinn, diese Art von Einstellung zu entwickeln. Wenn wir uns für andere einsetzen, sollten wir Gott in ihnen sehen. Mit jeder unserer Handlungen sollten wir Gott verehren. Alles Tun wird dann zu einem göttlichen Mantra."

Br: „Was ist falsch daran, seiner Familie auf diese Weise zu helfen?"

Amma: „Sobald eine solche Haltung entwickelt wurde, besteht kein Problem mehr. Aber im jetzigen Stadium hängst du noch an deiner Familie. Deshalb würde es dir schwer fallen, deinen Einsatz für sie als eine Art des Gottesdienstes zu betrachten. Am Anfang ist Umgang mit der Familie ohne eine gewisse Gebundenheit, so wie es mit anderen möglich ist, schwierig. Nur durch viel Übung kann sie überwunden werden. Aus diesem Grunde wird dem Gottsucher empfohlen, sich von seiner Familie zu distanzieren. Bei wahrer Liebe zu und Bindung an Gott, ist es nicht mehr möglich, andere Bande aufrecht zu erhalten.

Die Saat muß vollständig mit Erde bedeckt sein und die Schale brechen, bevor sie keimen kann. Für einen Sadhak ist es notwendig, die Identifikation mit dem Körper aufzugeben, als auch die Einstellung von 'mein Vater' und 'meine' Mutter. Es ist notwendig, Gott selbst in allen zu sehen."

Als Amma aufstand, nahm sie die Cassava-Schalen in die Hand und bat jemanden, sie in den Trinkeimer für die Kühe zu geben. Gesegnet durch den Nektar ihrer Worte, standen die Brahmacharis auf, um sich zu ihrer Arbeit zu begeben.

Sonntag, den 16. Juni 1986

Amma saß mit einigen Besuchern in der Darshanhütte. Da es den ganzen Morgen über geregnet hatte, waren nicht sehr viele Leute gekommen.

Amma (lachend): „Die Ashramkinder meinen, daß wir Aussagen in der Bhagavad Gita zu ändern haben. Der Herr sagte:

'Ich bin da für diejenigen, die zu mir Zuflucht nehmen und alles andere aufgeben.' Sie sagen, hier ist es gerade umgekehrt, nämlich, daß Amma die Haushälter mehr liebt als die Entsagenden. Braucht denn eine Lampe, die schon leuchtet, Licht? Die in Dunkelheit lebenden Menschen bedürfen des Lichts. Wer aus der Hitze kommt, benötigt kaltes Wasser.

Amma sagt den hier lebenden Kindern, daß die Haushälter unter der Hitze des weltlichen Lebens leiden, während sie sich immer der Kühle hier erfreuen können. Da Amma so nahe ist, könnt ihr mit jeglichem Problem zu ihr laufen. Diese Möglichkeit haben die anderen nicht. Inmitten all ihrer Belange gelingt es ihnen, einen Tag zu finden, an dem sie zu Amma kommen. Wenn Amma ihnen nicht genügend Aufmerksamkeit schenkt, brechen sie zusammen. Ihr hingegen habt das weltliche Leben abgelegt und seid her gekommen, um das Selbst zu verwirklichen. Die Haushälter müssen sich mit ihrem Heim, ihren Kindern und ihrer Arbeit befassen. Sie sind an ihre Verpflichtungen gebunden, suchen aber inmitten all dessen trotzdem nach Spiritualität. Es ist ihnen nicht möglich, all diese Bande sofort aufzugeben. Nur durch ständiges Sadhana werden sie die notwendige Loslösung erreichen. Das Leben eines Haushälters bedeutet, im Feuer zu stehen ohne zu verbrennen. Sie müssen ohne Schuhe über Dornen gehen und sollten sich dabei nicht verletzen - Schuhe symbolisieren Freiheit von weltlichen Bindungen. Da die Haushälter nicht über die erwähnte Freiheit verfügen, ist es unsere Pflicht, sie zu trösten. Wenn die Kinder all dies hören, sagen sie nichts mehr," schloß Amma lachend.

Ein junger Mann, mit dem Namen Sudhir, saß in Ammas Nähe. Vor fünf Jahren hatte er die Magisterprüfung in Naturwissenschaften abgelegt, aber anstatt sich um Arbeit zu bemühen, hatte er sich um seine betagte Mutter gekümmert, da niemand anders dafür zur Verfügung stand. Um seinen Lebensunterhalt zu verdienen, unterrichtete er die Kinder aus der Umgebung. Nach dem Tod seiner Mutter, hatte er begonnen, ein spirituelles Leben zu führen. Er verbrachte Zeit mit Sadhana und damit, anderen zu helfen. Es dauert nicht lange, bis ihm klar wurde, daß er einen Guru brauchte, der ihm die notwendige richtige Führung zuteil werden ließ, denn er entwickelte ein Gefühl der Abneigung gegenüber spirituellen Aktivitäten. Gleichzeitig jedoch ließ sein Interesse an weltlichen Angelegenheiten nach.

Mit einem Gefühl der Unruhe war Sudhir vor drei Tagen zum ersten Mal in den Ashram gekommen, um Amma aufzusuchen. Er hatte sie um Erlaubnis gebeten, einige Zeit im Ashram bleiben zu dürfen, und Amma hatte zugestimmt. Mit großem Enthusiasmus und Shraddha beteiligte er sich an der Ashramarbeit. Zudem hatte Sudhir eine schöne Stimme und hatte schon mehrere Kirtans singen gelernt.

Sudhir: „Amma, ist selbstloses Dienen nur Gottgläubigen möglich?"

Amma: „Sohn, nur jemand mit Gottvertrauen kann anderen wirklich selbstlos helfen. Wenn ein Mensch ohne religiösen Glauben fähig ist, anderen selbstlos zu dienen und ihre Fehler und Schwächen zu vergeben, dann spielt der Glaube keine Rolle. Wer anderen ohne persönliches Interesse beistehen kann ohne an Gott zu glauben, verdient unseren tiefsten Respekt.

Sudhir: „Was wird mit Meditation bezweckt?"

Amma: „Wir verunreinigen unseren Geist durch die vielen verschiedenen Gedanken, die ständig auftauchen. Meditation richtet all diese Gedanken auf ein Thema, auf das man sich konzentriert.

Wir sind wie reines Regenwasser, das in die Gosse gefallen ist und dadurch verschmutzt wurde. Das Wasser aus dem Rinnstein bedarf der Säuberung. Dazu wird er mit dem nächsten Fluß verbunden. Eine solche Reinigung wird durch Sadhana bewirkt. Obwohl wir in Wirklichkeit reiner Atman sind, tragen wir andererseits durch unsere Bindung an die grobe materielle Welt unreine Vasanas (Gewohnheiten, Tendenzen) in uns. Wir müssen unseren Geist durch Unterscheidung zwischen dem Ewigen und dem Vorübergehenden und durch Meditation säubern. Durch die klärende Wirkung der Meditation werden wir stark."

Amma bat Sudhir ein Lied zu singen. Er sang:

Karunya murte, kayampu varna…

Oh, Wohnstatt des Mitgefühls,
Dunkelhäutiger,
geruhe, deine Augen zu öffnen.
Oh Zerstörer allen Leids,
bitte nimm meine Leiden fort.

Oh Leuchtender,
mit Augen wie die Blätter der roten Lotusblume,
du bist mein Schutz in dieser Welt.
Oh Krishna, ich werde dich auf ewig verehren
mit den Blumen meiner Tränen.

Oh du bezaubernder Gopala,
ich tappe im Dunkeln umher.
Oh Shridhara, der du alle vierzehn Welten durchdringst,
öffne deine Augen und befreie mich von meinem Leid.

Eine junge Frau meditierte in Ammas Nähe. Amma zeigte auf sie und sagte: „Diese Tochter möchte auch hier im Ashram leben. Obwohl sie verheiratet ist, will sie nicht mehr nach Hause gehen. Sie ist zu ihren Eltern zurück gekehrt. Die Familie ihres Mannes erlaubt ihr nicht, ihr eigenes Kind zu sehen. Jetzt ist sie nicht mehr an ihrem Mann oder Kind interessiert. Amma hat sie gebeten, etwas zu warten. Ihre momentane Loslösung rührt aus ihrer Enttäuschung und nicht aus wahrem Verstehen. Sie braucht die Loslösung, die sich aus wahrem Begreifen der spirituellen Prinzipien ergibt; ansonsten wird sie das Ashramleben nicht durchhalten."

Ein Anhänger prüft Devi

Die Glocke läutete zum Mittagessen. Nachdem Amma den paar noch verbleibenden Leuten Darshan gegeben hatte, ging sie in Begleitung einiger Anhänger zur Eßhütte. Amma gab selbst das Essen aus und blieb dort, bis fast alle fertig gegessen hatten. Als sie gegangen war, drehte sie sich nach ein paar Schritten plötzlich um und kehrte zurück. Sie ging auf einen Mann zu, der noch vor seinem Teller saß, nahm einen Reisball, den er auf seinem Teller zur Seite gelegt hatte und steckte ihn in ihren Mund. Daraufhin wurde der Mann von seinen Gefühlen übermannt. Unter strömenden Tränen sang er immer wieder: Kali, Kali, Kali..." Amma setzte sich an seine Seite und strich liebevoll über seinen Kopf und Rücken. Schließlich stand sie auf und ging auf ihr Zimmer.

Für diesen Mann war Ammas ungewöhnliches Verhalten von großer Bedeutung. Er war geschäftlich von Kalkutta nach Cochin gereist, und er hatte durch einen Freund von Amma gehört. Da er wie viele Bengalis die göttliche Mutter verehrte, hatte die Beschreibung seines Freundes von Ammas Devi Bhava ihn sehr angesprochen. Daher entschloß er sich, ihr vor der Rückkehr nach Kalkutta einen Besuch abzustatten. An diesem Morgen war er mit seinem Freund im Ashram eingetroffen und hatte in der Hütte Ammas Darshan empfangen. Als Amma etwas später das Mittagessen ausgab, formte er einen Reisball und legte ihn auf seinem Teller zur Seite mit dem Gedanken: „Wenn Amma wirklich Kali ist, wird sie den Reisball nehmen und essen. In diesem Fall bleibe ich heute Nacht hier, um am Devi Bhava teil zu nehmen. Ansonsten fahre ich gleich nach dem Mittagessen ab." Als Amma nach der Essensausgabe den Speisesaal verließ, sank sein Herz und ein Gefühl der Verzweiflung übermannte ihn. Aber nachdem sie einen Augenblick später wieder erschien und den Reisball zu sich nahm, den er für Kali beiseite gelegt hatte, verlor er völlig seine Fassung. Die Wolken, die sich in ihm zusammen gezogen hatten, ergossen sich in Tränen. Er blieb zum Devi Bhava, während sein Freund am Nachmittag heimkehrte.

Anweisungen für Jünger

Am Nachmittag regnete es. Um vier Uhr ging Amma zum Lager und begann, es mit einigen Brahmacharis zu reinigen. Draußen im Regen errichteten Neelakantan und Kunjumon auf der Nordseite des Ashrams einen Zaun.

„Bleibt nicht im Regen draußen, Kinder!" rief Amma zu ihnen hinaus.

„Es ist o.k., Amma. Unsere Arbeit ist fast fertig!" antworteten sie und legten an Tempo zu. Als Amma das sah, meinte sie: „Weil ihr eure Arbeit Amma darbringt und sie mit so viel Freude, Ernsthaftigkeit und Hingabe ausführt, werdet ihr kein Fieber bekommen. Anders verhält es sich bei Menschen, die mit halbem Herzen für jemand anderen arbeiten."

Ein paar Brahmacharis, die den Regen gemieden hatten, tauschten beschämt Blicke aus.

Eine Brahmacharini hatte ihre Aufgabe, Feuerholz zu sammeln, vernachlässigt. Eine Ashrambewohnerin hatte sich bei Amma darüber beschwert, daß das Kochen aus Mangel an Feuerholz schwierig geworden war.

Amma: „Amma hat kürzlich diese Tochter daran erinnert, daß Feuerholz gebraucht würde, aber trotzdem hat sie noch keines gebracht. Wo bleiben ihr Respekt und ihre Hingabe? Amma ist nicht der Ansicht, daß jeder sie respektieren bzw. achten solle.

Aber wenn man ein Kanu herstellt, wird das Holz erhitzt, um es zu biegen; nur dadurch wird die Formgebung eines Kanus möglich. Ähnlich verhält es sich mit uns: Wir wandeln uns zum Besseren, wenn wir uns aus Ehrfurcht und Hingabe vor dem Guru „biegen" (beugen). Ansonsten gedeiht lediglich das Ego, und wir entwickeln überhaupt keine Spiritualität. Demut und Gehorsam sind für die Entwicklung eines Sadhaks wesentlich."

Als Amma mit der Zurechtweisung der Brahmacharini geendet hatte, brachte eine weitere Bewohnerin Beschwerden über sie hervor.

Amma: „Tochter, dieses Kind war ungehorsam, aber wir sollten ihr nicht böse sein. Wir sollten niemals jemanden aus Feindseligkeit heraus beschimpfen oder kritisieren, sondern es ausschließlich für den Fortschritt dieser Person tun. Schimpfen oder kritisieren wir aus Ärger oder Eifersucht, begehen wir einen viel größeren Fehler, wodurch unser Geist (mind) nur unreiner wird. Ein Sadhak sollte sich niemals dazu hinreißen lassen. Ein wichtiger Aspekt des Sadhana besteht darin, in anderen nur das Gute zu sehen. Nur dann wird die Negativität in uns enden.

Wenn wir andere mit Liebe kritisieren, mit ausschließlich ihrer Besserung im Sinn, wird es sie vom Falschen zum Richtigen führen. Geht es uns jedoch nur ums Fehlerfinden, so verunreinigt es unseren eigenen Geist und stärkt außerdem noch die Feindseligkeit des anderen und ermutigt zu weiteren Fehlern. Kinder, beachtet von niemandem die Fehler! Spricht jemand zu dir über die Schwächen eines anderen, weise auf dessen gute Eigenschaften hin, ohne dich mit den Fehlern zu befassen. Sage zu der kritisierenden Person: 'Du findest bei ihm Fehler, aber besitzt er nicht diese und jene guten Eigenschaften?' Dann wird der Betreffende automatisch mit seiner Kritik aufhören und nicht mehr mit schlechter Rede über andere an dich heran treten. Auf diese Weise bessern wir uns selbst und helfen dem anderen, die

Gewohnheit des Fehlerfindens aufzugeben. Stimmt es nicht, daß Metzger und Alkoholgeschäfte nur bestehen können, weil Leute dort einkaufen? Nörgler verändern ihre Natur, wenn ihnen niemand zuhört."

Es war Zeit für Bhajans. Amma begab sich zum Kalari und das Singen begann. Im Verlaufe der Bhajans brach ein Gewitter aus und heftiger Regen ging nieder. Der Donner klang wie Trommelschläge in Begleitung zu Shivas *Tandava*-Tanz.

Mittwoch, den 18. Juni 1986

Die Mutter, die ihre Kinder weinen sehen möchte

Es war elf Uhr vormittags. Amma befand sich mit allen Brahmacharis im Meditationsraum. Sie schimpfte mit ihnen wegen ihrer mangelnden Aufmerksamkeit gegenüber ihrem Sadhana. Am Ende empfahl sie: „Meine lieben Kinder, ruft Gott eindringlich! Amma schimpft nicht aus Verärgerung mit euch. Ihr Herz ist voller Liebe für euch; zeigt sie euch jedoch nur Liebe, so entwickelt ihr euch nicht weiter. Außerdem gehen eure Sünden auf Amma über, wenn sie euch tadelt.

Kinder, bindet euch nicht an äußerliche Liebe. Wer ein weltliches Leben führt, hat seine Liebe nach außen hin zu zeigen, weil nur so die anderen sie erkennen. Im weltlichen Leben hängt jedermanns Seelenfrieden von äußerer Liebe ab. Ohne sie entstehen Disharmonie und Unfrieden. Im spirituellen Leben hingegen finden wir Beglückung in uns selbst.

Wenn man an der Einstellung festhält, nach Liebe nur in der äußeren Welt zu suchen, ist es unmöglich, den göttlichen Wesenskern in sich selbst zu finden. Nur wenn man diesen verwirklicht, ist wirkliche Zufriedenheit möglich. Lebst du in deinem eigenen Heim, bist du frei in deinem Leben darin. Gehört es dir nicht und die Miete wird nicht pünktlich entrichtet, werden der Besitzer und seine Leute kommen, und es gibt für dich ein Ärgernis. Amma ist glücklich, wenn ihr die Glückseligkeit in eurem Inneren findet und traurig, wenn sie sieht, daß ihr von ihrer äußeren Liebe und äußeren Dingen abhängt, da es euch später Kummer bringen wird.

Zeigt Amma zu viel Liebe, entsteht ein Problem, weil ihr dann eure Aufmerksamkeit nur auf diese äußere Mutter richtet, statt nach innen zu schauen. Zeigt Amma jedoch etwas Ärger, wendet ihr euch nach innen mit dem Gedanken: 'Oh Gott, was habe ich falsch gemacht? Gib mir die Kraft, gemäß Ammas Wünschen zu handeln. Dadurch konzentriert ihr euch auf euer eigenes inneres Selbst. Amma hört den Kummer von Tausenden von Menschen, die leiden, weil sie auf äußere Liebe hereingefallen sind. Niemand liebt jemand anderen mehr, als sich selbst.

Außerdem hat Amma Millionen von Kindern. Machst du dich nur von ihrer äußeren Liebe abhängig, fühlst du Eifersucht bei liebevollem Verhalten gegenüber anderem. Die äußere Amma, die ihr jetzt seht, gleicht der Reflexion einer Blume in einem mit Wasser gefüllten Kessel. Du kannst diese Blume niemals besitzen, da es sich lediglich um ein Bild handelt. Um die Wahrheit zu verwirklichen, ist es notwendig, das Wahre zu suchen. Zuflucht zu einer Spiegelung zu nehmen ist unzureichend: Man muß Zuflucht zur Wirklichkeit nehmen. Liebt ihr Amma, so sollte dabei ein Bewußtsein des wahren Prinzips vorhanden sein. Bei vollem Verständnis für das reale Prinzip hängt sich der Geist nicht an irgend etwas Äußeres. Also Kinder, bemüht euch darum, nach innen zu schauen, während ihr unter Ammas Schutz steht. Nur auf diese Weise werdet ihr fähig, euch für immer am Zustand der Seligkeit zu erfreuen.

Amma ist betrübt darüber, daß ihre Kinder sich nicht genügend anstrengen, sich aufs Göttliche zu konzentrieren. Ruft mit aller Intensität nach Gott, nur dadurch richtet sich der Geist ausschließlich auf das Eine. Nichts ist möglich ohne Hingabe an Gott. Ein wahrer Gläubiger sehnt sich nicht einmal nach Befreiung. Hingabe steht noch über Befreiung. Durch liebende Hingabe erfährt man ständig die Beglückung der eigenen Liebe für Gott. Wofür braucht man dann noch Befreiung? Der Gott Liebende befindet sich ununterbrochen in Glückseligkeit während er in dieser Welt weilt; warum sollte er dann an eine andere denken?"

Amma zeigte eine Fingerspitze. „Angesichts von Bhakti (Hingabe) ist *mukti* (Befreiung) nicht mehr als das."

Amma nahm einen Schluck von dem Kaffee, den ein Brahmachari ihr vorgesetzt hatte. Mit der Tasse in der Hand erhob sie sich, und goß jedem etwas Kaffee in den Mund. Dabei flüsterte sie jedem ins Ohr: „Mein Kind, rufe und weine nach Gott! Rufe unter Tränen nach Gott, mein Kind!"

Als alle Prasad erhalten hatten, setzte Amma sich wieder und begann Meditations-Hinweise zu geben. „Kinder, betet mit sehnsüchtigem Herzen. Laßt den Geist fest auf Paramatman ruhen, ohne ihn umher wandern zu lassen. Bete: 'Oh, höchstes Selbst, entferne den Beschlag auf meinem inneren Spiegel! Zeige mir deutlich mein wahres Gesicht im Spiegel!" Schweifen die Gedanken umher, hefte sie wieder auf die heiligen Füße deiner geliebten Gottheit."

Die Brahmacharis begannen zu meditieren. Mit dem Widerhall von Ammas Worten in ihrem Geist, fiel ihnen die Meditation leicht. Ihr Geist wurde still, denn sie brauchten sich nur mit ihren inneren Augen an der Gestalt des göttlichen Wesens zu erfreuen, dessen physische Verkörperung sie gerade mit ihren äußeren Augen gesehen hatten.

Mittwoch, den 25. Juni 1986

Vorübergehende Loslösung

Im Monat zuvor war ein junger Mann mit dem Wunsch gekommen, im Ashram leben zu dürfen. Anfänglich gab Amma nicht ihr Einverständnis. Als der junge Mann beharrlicher wurde, erklärte sie ihm: „Sohn, das spirituelle Leben ist nicht so leicht. Es ist schwierig, spirituelles Leben ohne wirkliche Unterscheidungskraft und Loslösung durchzuhalten. Nur wer das Ziel unter keinen Umständen aus den Augen verliert, kann es erreichen. Sohn, dein Herz hängt noch an deiner Familie, und deshalb ist Amma nicht sicher, wie lange du hier zu bleiben vermagst. Aber wenn du es so sehr möchtest, habe ich nichts dagegen, es auf einen Versuch ankommen zu lassen."

So hatte der junge Mann begonnen, im Ashram zu leben. Jeder schloß ihn ins Herz. Er hielt sich an die Ashramregeln, und er übte sein Sadhana mit intensiver Loslösung aus. Als ein Brahmachari letzteres Amma gegenüber erwähnte, entgegnete sie: „Pflanzen wir einen Baumsteckling, sprießen vielleicht bald ein paar neue Blätter. Das bedeutet jedoch noch nicht, daß der Steckling Wurzeln geschlagen hat, da diese Blätter bald wieder abfallen. Man sollte beobachten, ob danach weitere Blätter kommen. Ist das der Fall, können wir davon ausgehen, daß die Pflanze begonnen hat zu wachsen. Nur wenn die Pflanze Wurzeln geschlagen hat, entstehen die nachfolgenden Blätter."

Dann tauchten eines Tages der Vater und Bruder des jungen Mannes im Ashram auf. Der Vater sagte zu ihm: „Sohn, deine Mutter ist sehr unglücklich darüber, dich nicht sehen zu können. Sie ißt nicht richtig und spricht ständig von dir."

Die Augen des jungen Mannes füllten sich mit Tränen, und er bat Amma: „Darf ich nur einmal nach Hause gehen, um meine Mutter zu sehen?"

„Wie du wünschst, Sohn," lautete Ammas Antwort. Wie ein Arzt einem Patienten, der nicht mehr im Krankenhaus bleiben will, Medizin mitgibt, so fügte Amma dann hinzu: „Du solltest zu Hause ebenfalls etwas Japa ausüben, Sohn."

Heute - eine Woche später - als der junge Mann immer noch nicht zurück gekehrt war, fragte ein Brahmachari, der in Ammas Nähe saß: „Amma, warum verlieren so viele Menschen ihre anfängliche Loslösung?

Amma: „Die meisten beginnen mit einem Ansturm von Enthusiasmus. Viele von ihnen spüren zunächst etwas Loslösung. Erfolg jedoch tritt nur ein, wenn sie aufrecht erhalten werden kann. Sobald die anfängliche Begeisterung abklingt, zeigen sich nach und nach die latenten Vasanas (Gewohnheiten) zahlloser vergangener Leben. Dann richtet der Sadhak seine Aufmerksamkeit auf äußere Dinge. Intensive Bemühungen und große Opfer sind notwendig, um die Vasanas zu transzendieren. Die meisten verlieren den Mut, wenn ihnen mehr Schwierigkeiten als erwartet begegnen. Gewöhnlich bleibt der Fortschritt in ihrem Sadhana stecken, was Enttäuschung hervor ruft. Wer jedoch über wahres Lakshya bodha (Zielorientiertheit und Einsicht) verfügt, wird nicht aufgeben. Trotz der Hindernisse und Versagen bemühen sie sich stets erneut. Nur wer unbeirrt das letztendliche Ziel im Auge behält, ist fähig, ununterbrochene Loslösung zu bewahren."

Amma stand auf und ging in die Nähe der Küche. Dort bemerkte sie, wie ein Besucher aus dem Westen sich bemühte, seine Kleidung zu waschen. Nicht daran gewöhnt, Kleidung mit der Hand zu waschen, versuchte er, zuerst das ganze Stück Seife auf den großen Waschstein zu reiben. Sie beobachtete ihn eine Weile, dann ging sie zu ihm und zeigte ihm, wie man es macht.

Ein Brahmachari übersetzte Ammas Anweisungen ins Englische. Der Mann war hocherfreut darüber, daß Amma ihm beibrachte, wie man Kleidung wäscht.

Anschließend ging Amma auf die Darshanhütte zu. Auf dem Weg sah sie einen Brahmachari, der orange-farbene Kleidung trug.

Amma: „Sohn, du solltest das nicht tragen. Dafür bist du noch nicht bereit. Zeige der orangenen Farbe gegenüber Ehrerbietung wo immer du sie siehst, aber trage sie nicht. Orange steht für die symbolische Verbrennung des Körpers![48] Wenn wir diese Farbe sehen, sollten wir an die Abfolge der Rishis denken. Ehren wir jemanden, der diese Kleidung trägt, so ehren wir diese damit ebenfalls."

Ein Besucher aus dem Westen war bei diesem Gespräch zugegen. Als er von einem Brahmachari erfuhr, daß Amma über orangefarbene Kleidung sprach, fragte er, ob er sie nicht auch erhalten könne. Amma lächelte als Antwort. Aber er brachte sein Anliegen ganz ernsthaft erneut vor.

Amma: „Sohn, das ist nicht die Art von Kleidung, die man in einem Geschäft kauft. Dazu bedarf es erst der entsprechenden Reife."

Der Mann war immer noch nicht zufrieden. „Andere tragen sie, warum kann ich sie dann nicht auch haben?"

Amma: „Sohn, wirst du zu einer Frau durch das Tragen von Frauenkleidung? Wird eine Frau zu einem Mann, wenn sie sich wie ein Mann kleidet? Niemand wird zu einem Sannyasin, indem er ein Stück orangefarbenes Tuch nimmt und sich darin einhüllt. Die erste Voraussetzung besteht darin, seinen Geist in Orange zu tauchen. Hast du das getan, wird Amma dir das orangene Tuch geben."

---

[48] Dies bezieht sich darauf, das Körperbewußtsein im Feuer der Erkenntnis zu verbrennen.

Der Mann schwieg.

Br: „Manche Leute laufen nach einem Streit mit ihrer Familie fort und legen orangefarbene Kleidung an, nicht wahr?"

Amma: „Manche verlassen ihr Heim nach einem Streit, und wenn sie dann dem Hunger gegenüber stehen, legen sie die Sannyasinkleidung an, nur um etwas zu essen zu bekommen. Dann sieht man wiederum andere, die diese Kleidung tragen aus Verzweiflung darüber, daß ihre Frau sie verlassen hat. Das Gefühl der Loslösung ist gut, jedoch sollte der wirkliche Sinn begriffen werden; ansonsten ist das Tragen orangener Kleidung bedeutungslos. Heutzutage ist es schwierig, echten Sannyasins zu begegnen. Wir sollten heraus finden, ob das orangene Gewand von einem Gurukula gemäß der etablierten Riten verliehen wurde. Wahre Gurus geben nicht einfach orange, sondern schauen auf die Reife des Empfängers."

Erwartung, die Prüfung ohne lernen zu bestehen

Als Amma die Darshanhütte erreichte, verneigten sich alle und setzten sich. Eine Familie von Anhängern aus Pattambi war eingetroffen. Rajendran, der Mann, war Lehrer, und Sarojam, seine Frau, Näherin. Sie hatten zwei Kinder, einen Sohn in der achten Klasse und eine Tochter in der dritten.

Rajendran: „Amma, unsere Tochter lernt überhaupt nicht!"

Sarojam: „Sie meint, sie brauche nicht zu lernen, da Amma dafür sorge, daß sie durchkommt!"

Amma zog das Mädchen näher zu sich hin und streichelte sie liebevoll.

Amma: „Meine Tochter, werden nicht alle Amma die Schuld geben, wenn du nicht lernst? Wie willst du ohne zu lernen bestehen?"

Mit süßer, unschuldiger Stimme meinte das Mädchen: „Aber mein Bruder ist doch durch gekommen ohne zu lernen!"

Alle lachten.

Amma: „Wer hat dir das gesagt, Tochter?"

Mädchen: „Er selbst hat es mir erzählt."

Sarojam: „Amma, immer wenn wir sie auffordern zu lernen, ist das ihre Antwort. Sie sagt, daß du ihm während der Prüfung erschienen seist, dich neben ihn gesetzt und alle Antworten gesagt hättest. Als er nach Hause kam, behauptete er: 'Ich hatte überhaupt nichts gelernt. Ammaji hat mir alles gesagt'."

Rajendran: „Er sagt die Wahrheit, Amma. Er lernt nie, sondern spielt immer nur. Aber in der Prüfung bekam er gute Noten. Der Lehrer war erstaunt darüber."

Sarojam: „Jetzt ist dies Mädchen überzeugt davon, daß Ammaji auch sie durch die Prüfung kommen läßt." Amma lachte und gab dem Mädchen einen liebevollen Kuß. „Tochter, wenn du nicht lernst, spricht Amma nicht mehr mit dir. Versprich, daß du lernst!"

Das Mädchen gab ihr Versprechen, und Amma reichte ihr einen Apfel aus der Packung neben ihr. Das hübsche Gesicht des Mädchens strahlte vor Freude.

Spiritualität und Weltlichkeit

Ein Anhänger Ammas, Damodara Menon, kam heran und verneigte sich vor ihr.

Amma: „Oh, wen haben wir denn da? Mein Sohn Damu?" Herr Menon lächelte und senkte seinen Kopf in Ammas Hände hinein.

Amma: „Warst du ein paar Tage fort, Sohn?"

Damu: „Ich war unterwegs, Amma. Ich bin gerade aus Bangalore zurück gekommen. Ich war noch nicht einmal zu Hause. Ich bin in Kayamkulam aus dem Zug gestiegen, da ich zuerst Amma sehen wollte."

Amma: „Geht's den Kleinen gut, Sohn?"

Damu: „Dank Ammas Gnade gibt es zu Hause keine Probleme. Jedoch habe ich gerade einen Freund getroffen, um den ich mir Sorgen mache."

Amma: „Aus welchem Grund, Sohn?"

Damu: „Ich traf ihn in Bangalore. Wir waren einmal Kollegen. Er hat dann irgendwann seine Arbeit aufgegeben und sein Heim verlassen, um ein Sannyasi zu werden. Als er vor fünf Jahren zurückkam, trug er orange."

Amma: „Wo lebt dieser Sohn?"

Damu: „ Er war in einem Ashram in Rishikesh, aber als ich ihn dies Mal sah, hatte er sich völlig verändert: Kein orangenes Gewand mehr, keine Rudraksha-Kette, keine langen Haare und keinen Bart. Er sah gut aus. Vor vier Jahren hat er Sannyasa aufgegeben. Er verliebte sich in ein Mädchen, das häufig den Ashram besuchte und heiratete sie. Sie leben jetzt in Bangalore. Er hat eine Arbeitsstelle dort; aber aus seinen Worten schließe ich, daß er zutiefst enttäuscht ist.

Amma: „Wendet man sich vom spirituellen Leben ab und kehrt ins weltliche Leben zurück, leidet man als Resultat davon äußerlich und innerlich. Hat der Geist sich einmal auf spirituelle Gedanken ausgerichtet, kann er nicht wieder an weltlichen Dingen Gefallen finden; es entsteht nur Ruhelosigkeit. Die feinstoffliche Aura, die durch spirituelle Praktiken um den Körper herum entsteht, verhindert, an weltlichen Vergnügen Freude zu finden. Aus Mitleid wird die vom Sadhak bevorzugte Gottheit mitsamt den diese umgebenden Göttern die üblichen Schwierigkeiten und Leiden verdoppeln, um ihn dadurch zum spirituellen Leben zurück zu führen. Diese Probleme rühren nicht aus Gottes Mißfallen - es ist vielmehr sein Segen! Erhielte der Sadhak mehr Besitz und Glück, würde er fehl gehen und sein Ego größer werden. Dann müßte er sich immer wieder inkarnieren. Um das zu verhindern und seine weltliche Ausrichtung umzukehren, gibt Gott Leiden.

Ein Mensch, dessen Geist einen echten Geschmack von Spiritualität bekommen hat - selbst wenn es nur wenig war - kann kein Glück mehr in weltlichen Dingen finden. Heiratet ein Mann nicht das Mädchen, das er liebt, sondern eine andere Frau, so wird er mit ihr nicht glücklich werden, denn seine Gedanken werden bei dem geliebten Mädchen sein. Desgleichen wird ein Mensch, der sich mit Spiritualität befaßt, nicht länger im Reich der Materie Befriedigung finden können.

Da die Ehe schon geschlossen wurde, sollte dein Freund unbedingt sein Sadhana fortsetzen. Folgt ein Mensch dem Dharma eines Haushälters richtig, kann er ein erfülltes Leben führen. Durch beständige spirituelle Übungen ohne Unterbrechungen ist es möglich, Glückseligkeit in diesem Leben zu erfahren. Wer echte Liebe für Gott entfaltet, dessen Aufmerksamkeit zieht sich von physischen Vergnügen zurück, dessen Wünsche nehmen ab, was automatisch zu innerem Frieden führt. Begehren bedeutet Kummer und Leid. Wo Feuer ist, ist auch Rauch, und wo es Verlangen nach etwas gibt, gibt es auch Leid. Allerdings ist es unmöglich, ganz ohne Wünsche zu leben. Deshalb laßt uns diese alle auf Gott richten.

Bei regelmäßiger Ausübung von Sadhana lassen sich die spirituellen und weltlichen Aspekte des Lebens in vollkommener Harmonie miteinander verbinden. Um das zu erreichen, müssen die Handlungen in dem Bewußtsein ausgeführt werden, daß das Ziel des Lebens Befreiung ist. Das wird dich vor Weltlichkeit bewahren.

Des weiteren ist die Größe von Sannyasa etwas Besonderes. Ein Sannyasi hat die Möglichkeit, Gott zu kontemplieren und sich an Glückseligkeit zu erfreuen, ohne weltlichen Beschäftigungen nachgehen zu müssen. Selbst wenn er als Dienst gewisse

Tätigkeiten ausübt, wird er sie nicht als Last empfinden, da er nicht daran gebunden ist.

Ein Sannyasi ging einmal eine Straße entlang, als ein Mann ihn einholte und die Frage stellte: 'Swami, was ist Sannyasa?' Der Sannyasi drehte nicht einmal den Kopf, um ihn anzuschauen. Der Mann wiederholte jedoch hartnäckig seine Frage. Plötzlich hielt der Sannyasi inne, legte das Bündel ab, das er trug und ging weiter. Er war nur ein paar Schritte gegangen, als der Mann seine Frage wiederholte: 'Was ist Sannyasa?' Nun wandte sich der Sannyasi ihm zu und entgegnete: 'Hast du nicht gesehen, daß ich mein Bündel abgelegt habe? Sannyasa bedeutet, das Gefühl von „ich" und „mein" aufzugeben, und sich aller Habe zu entledigen.'

Der Sannyasi setzte seinen Weg fort. Der Mann folgte ihm weiterhin und fragte: 'Was kommt danach?' Daraufhin drehte sich der Sannyasi um und ging zu seinem Bündel zurück. Er hob es erneut auf seine Schulter und nahm den Weg wieder auf. Auch diese Geste verstand der Mann nicht, deshalb wiederholte er seine Frage. Im Weitergehen antwortete der Sannyasi: 'Siehst du dies'? So trägt man dann die Bürde der Welt. Jedoch nur wenn man allem entsagt, kann man die Last der Welt auf seine Schultern nehmen.

Gesetzt den Fall, du paßt auf ein wildes Tier auf, dann mußt du es ununterbrochen im Auge behalten, um sicher zu gehen, daß es nicht wegläuft. Läßt du es frei herumlaufen, mußt du ihm überallhin folgen, sonst könnte es entlaufen. Bei der Fütterung ist es notwendig, die ganze Zeit dabei zu bleiben. Du bist nie frei von Mühsal. Wer sich jedoch um einen Garten kümmert, braucht nur das Tor zu bewachen, um sicher zu gehen, daß niemand die Blumen stiehlt. Außerdem kann er sich am Duft der Blumen erfreuen. Ähnlich werden deine Gedanken dich ständig behelligen, wenn du weltlichem Leben nachgehst; sie werden niemals zur Ruhe kommen. Spiritualität hingegen erlaubt, sich der Schönheit und des Duftes des Lebens zu erfreuen. Es gibt keinen Aufruhr und keine Störung. Selbst wenn aufgrund des Prarabdha-Karmas Leid entsteht, wird es aufgrund der Selbstaufgabe nicht als solches empfunden. Sogar das Leid ist eine Art der göttlichen Gnade, die die Hand ausstreckt, um einen in den Zustand des Friedens zu erheben."

Mit gespannter Aufmerksamkeit hörten alle Ammas ausführlicher Beschreibung der Natur des spirituellen und materiellen Lebens zu. Als sie sich erhoben, leuchtete in ihren Gesichtern die neu gewonnene Erkenntnis über die Ausrichtung ihrer Lebensweise.

Samstag, den 28. Juni, 1986

War Krishna ein Dieb?

Amma befand sich in einer der Hütten mitten in einer Diskussion mit einem Brahmachari, der ein Verehrer Krishnas war.

Amma: „Dein Krishna ist ein großer Dieb! Ist nicht der Diebstahl in die Welt gekommen, weil er Butter stahl? Denk an all die Streiche, die er ausgeheckt hat!"

Dem Brahmachari waren Ammas Worte unerträglich. Tränen rannen über seine Wangen, als er protestierte: „So ist Krishna überhaupt nicht, Amma!"

Er weinte weiter wie ein kleines Kind. Amma wischte seine Tränen ab mit den Worten: „Was für ein Baby du doch bist! Amma wollte nur sehen, wie stark deine Bindung an den Herrn ist. Er war kein Dieb. Er verkörperte die Ehrlichkeit selbst. Mit seinen Streichen und dem Butterdiebstahl wollte er anderen Freude bereiten. Mit der Butter stahl er ihre Herzen. Nur der Herr konnte so etwas. Er tat niemals etwas für sich selbst. Er nahm die Butter nicht für sich selbst, sondern für die armen

Kuhhirtenkinder, die seine Gefährten waren. Gleichzeitig gelang es ihm, die Herzen der Gopis an Gott zu binden.

Zuvor hingen die Gopis an ihrer Arbeit. Sie waren darin vertieft, den Lebensunterhalt durch Verkauf von Milch, Butter und Joghurt zu verdienen. Indem er diese Dinge weg nahm, befreite er sie von ihrer Gebundenheit und konzentrierte ihren Geist auf sich. Obwohl er die Butter stibitzte, aß er sie nicht selbst, sondern gab sie den jungen Kuhhirten, wenn diese beim Küheweiden hungrig wurden. Auf diese Weise erreichte er gleich zweierlei: Er gab seinen hungrigen Gefährten zu essen und befreite den Geist der Gopis von dessen Verstrickung.

Der Herr war ein echter Revolutionär. Die modernen Revolutionäre möchten von denen, die etwas haben, nehmen und den Mittellosen geben. Um dieses Ziel zu erreichen, beabsichtigen sie allerdings, eine Menschengruppe auszuschalten. Das ist die materialistische Methode. Die spirituelle sieht anders aus: Krishna lehrte den Weg zur Rettung aller - der Reichen und der Armen, der Rechtschaffenen als auch der Nicht-Rechtschaffenen. Heute meinen die Leute, man solle den Hund töten, wenn er die Tollwut hat. Der Herr sagt jedoch, daß wir den 'tollwütigen' menschlichen Geist transformieren sollten. So sah seine Art der Revolution aus. Die Lösung liegt nicht im Töten, sondern im Wandel und in der Höherentwicklung des Bewußtseins. Der begrenzte, egoistische menschliche Geist sollte weit und allumfassend werden, voller Liebe und Mitgefühl. So lautet Krishnas Lehre für uns.

Selbst Krishnas Heirat beruhte nicht auf seiner eigenen Wahl. Er willigte in die Eheschließung ein, um diejenigen, die ihm am Herzen lagen, glücklich zu machen. Sein Ziel war, jeden die Seligkeit des Selbstes erfahren zu lassen. Um es zu erreichen, wandte er viele verschiedene Methoden an. Ein gewöhnlicher Geist kann sein Vorgehen nicht verstehen. Nur ein verfeinerter

Geist, der sich mit Kontemplation beschäftigt, kann etwas von der inneren Bedeutung seines Lebens erfassen.

Und nun sing einen Kirtan, Sohn!"

Das Gesicht des Brahmacharis leuchtete auf, und als er zu singen begann, bekam die Liebe in seinem Herzen Flügel.

Nilanjana miri neerada varna

Oh du, mit der Hautfarbe einer Regenwolke,
mit wässerigen blauen Augen,
du bist meine einzige Zuflucht bis in alle Ewigkeit.
Das ist die Wahrheit, Krishna,
denn nur du bist mein Beschützer.

Oh dunkler, schöner Krishna,
verspielt wie ein Kind, das unsere Herzen stiehlt,
angezogen vom Klang der Tambura Naradas -
oh ewig strahlender Krishna,
der du zu hingebungsvollen Liedern tanzt,
alle Gier zerstörst,
und der du ewiger Zeuge bist,
gewähre mir eine reine Schau deiner selbst.

Oh, der du Befreiung schenkst,
durch Maya betörst,
deinen Lotusfüßen dient die Menschheit -
oh Krishna,
erlöse mich von dieser weltlichen Existenz.

Während er sang, trafen weitere Brahmacharis mit Harmonium, Zimbeln und anderen Musikinstrumenten ein. Die Hütte war bald voll, so nahmen andere draußen Platz und fielen in den Gesang des Brahmacharis ein, der den Kirtan leitete.

Amma konnte das Lied nicht bis zu Ende singen. Von ihren Augen strömten Tränen. Langsam schloß sie ihre tränenerfüllten Augen und saß still da; dabei formte eine Hand ein Mudra. Wellen unermeßlicher Kraft gingen von ihr in dem göttlichen Zustand aus, in dem sie sich befand, und erweckten die Herzen der Anwesenden. Nach einer Weile öffneten sich ihre Augen, schlossen sich aber gleich wieder. Es schien, als wenn Amma darum rang, aus ihrem erhobenen Zustand zurück zu kommen. Bei früheren Anlässen war Amma während der Bhajans in Samadhi gegangen und erlangte erst nach Stunden ihr normales Bewußtsein wieder. Damals hatte sie gesagt: „Wenn das geschieht, solltet ihr Kinder Kirtans singen. Ansonsten könnte Amma Monate lang so sitzen, oder sie könnte zu einem *avadhut* werden." Sich an diesen Vorfall erinnernd, fuhren die Brahmacharis fort, Kirtans zu singen, bis Amma aus diesem Zustand heraus kam. Sie brauchte längere Zeit, um sich ihrer Umgebung wieder völlig bewußt zu werden.

Bhava Darshan

Am Abend saß ein Besucher aus Madras in Ammas Nähe; sein Name war Subrahmanian. Er bat sie, die Bedeutung des Bhava Darshans zu erklären.

Amma: „Sohn, die Menschen leben in einer Welt der Namen und Formen. Um sie zur Wahrheit zu führen, nimmt Amma diese Rolle an.

Ohne das beschränkte menschliche Bewußtsein gibt es keine Welt. So lange es vorhanden ist, existieren Namen und Formen. Sobald es verschwunden ist, hört die konkrete Welt auf zu sein. Wer diesen Zustand erreicht hat, braucht nicht mehr zu beten oder Japa auszuüben. Schlafen oder Wachen gibt es nicht mehr: Man hat kein Bewußtsein einer gegenständlichen Existenz - es gibt nur vollkommene Stille, Glückseligkeit und Frieden. Um diesen Zustand zu erreichen, muß man sich weiter entwickeln. Daher sind Methoden wie Bhava Darshan notwendig."

Subrahmanian: „Es gibt Leute, die es kritisieren, daß Amma ihre Kinder umarmt."

Amma: „Sohn, du solltest sie fragen: 'Hast du in deinem Alter den Mut, die Mutter zu umarmen, die dir das Leben geschenkt hat? Selbst wenn du es zu Hause vermagst, würdest du sie mitten auf der Straße umarmen?' In der Tat können sie es nicht aufgrund ihrer Hemmungen.[49] Aber solche Gefühle gibt es bei Amma nicht.

Eine Mutter fühlt große Liebe, Zärtlichkeit und Zuneigung für ihr Baby - kein physisches Verlangen. Amma sieht alle als ihre Babys. Das mag verrückt sein, und ihr könnt sie einsperren, wenn es euch so beliebt - aber es ist ihre Art, sich so zu verhalten. Wenn ihr wissen möchtet, warum sie die Menschen umarmt, so lautet die Antwort: Es ist der äußere Ausdruck ihres inneren Mitgefühls. Es fließt automatisch, wenn ihr zu ihr geht, so wie die Blätter rascheln, wenn der Wind einsetzt. So wie es die Natur einer Frucht ist, süß zu sein, so entsprechen mütterliches Empfinden und der Strom von Mitgefühl Ammas Natur. Was kann sie machen? Es ist sehr real für sie. Eine Kuh kann schwarz, weiß oder rotbraun sein, aber die Milch ist stets weiß. Ähnlich gibt es nur ein Selbst, nicht viele. Es erscheint nur für diejenigen so, die sich als individuelle Seele betrachten. Das ist alles, was es dazu zu sagen gibt, denn Amma fühlt die Unterscheidung nicht, darum sieht sie auch Männer und Frauen nicht als verschieden voneinander.

Woran es in der Welt heutzutage am meisten mangelt, ist selbstlose Liebe. Die Frau hat keine Zeit, den Sorgen des Mannes zuzuhören oder ihn zu trösten; und der Mann tröstet seine Frau nicht oder hört ihr nicht zu, wenn sie das Bedürfnis hat, ihm von ihren Nöten zu berichten. Menschen lieben einander für ihr

---

[49] In Indien ist es unüblich, sich in der Öffentlichkeit zu umarmen.

eigenes Glück. Keiner geht darüber hinaus und liebt jemanden so sehr, daß er bereit ist, eigene Annehmlichkeiten aufzugeben. Wir erleben bei niemandem die Opferbereitschaft, für andere das eigene Leben einzusetzen. Statt der Einstellung 'ich bin für dich da,' findet sich nur die Haltung 'du bist für mich da.' Amma ist ein solches Verhalten unmöglich.

Von ihrem Blickpunkt aus mag es Leuten eigenartig erscheinen. Aber das ist nicht Ammas Fehler. Sie mögen ihre eigene Art von Verrücktheit haben - dies ist Ammas Verrücktheit. Ein Kuhhirte sieht Gras als Viehfutter; ein Wanderheilkundiger betrachtet das selbe Gras als Medizin. Jeder bewertet die Dinge gemäß seinem Samskara. Dazu folgende Geschichte:

Ein Guru und sein Jünger gingen einmal auf eine Pilgerreise. Auf dem Weg mußten sie einen Fluß überqueren. Ein Mädchen stand weinend am Flußufer. Sie mußte auf die andere Seite, aber das Wasser war zu tief für sie. Der Guru zögerte nicht. Er hob das Mädchen auf seine Schultern, überquerte den Fluß und setzte sie am anderen Flußufer ab. Guru und Jünger gingen weiter. Als sie sich das Abendessen einnahmen, lag Betrübnis auf dem Gesicht des Jüngers. Der Guru bemerkte es und erkundigte sich: 'Was ist mit dir los?'

Der Jünger antwortete: 'Ich habe einen Zweifel. War es richtig, das Mädchen so auf der Schulter zu tragen?'

Der Guru lachte und entgegnete: „Nun, ich habe sie auf der anderen Seite des Flusses abgesetzt. Trägst du sie noch?'"

Subrahmanian: „Ich habe nun schon so viele Jahre Sadhana ausgeübt, aber immer noch keine besonderen Erfahrungen gehabt. Wie kommt das?"

Amma: „Wenn man zehn Gerichte vermischt, kann man sich dann am Geschmack irgend eines der Gerichte erfreuen? Geh voran mit nur einer Sehnsucht: Gott zu erblicken. Dann werden dir Erlebnisse zuteil."

Einige Jugendliche kamen für Ammas Darshan. Amma saß eine Weile mit ihnen zusammen und sprach mit ihnen über spirituelle Angelegenheiten. Schließlich verneigten sie sich vor ihr und erhoben sich. Vor dem Hinausgehen bat einer der jungen Männer: „Amma, bitte gib mir deinen Segen für einen stärkeren Glauben an dich!"

Amma: „Glaube sollte nicht blind sein, Sohn. Man sollte sorgfältig prüfen, woran man seinen Glauben hängt. Ihr seid alle jung. Beginnt nicht unüberlegt sofort mit dem Glauben. Was ihr seht, ist nicht Ammas wahre Natur. Sie ist eine verrückte Frau. Glaubt nicht blind daran, daß sie gut ist!"

Junger Mann: „Steht es dem Kind zu, zu entscheiden, ob die Mutter gut ist?"

Seine Worte lösten Lachsalven aus. Er war Amma erst gerade begegnet und fühlte sich ihr trotzdem schon so nahe! Aber wer könnte sich den Wellen der Zuneigung entziehen, die von Amma, dem Ozean der Liebe, ausgehen?

Dienstag, den 1. Juli 1986

Die in die Irre gehenden sind auch ihre Kinder

Amma und die Brahmacharis waren in Ernakulam gewesen. Gegen Mittag kehrten sie in den Ashram zurück. Viele der wartenden Anhänger verneigten sich, als Amma auf den Ashram zuging. Ohne ihr Zimmer für eine Ruhepause aufzusuchen, ließ sie sich auf der Veranda der Vedantaschule nieder und begann, Darshan zu geben.

Während eines Empfangs für Amma am Vortag hatten die Organisatoren einen Mann daran gehindert, Amma eine Girlande umzuhängen. Ein Brahmachari meinte zu dem Vorfall: „Der Mann war gestern völlig am Boden zerstört. Erst als Amma ihn rief und ihm etwas Prasad gab, fühlte er sich etwas besser. Es hätte ihn gebrochen, wenn Amma das nicht getan hätte. Die Organisatoren waren der Auffassung, daß man Amma kritisieren würde, wenn man einen Mann mit solch schlechtem Ruf zu ihr ließe.

Amma: „Bis jetzt mag dieser Mann viele Fehler gemacht haben, aber gestern kam er zum ersten Mal zu Amma. Wir sollten nur darauf sehen, wie er sich von nun an verhält. Licht benötigt kein Licht; es ist die Dunkelheit, die des Lichts bedarf. Würde Amma dieses Kind abweisen, was wäre sein Los? Aufgrund seiner Ignoranz hat er einige schlimme Fehler begangen, aber was Amma anbelangt, so ist er trotzdem einer ihrer Söhne. Ist irgend jemand hier, der noch nichts falsch gemacht hat? Der größte Fehler besteht darin, das Falsche zu tun, obwohl man weiß, was richtig ist. Wir praktizieren Spiritualität, um zu lernen, anderen ihre Fehler zu vergeben und sie zu lieben - nicht, um sie abzulehnen. Jeder kann andere ablehnen, jedoch jeden anzunehmen ist das Schwierige. Nur durch Liebe können wir andere von Falschem zu Richtigem führen. Verstoßen wir jemandem wegen seiner Fehler, wird er sie weiterhin begehen.

Der Weise Valmiki lebte im Wald und führte ein Leben mit Raub und Mord. Eines Tages wollte er gerade ein paar Weise, die durch den Wald kamen, ausrauben und töten. Sie reagierten mit Vergebung und behandelten ihn sehr liebenswürdig. Hätten die Weisen ihm gegenüber nicht jenes Mitgefühl gezeigt, hätte es keinen Valmiki[50] gegeben und auch kein Ramayana, das in so vielen Menschen die Dunkelheit vertrieben hat. Durch das Mitgefühl entstanden Valmiki als auch die Ramayana. Deshalb, Kinder, solltet ihr die Fehler anderer vergeben und ihnen liebenswürdig den Weg weisen. Bezieht euch nicht immer wieder auf

---

[50] Ratnadasan, wie Valmiki in seiner früheren Zeit als Räuber genannt wurde, wurde später der große Weise Valmiki, der Liebe und Mitgefühl verkörperte. Er schrieb das Ramayana, welches das erste Epos auf Sanskrit war und selbst heute noch die indische Kultur beeinflußt und inspiriert.

Fehler, die jemand in der Vergangenheit gemacht hat, das führt nur dazu, daß er weitere Fehler begeht.

Gestern sagte dieser Sohn zu Amma: 'Bis ich dir begegnete, konnte ich an nichts anderes als Selbstmord denken. Aber heute ist das alles verschwunden. Nun möchte ich plötzlich leben. Letzte Nacht habe ich sogar gut geschlafen! Ich war der Meinung, daß meine Familie immer zu mir halten würde - unter allen Umständen; aber als ich harte Zeiten durchmachte, hat mich einer nach dem anderen im Stich gelassen. Einige von ihnen wollten nichts mehr mit mir zu tun haben. Jetzt ist mir klar, daß nur Gott wahr und ewig ist. Hätte ich mich gleich mit Gott angefreundet, wäre nicht so viel Leid auf mich zugekommen.'

Kinder, laßt uns Zuflucht in Gott nehmen. Jeder, selbst ein sehr beschäftigter Geschäftsmann, kann eine Stunde am Tag die Gedanken auf Gott richten. Gott kümmert sich um diejenigen, die ihm vertrauen. In schwierigen Zeiten wird unsere bevorzugte Gottheit uns beistehen. Gott ändert sogar die Einstellung unserer Feinde zu unseren Gunsten. Aber wer braucht Gott heutzutage?"

Ein Besucher: „Ich habe gehört, daß letztendlich die ganze Welt den Hindu-Glauben annehmen wird."

Amma: „Das ist sehr unwahrscheinlich, jedoch die Mehrheit der Menschen wird die Prinzipien des *Sanatana Dharma* (der ewigen Religion) in sich aufnehmen."

Ein anderer Besucher: „Es muß so geschehen, denn die Menschen des Westens - die nie etwas annehmen, ohne es geprüft zu haben - können gar nicht anders, als Sanatana Dharma anzunehmen, das auf absolut logischen Grundsätzen beruht."

Amma: „Allerdings hat das Überprüfen seine Grenzen. Etwas ausschließlich nach Überprüfung glauben zu wollen, ist nicht sinnvoll. Glaube und Erfahrung stellen die grundlegenden Voraussetzungen dar."

Besucher: „Heutzutage genießen Mahatmas generell kein hohes Ansehen. Der Glaube beschränkt sich bei der Allgemeinheit auf Tempel."

Amma: „Das liegt an der mangelnden Wertschätzung der Schriften, bzw. der spirituellen Prinzipien. Der Mensch erbaut den Tempel, erschafft das Bildnis und stellt es auch auf. Und es ist wiederum der Mensch, der das Abbild der Gottheit verehrt und sich davor verneigt. Die Kraft eines Tempels geht von den Menschen dort im Verlaufe des Gottesdienstes aus. Flößt ein Mahatma einem Tempel Leben ein, so ist die Energie wesentlich stärker, da dieser das Göttliche voll in sich verwirklicht hat. Dennoch glauben die Leute nicht an die göttliche Kraft im Menschen. Über welche Kraft verfügt ein Tempel, wenn kein Mahatma ihm göttliche Lebendigkeit verliehen hat oder niemand dort Andachten abhält?"

Als der Besucherstrom anstieg, ging Amma in die Darshanhütte hinein. Ein Anhänger brachte eine Staude Kokosnüsse mit weichem Fleisch innen. Er legte sie vor der Hütte ab, bevor er eintrat und sich vor Amma verneigte.

Anhänger: „Das ist die erste Staude von unserer neuen Kokospalme. Von Anfang an hatte ich vor, sie Amma zu bringen."

Amma: „Haben sich die Leute nicht über dich lustig gemacht, als du sie im Bus transportiertest, Sohn?"

Anhänger: „Und wenn schon! Für Amma bin ich bereit, jede Menge Spott hinzunehmen. Darf ich eine der Kokosnüsse für dich öffnen, Amma?"

Amma war einverstanden. Der Mann ging mit der Kokosnuß zur Küche, und Amma setzte ihr Gespräch mit den Besuchern fort.

Das Heim sollte ein Ashram werden

Besucher: „Kann man als Grihasthasrami[51] Gott verwirklichen?"

Amma: „Ja, möglich ist es. Jedoch muß man dann ein echter Grihasthasrami sein, für den sein Heim ein Ashram ist. Aber wieviele gibt es davon heute? Ein wirklicher Grihasthasrami hat sein Leben in Gottes Hände gelegt und ist an nichts gebunden. Er ist nicht an irgendeine seiner Handlungen gebunden. Dharma ist für ihn das Wichtigste im Leben. Obwohl er mit seiner Familie zusammen lebt, weilen seine Gedanken stets bei Gott. Er vernachlässigt weder seine Frau und Kinder, noch den Dienst am Nächsten, denn er betrachtet dies als seine von Gott anvertraute Pflicht, der er mit großer Aufmerksamkeit nachkommt. Er hängt nicht an seinen Tätigkeiten, wie es allgemein bei den Menschen heutzutage der Fall ist.

Wer die spirituellen Grundsätze versteht, kann auch zu Hause ununterbrochen mit Sadhana beschäftigt sein. Allerdings ist das nicht so leicht, wie man sich vielleicht vorstellt. Läuft vor uns, während wir uns bemühen, eine Arbeit zu verrichten, der Fernseher, so endet das damit, daß wir fernsehen. Unsere Loslösung muß außergewöhnlich stark sein, um dieses Vasana zu überwinden. Es ist eine großartige Sache, wenn wir es vermögen, inmitten allen Familien-Prarabdhas nach Gott zu rufen. Viele von Ammas Kindern, die Haushälter sind, befassen sich regelmäßig mit Meditation, Japa und Archana. Viele von ihnen haben geschworen, nicht vor dem Archana zu essen oder zu schlafen. Wenn Amma an sie denkt, fließt ihr Herz vor Liebe über."

An die Brahmacharis gewendet, fuhr Amma fort: „Ihr Brahmacharis seid hier, um euch ganz der Welt zu widmen.

---

[51] Ein Grihasthasrami ist ein Haushälter, der in der Welt lebt und seinen Pflichten nachkommt, während er gleichzeitig ein wahrhaft spirituelles Leben führt.

Eurer Geist sollte völlig auf Gott ausgerichtet sein. Laßt keinen Raum für irgend einen anderen Gedanken. An eure Familie oder Freunde zu denken, schafft nur neue Vasanas. Man braucht nur in einem Raum voller Kohlen zu sitzen, damit der Körper sich mit Kohlenstaub bedeckt. In ähnlicher Weise wird Zuneigung zur Familie und die Bindung an sie das Bewußtsein des Sadhaks herunter ziehen."

Amma gab Devi Bhava Darshan. Die Brahmacharis saßen im Kalari-Mandapam und sangen Kirtans. Es schien, als wenn selbst die Natur auf Schlaf verzichtete und ganz in den Bann der Bhajans gezogen war. Der Besucherstrom hatte nicht nachgelassen, seit vor zwei Stunden der Darshan begonnen hatte.

Die Männer betraten den kleinen Kalari durch die linke Seite der geöffneten Tür und die Frauen durch die rechte. Sie verbeugten sich vor Amma, die auf einem Peetham (bettähnlicher Holzsitz) saß, und entlasteten sich zu ihren heiligen Füßen ihres Kummers. Jeder kniete vor ihr, legte den Kopf in ihren mütterlichen Schoß und wurde von ihr umarmt. Nachdem sie aus Ammas Händen Prasad und heiliges Wasser erhalten hatten, verließen sie tief erfüllt den Tempel. Zu ihren Füßen dargebracht, erhielt Amma die zahllosen Prarabdhas (laufendes Karma) ihrer Anhänger. Wie der heilige Ganges, der die Gefallenen erhebt, wusch sie mit dem Strom ihrer Liebe ihre Sünden weg. Gleich dem alles verzehrenden Feuergott Agni, reinigte Amma sie in ihrem heiligen Feuer, das Vasanas verbrennt.

Wie gewöhnlich erschrak Amma angesichts der Größe des Besucherstroms nicht. (In der Tat, je mehr Leute kamen, desto strahlender wurde ihr Gesicht.) Die unüberwindbare Gegenwart des Höchsten, der zahllose kosmische Reiche beschützt, strahlte durch sie hindurch. Trotzdem lachte sie gleichzeitig mit der Unschuld eines Kindes, das auch andere zum Lachen brachte.

Ein Mann betrat mit seinem vierjährigen Sohn den Kalari. Der Vater verneigte sich vor Amma. In dem Moment begann der Sohn, kindlichen Unfug zu treiben: Er trommelte auf dem Rücken des Vaters und zog an seinem Hemd. Als der Vater weiterhin demütig vor Amma kniete, nahm der Junge das als Einladung, auf dessen Rücken zu hüpfen und ihn wie einen Elefant zu reiten.

Amma amüsierte das Spiel des Jungen. Sie neckte ihn damit, heiliges Wasser auf sein Gesicht und seinen Körper zu gießen. Um dem Wasser auszuweichen, sprang das Kind zurück. Amma tat so, als stelle sie den Wassertopf weg. Sogleich kam der Junge wieder nach vorn, und Amma goß erneut Wasser über ihn, woraufhin er wieder zurück sprang. Dieser Spaß ging noch eine Weile weiter, und alle vergnügten sich daran. Als das Kind mit seinem Vater den Kalari verließ, war es völlig durchnäßt.

Jeder gemäss seinem Samskara

Der Devi Bhava endete um ein Uhr morgens. Die meisten Besucher gingen schlafen. Aber Amma, die Brahmacharis und ein paar der Verehrer Ammas von außerhalb blieben auf, um die Ziegel, die am nächsten Morgen für den Bau des Hauptgebäudes gebraucht würden, an die entsprechende Stelle zu bringen. Da Regenzeit war, flossen die „Backwaters" um den Ashram herum über, und der Vorplatz des Ashrams stand voller Wasser. Eine junge Frau aus Delhi befand sich unter den Helfern. Sie war am Vortag mit ihrer Mutter eingetroffen und Amma zum ersten Mal begegnet. Als die Frau einmal begonnen hatte, mit den Brahmacharis zu sprechen, hörte sie nicht wieder auf. Den Brahmacharis war das unangenehm. Schließlich ging sie fort. Nach beendeter Arbeit ließ sich Amma mit einigen ihrer Kinder auf der Südseite des Kalaris nieder. Die Brahmacharis berichteten Amma von der übertriebenen Vertraulichkeit der jungen Frau.

Br: „Sie redet zu viel und weiß nicht, wie man mit Menschen spricht. Als sie mich sah, meinte sie, ich erinnere sie an ihren Mann. Ich hätte ihr ins Gesicht schlagen können, als sie das sagte!"

Amma: „Sohn, es handelt sich um eine Schwäche in ihr, die auf Unwissenheit beruht. Aber du hättest die Stärke aufbringen sollen, die aus Weisheit rührt. In einer solchen Situation solltest du nach innen schauen. Beim kleinsten Anzeichen von Schwäche heißt es Abstand zu gewinnen. Bei wirklicher Reife ist man imstande, den Menschen angemessenen Ratschlag zu erteilen. Sich zu ärgern bringt nichts. Die Frau brachte einfach nur ihr Samskara zum Ausdruck. Sie verfügt über keine spirituellen Kenntnisse. Du hingegen solltest das Samskara haben, ihr die notwendigen Hinweise hinsichtlich korrekten Verhaltens zu geben. Bevor wir uns daran machen, jemanden zu bestrafen, sollten wir deren Kultur, sowie die Umstände unter denen sie aufgewachsen sind, bedenken. Durch sanfte Wegweisung können wir ihr Unwissen beseitigen."

Umgang mit Frauen

Besucher: „Sagte Sri Ramakrishna nicht, daß ein Sadhak nicht mit Frauen sprechen und nicht einmal Bilder von ihnen anschauen sollte?"

Amma: „Wer einen Guru hat, braucht nichts zu befürchten. Es reicht, die Anweisungen des Gurus zu befolgen. Hat nicht Ramakrishnas eigener Jünger, Vivekananda, in den Vereinigten Staaten Frauen als Schüler akzeptiert? Am Anfang sollte ein Sucher jedoch von Frauen so viel Abstand wie möglich halten. Er sollte nicht einmal das Bild einer Frau betrachten. Weibliche Sadhaks sollten die gleiche Distanz gegenüber Männern wahren. Entsprechende Wachsamkeit ist nötig. Während der Sadhanazeit ist es am besten, den Sinnen ganz zu entsagen und in Zurückgezogenheit zu verbleiben. Später trifft der Sadhak im Umfeld des Gurus auf verschiedene Situationen, deren Meisterung als Teil des Sadhanas zu betrachten sind. So ist es z.B. unmöglich, das Ziel zu erreichen, ohne über sexuelle Anziehungskraft hinaus zu wachsen. Ein Sadhak, der sich dem Guru hingegeben hat, ist dazu fähig. Wer keinen Guru hat, muß die äußeren Einschränkungen strikt befolgen, ansonsten besteht jederzeit die Gefahr zu fallen.

Ein Sadhak sollte im Umgang mit Frauen wachsam sein. Jedoch Frauen aus Furcht zu meiden bringt nichts. Letztendlich muß die Furcht wiederum überwunden werden. Wie sollte man Gott erreichen können, ohne die Geisteskraft zu entwickeln, alles zu transzendieren? Niemand erreicht Selbstverwirklichung, ohne zu lernen, das höchste Selbst in allen zu sehen. Aber während der Sadhana-Zeit sollte der Sucher näheren Kontakt mit Frauen vermeiden. Ein gewisser Abstand sollte gewahrt bleiben. Z.B. gilt es zu vermeiden, mit einer Frau ohne die Gegenwart anderer in einem Raum zu sprechen oder an einem menschenleeren Ort mit einer Frau allein zu sein. Ohne es überhaupt zu bemerken, findet man Gefallen an solchen Situationen, und wer nicht stark genug ist, erliegt ihnen. Wenn es unumgänglich ist, mit jemandem des anderen Geschlechts zu sprechen, bittet eine weitere Person hinzu zu kommen. In Anwesenheit eines dritten ist man achtsamer.

Die Kombination von Mann und Frau ist wie Benzin und Feuer: Benzin brennt, wenn es mit Feuer in Berührung kommt. Deshalb sollte man stets auf der Hut sein. Wenn du irgendeine Schwäche in dir fühlst, gehe in dich und frage: 'Was ist so attraktiv an einem Körper voller Urin und Exkremente?' Allerdings muß solche Aversion am Ende ebenfalls überwunden werden. Dann steht an, alles als den Formaspekt der Weltenmutter zu sehen. Bemüht euch, an Stärke zu gewinnen, indem ihr das alldurchdringende Bewußtsein in allen seht. Bis diese Kraft entwickelt ist, heißt es, äußerst achtsam zu sein. Das Gegengeschlecht ist wie ein Sog, der dich nach unten zieht. Es ist schwierig, solch hinderliche Umstände ohne ständiges Sadhana, Lakshya Bodha (feste Ausrichtung auf das Ziel) und insbesondere Ergebenheit an den Guru zu überwinden."

Ein Besucher: „Ist all das Ziegelschleppen, die anderen Arbeiten und Fahrten, die sie unternehmen, nicht erschöpfend für die Brahmacharis?"

Amma: „Selbst an Bhava-Darshan-Nächten tragen die Kinder nach dem Darshan Steine. Sie sind vielleicht ins Bett gegangen, nachdem sie den ganzen Darshan über Bhajans gesungen haben; und dann werden sie plötzlich zum Steinetragen gerufen. Amma möchte sehen, wie viele von ihnen über Selbstlosigkeit verfügen, bzw., ob sie ein Leben körperlicher Bequemlichkeiten führen. Bei solchen Anlässen läßt sich erkennen, ob ihnen ihre Meditation gut tut. Es ist unerläßlich, Hilfsbereitschaft gegenüber den Nöten anderer zu entwickeln. Was für einen Sinn hätte es ansonsten, Tapas zu üben?"

Besucher: „Amma, wird es eine Zeit geben, wo jeder auf der Welt gut ist?"

Amma: „Sohn, wo es Gutes gibt, existiert auch Böses. Nehmen wir einmal an, eine Mutter hat zehn Kinder. Neun von ihnen sind Prachtkinder, und nur eines ist übel. Das eine Kind reicht, um alle anderen zu ruinieren. Andrerseits sind durch dessen Anwesenheit die anderen gezwungen, Gott anzurufen. Es kann keine Welt ohne Gegensätze geben."

Es war schon spät in der Nacht. Da alle in Ammas Worte vertieft waren, hatte niemand bemerkt, wie die Zeit verstrich.

Amma: „Kinder, es ist sehr spät. Ihr solltet jetzt schlafen gehen. Amma sieht euch morgen."

Amma erhob sich. Ihre Anhänger verneigten sich vor ihr und standen ebenfalls auf. Amma wies allen Besuchern einen

Schlafplatz zu. Als sie Amma durch das Wasser des über-
schwemmten Geländes waten sahen, baten sie Amma, sie nicht
zu begleiten, da sie ihre Räume auch allein finden könnten.

Amma: „Mit dem ganzen Wasser wird es schwierig für euch
sein, Kinder, den Weg zu finden. Amma kommt mit."

Bis Amma ihnen ihre Zimmer gezeigt hatte und schließlich
auf ihr Zimmer ging, war es drei Uhr geworden. Bis zur Morgendämmerung blieb den Besuchern nur kurze Zeit zum Schlafen.

Donnerstag, den 10. Juli, 1986

Es war Bhava-Darshan-Tag. Den ganzen Morgen über trafen
Leute ein. Ungefähr um zwei Uhr nachmittags verneigte sich
Amma vor der Mutter Erde und wollte gerade die Hütte verlassen,
als erneut eine Gruppe eintraf. Mit einem gemieteten Bus waren
sie aus Nagercoil gekommen. Sie hofften, Amma am Nachmittag
begegnen zu können und anschließend gleich wieder heim zu
fahren.

Lächelnd setzte sich Amma wieder auf den (bettartigen) Sitz.
Die Neuankömmlinge kamen zu ihr vor und verbeugten sich.
Diejenigen, die einige Zeit in der Hütte gesessen hatten, machten
Platz für sie. Unter den gerade eingetroffenen Besuchern befanden
sich drei kleine Kinder, die gut singen konnten. Daher bat Amma
um ein Lied. Sie sangen:

Pachai mamalai...

Oh, ihr Leute von Srirangam,
wie ich die Süsse Achyutas (des Unveränderlichen) genieße.
Sein Körper gleicht einem üppigen, grünen Berg,
sein Mund ist wie Koralle
und seine Augen wie Lotuse -
es ist der Kuhhirtenjunge,

nach dessen Anblick sich die großen Seelen sehnen.
Ich liebe seine Süße mehr als den Geschmack des Himmels.

Nach Beendigung des Darshans für die Neuankömmlinge und nachdem sie einen Brahmachari damit beauftragt hatte, ihnen Mittagessen zu geben, ging Amma schließlich gegen drei Uhr auf ihr Zimmer. Dort fand sie einen Brahmachari vor, der auf sie wartete. Amma nahm auf dem Boden Platz und Gayatri servierte ihr das Mittagessen. Ein Stoß Briefe, der mit der heutigen Post gekommen war, lag neben ihr. Sie hielt die Briefe in der linken Hand und las sie beim Essen. Ohne Übergang beantwortete sie plötzlich die Frage des Brahmachari. Auch ohne vorherige Darlegung wußte sie, was er auf dem Herzen hatte.

Es sollte mit Konzentration meditiert werden

Amma: „Sohn, halte deine Gedanken bei der Meditation völlig auf Gott konzentriert und achte darauf, daß deine Aufmerksamkeit nicht abschweift und sich auf andere Dinge richtet. Du solltest ausschließlich an deine geliebte Gottheit denken. Entsprechende Loslösung von weltlichen Angelegenheiten muß dazu aufgebracht werden.

Ein Sannyasi saß einmal in Meditation, als ein Mann mit großem Tempo an ihm vorbei rannte. Dem Sannyasi mißfiel das sehr. Etwas später kam der Mann den selben Weg mit einem Kind an der Hand zurück. Der Sannyasi fragte ihn verärgert: 'Warum zeigst du nicht etwas mehr Rücksicht? Siehst du nicht, daß ich hier meditiere?' Sehr respektvoll antwortete der Mann: 'Es tut mir leid, ich habe sie hier nicht sitzen sehen.' Der Sannyasi daraufhin: 'Wieso, sind sie blind?' Der Mann entgegnete: 'Mein Sohn war mit einem Freund spielen gegangen, aber er kam nicht zurück, und es war mittlerweile schon geraume Zeit verstrichen. Ich befürchtete, daß er in den nahegelegenen Teich gefallen sein könnte. So lief ich so schnell wie möglich, um nach ihm zu schauen. Deshalb habe ich ihre Anwesenheit nicht bemerkt.'

Der Mann bat um Verzeihung, aber der Sannyasi blieb verärgert: 'Es war äußerst unhöflich von ihnen, mich bei der Meditation über den Herrn zu stören!' Der Mann antwortete darauf: 'Sie meditierten über den Herrn, konnten mich dabei aber vorbei laufen sehen, ich jedoch habe sie hier nicht sitzen sehen, als ich auf der Suche nach meinem Sohn an ihnen vorbei rannte. Es scheint mir, daß ihre Beziehung zu Gott nicht annähernd so stark ist, wie die meine zu meinem Kind. Was für eine Art von Meditation ist das dann? Außerdem, wenn sie über keinerlei Geduld oder Demut verfügen, was bringt dann das Meditieren?'

Unsere Meditation sollte nicht wie die des Sannyasi in der Geschichte sein. Wir sollten bei der Meditation fähig sein, uns ganz auf die geliebte Gottheit zu konzentrieren. Ganz gleich, was um uns herum geschieht, wir dürfen uns davon nicht ablenken lassen. Und wenn es doch passiert, so müssen wir darauf achten, die Aufmerksamkeit sofort zurück zu bringen und fest auf das Meditationsthema gerichtet zu halten. Üben wir uns ständig darin, werden unsere Gedanken nicht mehr abschweifen.

Wenn du dich zur Meditation hinsetzt, fasse einen Entschluß, für eine bestimmte Anzahl von Stunden weder die Augen zu öffnen, noch deine Gliedmaßen zu bewegen. Was auch geschieht, weiche nicht davon ab. Das ist wahres Vairagya."

Br: „Amma, es tauchen viele Gedanken auf und erzeugen ziemliche Ruhelosigkeit. Manchmal ist alles, was ich möchte, Gott zu sehen und ihn von ganzem Herzen zu lieben. Zu anderen Zeiten wünsche ich, die Geheimnisse des Universums kennen zu lernen; durch die Ausübung von Sadhana möchte ich sie entschleiern. Dann wiederum ist mir nach nichts von all dem, sondern ich wünsche, die mir inne wohnende Kraft zu erkennen. Aufgrund dieser verschiedenen Gedanken ist mein Sadhana instabil."

Amma: „Glaubst du nicht, bei Entdeckung deines Selbst gleichzeitig all jene Geheimnisse spontan zu verstehen? Was geschieht, wenn du dich auf deiner Suche nach den verborgenen Geheimnissen in ihnen verlierst? Bei einer Busfahrt kommen und gehen alle Anblicke. Desgleichen wird alles verschwinden, was du heute siehst. Folglich widme diesen Mysterien nicht deine Aufmerksamkeit, und laß keine Anhaftung an sie entstehen. Zahlreiche Fachleute bemühen sich, die Geheimnisse des Universums zu entziffern, aber bis jetzt ist es ihnen nicht gelungen, oder? Verwirklichst du aber Gott, so erschließt sich dir das ganze Universum. Deshalb nutze dafür alle dir zur Verfügung stehende Zeit. Gedanken an irgend etwas anderes sind nutzlos.“

Verehrung einer göttlichen Gestalt

Brahmachari: „Amma, ist Gott innen oder außen?“

Amma: „Nur aufgrund deines Körperbewußtseins denkst du überhaupt in Begriffen wie innen und außen. In Wirklichkeit existiert kein innen oder außen. Führt nicht das Ichbewußtsein zur Vorstellung eines getrennten 'Ich' und 'Du'? Allerdings läßt sich, solange das Ichgefühl anhält, nicht behaupten, die Trennung sei nicht real. Gott ist die lebendige Kraft, die alles durchdringt. Wenn man ihn sich außerhalb von sich selbst vorstellt, sollte es einem dabei bewußt sein, daß man visualisiert, was einem inne wohnt. Nichtsdestotrotz wird durch solche Hilfsmittel der menschliche Geist (mind) gereinigt.“

Br: „Es gibt eine besondere Macht, die das Universum lenkt, aber es fällt schwer zu glauben, daß es sich dabei um einen Gott mit einer bestimmten Gestalt handelt.

Amma: „Alle Arten der Kraft und Macht sind niemand anderer als Gott. Er ist der Allmächtige, der alles bestimmt. Akzeptierst du ihn als die Kraft hinter allem, wieso sollte dann diese alles steuernde Kraft nicht eine Gestalt annehmen können, die dem

Gläubigen gefällt? Warum fällt es schwer, daran zu glauben?" Mit großer Bestimmtheit in ihrer Stimme fuhr Amma fort: „Es gibt eine Urkraft in diesem Universum. Ich betrachte diese Kraft als meine Mutter - sie ist in der Tat meine Mutter. Selbst wenn ich hundertfache Wiedergeburt wähle, wird sie weiterhin meine Mutter sein und ich ihr Kind. Folglich sind Aussagen wie 'Gott ist formlos' unzutreffend.

Ohne eine Gottheit (einen Aspekt Gottes) gewählt zu haben, fällt es den meisten Menschen schwer, innere Ruhe zu wahren. Ihr solltet euch bemühen, die andere Seite mit eurer bevorzugten Gottheit als Brücke zu erreichen. Allein ist es unmöglich - man kann nicht hinüber schwimmen. Was willst du machen, wenn auf halber Strecke die Kraft ausgeht? Man braucht (unbedingt) eine Brücke. Der Guru wird mit dir sein und dir den Weg durch jede Schwierigkeit oder Krise weisen - den entsprechenden Glauben und Gottergebenheit solltest du aufbringen. Warum sich unnötiges Ringen bereiten? Lege jedoch die Hände auch nicht in den Schoß, nur weil jemand vorhanden ist, der dich führt und zur anderen Seite bringt. Du mußt große Anstrengungen machen.

Hat ein Boot ein Leck, reicht es nicht, da zu sitzen und Gott um die Reparatur des Loches zu bitten. Beim Beten sollst du dich auch bemühen, das „Loch" selbst zu stopfen. Man muß sich selbst anstrengen und gleichzeitig um Gottes Gnade bitten."

Br: „Wie lange wird es dauern, bis ich die Selbstverwirklichung erreiche?"

Amma: „Sohn, so leicht ist die Selbstverwirklichung aufgrund all der angesammelten negativen Tendenzen nicht. Was geschieht, wenn wir nach einer langen Reise die Kleidung waschen? Wir haben unterwegs keine Pause eingelegt, uns auch nicht irgendwo in den Dreck gesetzt - trotzdem ist die Kleidung bei der Wäsche arg verschmutzt! Desgleichen sammelt sich in dir unmerklich Schmutz an. Nicht nur mit der Last dieses Lebens bist du hierher gekommen, sondern auch mit dem, was du in Vorleben angesammelt hast. Es ist unmöglich, das Selbst zu verwirklichen, indem man nur einfach ein oder zwei Jahre mit geschlossenen Augen da sitzt. So schnell geht die innere Reinigung nicht vonstatten. Zunächst muß der Wald gerodet und das Gestrüpp beseitigt werden; erst dann kann man dort einen eigenen Baum pflanzen. Wie soll es möglich sein, mit noch unreinem Innenleben das Selbst zu erblicken? Auf einem verschmutzten Stück Glas läßt sich keine Beschichtung anbringen, um einen Spiegel daraus zu fertigen. Zunächst muß man reinen Geistes werden. Und in der Bemühung darum heißt es, alles in Gottes Hände zu legen."

Der Brahmachari verneigte sich und erhob sich. Amma beendete die Mahlzeit und ging, nachdem sie noch einige weitere Briefe gelesen hatte, nach unten zum Bhajanprogramm, das immer dem Bhava Darshan vorausgeht.

Ein leichter Regen setzte mit der Dämmerung ein. Im Verlaufe des Abends wurde er stärker, und am Ende des Bhava Darshans, um zwei Uhr nachts, goß es. Die Besucher suchten in der Vedantaschule und auf der Veranda des Kalari Schutz. Wo immer es möglich war, lagen schlafende Leute. Als Amma nach dem Devi Bhava den Kalari verließ, bemerkte sie, daß viele noch keinen Schlafplatz gefunden hatten. Sie führte sie zu den Hütten der Brahmacharis, wobei Gayatri sich bemühte, einen Schirm über Amma zu halten, um sie vor dem Regen zu schützen. Amma ließ in jeder Hütte drei oder vier Leute schlafen. Als sie jedem persönlich einen Platz zuwies, trocknete sie dessen Haare mit einem Handtuch. Im Fluß ihrer mütterlichen Liebe wurden alle zu kleinen Kindern.

Einer der Besucher erkundigte sich: „Amma, wo schlafen denn die Brahmacharis? Bereiten wir ihnen nicht viel Unannehmlichkeit?

Amma: „Sie sind hier, um euch zu Diensten zu sein. Diese Kinder sind gekommen, um Selbstlosigkeit zu lernen. Sie nehmen für euch gern ein bißchen Unbequemlichkeit auf sich."

Die Brahmacharis gingen zur Kalari-Veranda, um dort bis zur Morgendämmerung Platz zu nehmen. Drei Seiten der Veranda waren offen, und die Windstöße bliesen Regen hinein. An Schlaf war also nicht zu denken. Wenigstens würden sie nicht mehr lang bis zur Dämmerung ausharren müssen.

Amma entdeckte dann vier ältere Besucher, die noch eine Schlafgelegenheit brauchten. Sie führte sie zu einem Raum an der Nordseite des Kalari. Die Tür war verschlossen. Amma klopfte und zwei verschlafen drein schauende Brahmacharis öffneten die Tür. Sie hatten sich vor Beendigung des Darshans ins Bett gelegt und fest geschlafen; daher wußten sie von nichts.

„Kinder laßt diese Leute hier schlafen." Mit diesen Worten vertraute sie den zwei Brahmacharis die Besucher an und ging auf ihr Zimmer. Die Brahmacharis überließen ihre Betten den Gästen. Sie selbst setzten sich auf die Veranda des Meditationsraumes, und zwar dicht an den Eingang, wo sie dem Regen, der mittlerweile etwas nachgelassen hatte, nicht so ausgesetzt waren.

All die Brahmacharis waren gekommen, um in der Gegenwart der Verkörperung von Selbstlosigkeit zu leben. Sie hatten ihr Leben in ihre Hände gelegt. Und jetzt brachte sie ihnen in jedem Augenblick richtige Lebensführung bei.

Donnerstag, den 7. August, 1986

Vairagya

Gegen halb drei Uhr nachmittags kehrte Amma von der Darshanhütte auf ihr Zimmer zurück. Dort fand sie Brahmacharini

Saumya[52] auf sie wartend vor. Saumya, eine gebürtige Australierin, hatte die letzten Tage die Hoffnung gehegt, mit Amma sprechen zu können. Diese hatte sie für heute zu sich gebeten. Amma saß auf dem Boden, und Saumya stellte das Mittagessen vor sie hin.

Saumya: „Seit einiger Zeit habe ich den Wunsch, Amma einige Fragen zu stellen. Ist es jetzt recht?"

Amma: „In Ordnung, Tochter, frag."

Saumya: „Wenn ich das Gefühl habe, an etwas zu hängen und mich entschließe, es dann nicht zu erwerben oder anzunehmen, ist das Vairagya (Entsagung)?"

Amma: „Würde Anhänglichkeit an die Sache zu Unwirklichem führen, so ist deine Haltung Vairagya.

Es ist notwendig, die wahre Natur eines jeden Gegenstandes zu kennen. Uns muß klar sein, daß materielle Dinge kein echtes Glück verleihen können. Selbst wenn wir vorübergehende Befriedigung daraus gewinnen, führen sie letztendlich doch zu Leid. Bei vollem Verständnis nimmt unsere Leidenschaft für Dinge der Sinne automatisch ab. Es gelingt dann leicht, uns davon abzuwenden.

Ein Mann mit Vorliebe für Payasam wurde zur Geburtstagsparty eines Freundes eingeladen. Das Hauptgericht des Festes war Payasam. Darüber war er sehr erfreut. Er bekam eine große Schale mit dem süßen Reispudding und probierte etwas davon. Er war hervorragend. Der Reis war gerade mit der richtigen Menge Milch und Zucker gekocht worden. Weitere Zutaten waren Kardamom, Rosinen und Cashewnüsse. Als er gerade einen weiteren Löffel voll nehmen wollte, fiel ein Gecko von der Decke in seine Schüssel. Obwohl er so gerne Payasam mochte, schüttete er alles weg. In dem selben Augenblick, wo er wußte, daß der Gecko hinein gefallen und sein Payasam nicht mehr genießbar war, hatte er kein Interesse mehr an der Süßspeise.

---

[52] Swamini Krishnamritaprana.

Desgleichen werden wir fähig sein, selbst die Dinge zu meiden, die normalerweise sehr anziehend für uns sind, sobald wir begriffen haben, daß Abhängigkeit von den Sinnen uns nur Leid bringt. Selbstbeherrschung fällt dann leicht. Das ist Vairagya. Ein Kind, das nicht von der Giftigkeit einer Kobra weiß, würde vielleicht versuchen, sie zu ergreifen. Wir hingegen würden nicht auf den Gedanken kommen, oder?

Tochter, es ist besser, Loslösung von den Dingen durch Kenntnis ihrer guten und schlechten Seiten zu entwickeln, anstatt sich gewaltsam von ihnen abzuwenden. Auf diese Weise entsteht natürliche Selbstbeherrschung."

Saumya: „Es scheint mir, daß wirkliches Glück aus Entsagung entsteht, und nicht durch Abhängigkeit von Gegenständen, die genossen bzw. angesammelt werden."

Amma: „Du meinst, über den Dingen zu stehen, bringt Freude? Nein, das ist nicht der Fall. Glück wird aus höchster Liebe geboren. Was man braucht, um das Selbst, bzw. Gott zu verwirklichen, ist Liebe. Durch Liebe allein erfährt man völlige Loslösung."

Saumya: „Dann ist Entsagung gar nicht notwendig?"

Amma: „Tyaga (Entsagung) allein ist unzureichend. Fühlst du inneren Frieden, wenn du über jemanden verärgert bist? Stimmt es nicht, daß man völligen Frieden nur fühlt, wenn man liebt? Du freust dich über den Duft einer Blume. Läßt sich mit verschlossenen Nasenlöchern die gleiche Freude der Nasenlöcher empfinden? Genießt man den Zuckergeschmack nicht am meisten, wenn man ihn im Mund nachklingen läßt? Entsteht die Freude des Genusses durch Vairagya gegenüber Zucker? Nein, sie ist auf Liebe zurück zu führen.

Beim Anblick von Exkrementen hält man sich die Nase zu. Das ist Abneigung. Darin liegt weder Liebe noch irgendeine Freude. Die Abwendung von weltlichen Dingen läßt sich

212

Vairagya nennen, und man mag dabei denken: 'Alle Freude, die ich von außen bekomme, ist vorübergehend und wird mir später Leid bringen. Das Glück, das von weltlichen Dingen herrührt, ist unbeständig, währt lediglich einen Augenblick und ist daher unwirklich.' Um echtes Glück zu erfahren, ist es jedoch unzureichend, den illusionären Dingen der Welt mit Vairagya zu entsagen; darüber hinaus ist noch die Wirklichkeit durch Liebe zu erreichen. Das ist der Weg zur ewigen Seligkeit.

Es ist nicht notwendig, die trügerische, unwirkliche Welt abzulehnen. Von der ihr läßt sich lernen, wie man die reale, ewige Welt erreicht. Wir streben die ewige Welt an; jedoch nur durch Liebe können wir uns zu diesem Zustand hin ausdehnen. Geht der Mond auf, strömen alle Wasser der Seen und Ozeane der Erde ihm aus Liebe entgegen. Die Blume blüht, um sich der Berührung des Windes zu erfreuen. Auch dahinter steht Liebe. Was also schenkt uns Glückseligkeit? Nicht Loslösung, sondern Liebe."

Saumya (mit etwas Unbehagen): „Ich möchte nicht die Freude, die aus Liebe zu etwas herrührt."

Amma: „Der Sucher liebt nicht etwas von ihm Getrenntes, sondern sein eigenes Selbst, das alles um ihn herum durchdringt. Je mehr die Liebe für das Ewige wächst, desto stärker wird der Drang zur Erkenntnis des Ewigen. Lieben wir dies, entwickelt sich daraus echtes Vairagya.

Nehmen wir einmal an, wir erfahren, daß ein weit entfernt lebender Freund sich auf dem Weg zu uns befindet. Von dem Augenblick an, wo wir wissen, daß er kommt und jederzeit eintreffen kann, warten wir auf ihn - verzichten auf Schlaf und Essen. Geschieht es nicht aus Zuneigung zu ihm, daß wir warten, ohne uns um Essen oder Schlafen zu kümmern?"

Saumya: „Was sollte zuerst kommen, Selbstbeschränkung oder Liebe?"

Amma: „Echter Verzicht erwächst aus Liebe. Ohne Liebe kann diese Selbstbeherrschung nicht entstehen. Einschränkung ohne Liebe ist niemals von Dauer, da man ermüdet und zum ursprünglichen Zustand zurückkehrt. Sobald wir erfuhren, daß der Freund unterwegs ist, verzichteten wir auf Essen und Schlafen durch unsere Wiedersehensfreude. Dies geschah aus Liebe zu ihm, dadurch kam der Verzicht auf ganz natürliche Weise. Aufgrund unserer Liebe erschien es uns überhaupt nicht als Härte oder Opfer. Ist aber keine Liebe vorhanden, so empfindet man es als schlimme Härte. Verzichten wir auf eine Mahlzeit aufgrund von Einschränkungen, die wir uns selbst auferlegt haben, denken wir an nichts anderes als an Essen.

Um von etwas losgelöst zu sein, ist Liebe zu etwas anderem notwendig. Tochter, nur aufgrund deiner Liebe, die du dem Ziel der Selbstverwirklichung entgegenbringst, ist es dir möglich, hier mit einer Haltung der Geduld und Akzeptanz zu leben. Die Menschen hegen in ihrem Inneren Begierden, Wut, Gier, Eifersucht und Stolz. Wie ist es einigen dann möglich, diese negativen Eigenschaften zu beherrschen und mit einer Einstellung der Vergebung und Geduld hier zu leben? Es geschieht nur durch die Liebe zur Selbstverwirklichung. Ansonsten würden all jene negativen Eigenschaften hervor kommen. Aufgrund dieser Liebe können sie nicht in dir leben und gedeihen. Die Liebe zum Ziel hält alle diese Eigenschaften zurück.

Saumya: „Wenn das der Fall ist, warum mußt du dann so streng hinsichtlich der Einhaltung der Ashramregeln sein? Würde das nicht einfach spontan geschehen?

Amma: „Amma sagte nicht, daß Entsagung (Vairagya) überflüssig ist. Sie sollte praktiziert werden; jedoch nur durch Liebe wird sie vollkommen. Anfangs sind Einschränkungen absolut notwendig. Es leben hier jetzt ungefähr dreißig Entsagende. Alle wünschen Verwirklichung, sind jedoch Sklave des Körpers.

Sie möchten das Selbst erfahren, dennoch fällt es ihnen schwer, körperliche Bequemlichkeiten aufzugeben. Dadurch entsteht die Notwendigkeit, einige Regeln zu erlassen.

Muß jemand am frühen Morgen irgendwo hin gehen, wacht jedoch nicht auf, so müssen wir den Betreffenden aufwecken, nicht wahr? Sagen wir einmal, ein Kind möchte den Sonnenaufgang sehen. Doch durch den Einfluß körperlicher Bequemlichkeit, kommt es am Morgen nicht hoch. Dann weckt die Mutter das Kind auf.

Ihr solltet aufstehen und wach sein, bereit für die göttliche Morgendämmerung. Die Zeit wartet nicht auf euch. Meine Kinder kommen ihrer Pflicht jedoch nicht nach. Sind sie nicht wach, muß ihre Mutter sie aufwecken. Ansonsten würde sie sie ernsthaft täuschen. Amma ist der Auffassung, daß ihre Strenge in dieser Hinsicht ihre größte Liebeshandlung gegenüber ihren Ashramkindern ist."

Regeln sind in einem Ashram wichtig

Saumya: „Manchmal erscheinen die Ashramregeln sehr streng."

Amma: „Regeln sind notwendig in einem Ashram, in dem viele Menschen leben und eine große Anzahl an Besuchern kommt. Z.B. sollten die jungen Männer und Frauen nicht allzu frei miteinander sprechen. Wer im Ashram lebt, soll ein Beispiel für andere sein. Ferner haben nicht alle hier das gleiche Naturell. Die neu eingetroffenen Kinder verfügen noch nicht über so viel Selbstbeherrschung. Sie haben erst gerade mit ihrem Sadhana begonnen. Die Kinder hingegen, die von Anfang an hier waren, haben eine gewisse Selbstbeherrschung gewonnen. Die Neueren können mit ihren Zweifeln zu ihnen gehen, daran gibt es nichts auszusetzen. Amma ist jedoch der Meinung, daß es gewisse Grenzen geben muß. Es sollte nur das Notwendige gesprochen werden, nicht mehr.

Saumya: „Wir fühlen uns sehr wach an den Tagen, an denen du uns aufweckst, Amma!"

Amma: „Die Kinder, die Amma lieben und sich nach Verwirklichung sehnen, stehen am Morgen auf, ohne darauf zu warten, daß irgend jemand sie aufweckt. Wenn Amma in der Nacht zu ihrem Zimmer zurückkehrt, hat sie viele Briefe zu lesen. Selbst danach kann sie noch nicht zu Bett gehen, bevor sie sich nicht erkundigt hat, ob für den nächsten Tag genügend Gemüse, Reis, Geld usw. vorhanden ist. Fehlt es an irgend etwas, hat sie Anweisungen zu geben, was gekauft oder getan werden soll. Auch um die Besucher hat sie sich zu kümmern, darüber hinaus hat sie den Tagesablauf der Kinder hier zu bedenken und sich um ihre Bedürfnisse zu kümmern. Wie kann man nach all dem von ihr erwarten, in alle Räume zu gehen und jeden einzelnen von euch aufzuwecken?

Liebt man Amma, ist es nicht ausreichend, ihren Worten sorgfältig zu folgen. Amma zu lieben heißt, ihr zu gehorchen. Man muß einen Durst verspüren. Hast du einen Guru, wird deine Liebe für ihn und seine Institution, als auch deine Beziehung zu ihm, dir helfen, alles andere zu vergessen und zur Unendlichkeit hin zu wachsen. Nur wenn die Saat in den Boden eingeht, kann ein Baum daraus werden."

Saumya: „Amma, wie kommt es, daß du so wenig mit mir schimpfst?"

Amma: „Mache ich das nicht? Schimpfe ich im Kalari beim Devi Bhava nicht mit dir?"[53]

Saumya: „Nur wenig."

Amma (lachend): „Tochter, in dir sieht Amma nur den Fehler, daß du nicht früh am Morgen aufstehst. Nach harter Nachtarbeit gehst du ins Bett. Und verbringst du nicht den ganzen Devi Bhava stehend im Kalari? Ferner bemühst du dich sehr, das Ziel

---

[53] Swamini Krishnamritaprana dient Amma gewöhnlich beim Devi Bhava.

der Selbstverwirklichung zu erreichen. Du hast den Willen, regelmäßig der Routine im Ashram zu folgen. Du versuchst nie, ihr zu entkommen, indem du dich versteckst oder entfernst. Deshalb besteht kein Grund dazu, dich zurecht zu weisen."

Ausmerzen von Fehlern

Saumya: „Hier leben sowohl Männer als auch Frauen. Entspricht es nicht deinem Wunsch, liebenswürdig allen gegenüber zu sein?"

Amma: „Es ist nicht notwendig, zu allen hinzugehen und ihnen deine Liebe zu zeigen. Es reicht, keinerlei negative Gefühle zu haben - in keiner Weise. Echte Liebe bedeutet völlige Abwesenheit irgendwelcher negativer Gefühle irgend jemand gegenüber. Durch die Entfernung all solcher negativer Gefühle wird die Liebe, die immer in dir wohnt, aufleuchten. Dann gibt es keine Unterscheidungen mehr, kein Gefühl des Andersseins. Hast du beobachtet, wie Menschen, die sich gestern liebten, einander heute verachten? Das bedeutet, daß es sich nicht um wahre Liebe handelte. Wo Anhaftung vorhanden ist, gibt es auch Wut. Unser Ziel ist es, von beidem frei zu werden. Dann ist Liebe echt. Außerdem befassen wir uns mit selbstlosem Dienen; darin liegt die größte Liebe."

Saumya: „Ich bemühe mich darum, niemandem gegenüber negative Gefühle zu hegen."

Amma: „Anhaftung und Ablehnung sind nicht etwas, was wir einfach nehmen und ablegen können. Die Blasen im Wasser platzen, wenn wir versuchen, sie anzufassen. Es ist unmöglich, sie zu ergreifen. In der gleichen Weise ist es nicht machbar, Gedanken und Gefühle einfach aus uns hinaus zu werfen. Versuchen wir, sie zu unterdrücken, werden sie doppelt so stark und bereiten Schwierigkeiten. Nur mit Hilfe von Kontemplation können wir uns von unseren negativen Gefühlen befreien. Wir sollten unsere negativen

Tendenzen anschauen und durch gute Gedanken abschwächen. Sie lassen sich nicht mit Gewalt abstellen.

Gießen wir frisches Wasser in einen Becher mit Salzwasser und fahren damit fort, auch nachdem er voll ist, nimmt der Salzgehalt ab, und irgendwann schließlich haben wir ein Glas voll mit frischem Wasser. Ähnlich können wir üble Gedanken nur dadurch los werden, daß wir uns mit guten Gedanken füllen. Gefühle der Begierde und der Wut lassen sich nicht ausmerzen; wir können jedoch darauf achten, ihnen keinen Raum in uns zu geben. Wir sollten erkennen, daß wir Gottes Instrumente sind und somit die Haltung eines Dieners entwickeln.

Wir sollten uns sogar als Bettler betrachten. Ein Bettler kommt zu einem Haus, um Bhiksha (Essensgabe) zu erhalten. Es mag sein, daß die Leute in dem Haus sagen: 'Hier gibt es kein Biksha. Verschwinde! Warum kommst du zu uns?' Aber ganz gleich, was gesagt wird, er hält den Mund. Er denkt: 'Ich bin nur ein Bettler. Es gibt niemanden auf der Erde, mit dem ich meinen Kummer teilen kann. Nur Gott kennt mein Herz.' Unternähme er den Versuch, dies der Familie zu erklären, würden sie es nicht verstehen - das weiß er. Wenn also jemand ärgerlich auf ihn wird, geht er schweigend weg zum nächsten Haus. Sind auch diese verärgert, macht er sich wiederum ohne zu klagen auf zum benachbarten Haus. So sollten auch wir uns verhalten. Sobald wir die Haltung eines Bettlers annehmen, verschwindet der größte Teil des Egos. Wir haben dann das Gefühl, ausschließlich bei Gott Zuflucht zu finden. Dann fallen die negativen Vasanas (Neigungen) von selbst von uns ab. Lediglich durch die Bemühung, kleiner als das Kleinste zu werden, wird man größer als das Größte. Durch Kultivierung der Haltung, jedermanns Diener zu sein, wird man zum Meister der Welt. Nur wer bereit ist, sich selbst vor einer Leiche (*shava*) zu verneigen, wird zu Shiva."

Saumya: „Besitzt man etwas, was jemand hier braucht, ist es falsch, es zu geben?"

Amma: „Da du eine Brahmacharini bist, solltest du das nicht tun, Tochter. Du bist hergekommen, um Sadhana auszuüben. Möchtest du jemandem etwas zukommen lassen, so gib es ins Büro oder Amma. Amma wird es an die Person, die den Gegenstand benötigt, weiter reichen. Händigst du es persönlich aus, wird die Haltung 'ich gebe' vorhanden sein, und du entwickelst eine gewisse Bindung an diese Person. Gib daher nicht selbst. Bei Erreichen des Guru-Stadiums besteht kein Problem mehr, da keine weiteren Gedanken an die Person, der man gibt, entstehen. Im derzeitigen Entwicklungsabschnitt jedoch muß deine Liebe nicht äußerlich gezeigt werden - sie sollte im Inneren kultiviert werden. Ist keine Abneigung oder Feindschaft mehr vorhanden - so ist (wahre) Liebe da. Verschwindet jede Spur von Abneigung, werden wir zur Liebe selbst. Wir sind dann wie Zucker: Jeder kann kommen, sich davon etwas nehmen und an der Süße erfreuen, ohne dafür etwas zu geben.

Fällt eine Fliege in Sirup hinein, stirbt sie. In diesem Stadium entsprechen diejenigen den Fliegen, die mit einem Wunsch an dich heran treten - allerdings aus unreinem Motiv heraus, dessen du dir nicht bewußt bist. Sich an dich zu wenden, tut ihnen in keiner Weise gut. Sie ruinieren sich nur selbst, und für dich wäre es ebenfalls schädlich.

Eine Motte nähert sich einer Lampe auf der Suche nach Nahrung. Die Lampe ist dazu gedacht, Licht zu geben, aber die Motten kommen in der Absicht der Nahrungsaufnahme. Sie bezahlen den Versuch der Annäherung mit dem Leben. Möglicherweise verlischt auch die Lampe. Also sollten wir anderen nicht die Möglichkeit bieten, sich selbst und uns zu ruinieren. Wir sind voller Mitgefühl, aber diejenigen, die zu uns kommen, können ganz anders sein. Wenn du in Zukunft eine verantwortliche Stellung in einem Ashram oder Gurukula einnimmst, kann es vorkommen, daß sich Leute mit nicht ganz einwandfreien Absichten an dich wenden. Wenn du bis dahin ausreichenden Fortschritt gemacht hast, werden ihre unreinen Gedanken durch deine Liebe zerstört. Einem Waldfeuer kann es nicht einmal etwas anhaben, wenn ein Elefant hineinfällt.[54]

Saumya: „Also sollten wir viel Liebe in uns tragen, aber nicht zeigen?"

Amma: „Amma meint nicht, daß du sie nicht anmerken lassen solltest, sondern daß du dich gemäß dem Ashram-Dharma verhalten solltest. Achte stets auf die Umstände. Sehen die Gäste Brahmacharis und Brahmacharinis miteinander sprechen, werden sie anfangen, es nachzumachen. Sie kennen die Reinheit deines Herzens nicht. Außerdem bedeutet Liebe nicht, miteinander reden zu müssen. Echte Liebe heißt, keinerlei negative Gefühle in sich zu tragen - in keiner Weise."

Saumya: „Wir sprechen hier doch lediglich über spirituelle Angelegenheiten, bzw. über Fragen bezüglich der Lehren."

Amma: „Das wissen die Leute aber nicht, Tochter. Außenstehende sehen nur, daß eine Unterhaltung zwischen einem Brahmachari und einer Brahmacharini statt findet. Wann immer Menschen einen Mann und eine Frau miteinander sprechen sehen, mißdeuten sie es. So ist die Welt heutzutage."

(Aufgrund ihres Mitgefühls gab Saumya früher jedem, worum er bat. Viele Ashrambesucher hatten angefangen, sie um Geld für die Rückfahrt mit dem Bus zu bitten. Amma hatte Saumya verboten, weiterhin in dieser Weise zu geben, da einige Leute versuchten, sie auszunutzen. Außerdem verstieß es gegen die Ashramregeln, Bewohner um Geld zu bitten. Obwohl Saumya

---

[54] Hier symbolisiert das Feuer den fortgeschrittenen Sadhak, während der Elefant die unreinen Gedanken anderer repräsentiert.

zunächst darüber verstimmt war, konnten Ammas Erklärungen sie nun zufrieden stellen.

Wie man zwischen richtig und falsch unterscheidet

Saumya fuhr mit ihren Fragen fort:

„Bei einigen Angelegenheiten habe ich so gehandelt, wie ich es für richtig hielt, aber es erwies sich später als verkehrt, aber davon hatte ich zur Zeit der Ausführung keine Ahnung. Wie kann ich verkehrt und richtig unterscheiden, um angemessen vorzugehen?"

„Amma gibt den Kindern hier die Anweisung, daß Brahmacharis und Brahmacharinis im Anfangsstadium nicht miteinander sprechen sollten. Nach einer bestimmten Zeit der Ausübung von Sadhana ist es kein Problem mehr. Amma ist in diesem Verbot nicht so streng mit ihren westlichen Kindern, da sie aus einer anderen Welt kommen. In ihrer Kultur herrscht nicht die gleiche Unterscheidung zwischen männlich und weiblich.

Saumya: „Wenn wir aus unseren Handlungen die richtigen Resultate erhalten, weist das auf die richtige Einstellung, oder ergeben sie sich aus der äußeren Handlung selbst?"

Amma: „Die richtigen Ergebnisse beruhen auf der Reinheit unserer Motivation. Trotzdem haben wir auf die Tat selbst zu achten und zu beobachten, was daraus entsteht. Mit innerer Reinheit zu handeln, erfordert Übung."

Saumya: „Vergibt Gott uns die begangenen Fehler?"

Amma: „Er verzeiht bis zu einem bestimmten Punkt, aber nicht darüber hinaus. Er vergibt uns jegliche unbewußt begangenen Fehler. Wissentlich falsch zu handeln, toleriert er jedoch über einen bestimmten Punkt hinaus nicht. Dann wird er uns strafen. Das Kleinkind nennt seinen Vater 'da-da'. Der Vater weiß, daß er gemeint ist und lacht darüber. Ruft das Kind ihn aber weiterhin so, wenn es alt genug ist, um die richtige Anrede zu kennen, lacht der Vater nicht mehr, sondern verpaßt ihm einen

Klaps. Desgleichen bestraft uns Gott mit Sicherheit, wenn wir wider bestem Wissen falsch handeln. Doch selbst diese Strafe ist eine Art der Gnade. Es ist möglich, daß Gott einen Gläubigen selbst für einen kleinen Fehler bestraft, damit er einen ähnlichen Fehler nicht noch einmal begeht. Solche Strafe rührt aus Gottes grenzenlosem Mitgefühl, und zielt auf die Rettung des Betreffenden ab. Die Strafe entspricht dann einem Licht im Dunkeln

Ein Junge hatte die Angewohnheit, über einen Stacheldrahtzaun zu springen, um zum Nachbarhaus zu gelangen. Seine Mutter warnte ihn: 'Sohn, klettere nicht über den Zaun, denn wenn du rutscht, wirst du dich verletzen. Nimm den normalen Weg, auch wenn es etwas länger dauert.' 'Bis jetzt ist mir nichts passiert!' protestierte der Junge, und er änderte seinen Weg nicht. Eines Tages fiel er bei seinem Sprung über den Zaun und verletzte seinen Fuß. Weinend rannte er zu seiner Mutter, die ihn liebevoll tröstete, seine Wunde versorgte und ihm verbat, weiter seine Abkürzung zu nehmen. Aber der Junge gehorchte ihr nicht, rutschte wieder aus, fiel in den Zaun und schnitt sich. Erneut lief er unter Tränen zur Mutter, die ihn dieses Mal jedoch versohlte, bevor sie Medizin auf seine Wunden auftrug.

Hätte der Junge beim ersten Mal wirkliche Schmerzen verspürt, hätte er seinen Fehler nicht wiederholt. Beim zweiten Mal gab ihm die Mutter nicht aus Verärgerung Prügel, sondern aus Liebe. Ähnlich ist die Strafe Gottes, die er uns aus Barmherzigkeit zukommen läßt, dazu gedacht, uns von weiterem Fehlverhalten abzuhalten.

Viele Bleistifte haben auf einer Seite ein Radiergummi, damit wir unsere Fehler sofort ausradieren können. Machen wir jedoch immer an der selben Stelle Fehler, reißt schließlich das Papier."

Amma beendete die Mahlzeit, wusch sich die Hände und nahm wieder Platz.

Saumya: „Manchmal erscheint mir ein Gedankengang richtig, jedoch bald darauf denke ich, daß er falsch sein könnte. Dann kann ich mich für keine Handlungsweise entschließen. Ich bin immer im Zweifel darüber, ob etwas richtig oder verkehrt ist."

Amma: „Ist es einem nicht möglich, zwischen richtig und falsch zu unterscheiden, sollte man den Rat des Gurus oder einer anderen weisen Person einholen. Dadurch wird der richtige Weg klar. Es ist schwer, Fortschritte zu machen, ohne sich selbst zu überantworten, bzw. ohne Vertrauen in einen Menschen, der uns zum Ziel führen kann. Finden wir solch eine Seele, die uns die richtige Vorgehensweise zeigen kann, sollten wir uns in deren Hände geben und ihren Ratschlägen folgen. Gelingt es uns nicht, einen solchen Menschen ausfindig zu machen, so ist es ratsam, uns Wissen über das Lebensziel und den zu verfolgenden Weg durch die Lektüre von Büchern zu verschaffen. Bei ernsthafter Sehnsucht, werden wir mit Sicherheit einen Guru finden. Es reicht jedoch nicht, einen Guru gefunden zu haben, es steht an, sich ihm vollständig zu übergeben, so wir Fortschritte machen wollen. Wir können nicht weiter kommen durch Beschuldigung des Gurus, wenn er uns auf unsere Fehler aufmerksam macht oder uns zurecht weist."

Saumya: „Wie werden Wünsche zu Hindernissen für unsere spirituellen Übungen?"

Amma: „Nehmen wir einmal an, ein Rohr, an das ein Wasserhahn angeschlossen ist, hat viele Löcher. Dann wird nur ein schwacher Wasserstrahl aus dem Hahn kommen. Ähnlich erhalten wir bei Vorhandensein selbstsüchtiger Wünsche keine volle Konzentration auf Gott und kommen ihm nicht näher. Wie vermag jemand, der nicht einmal über einen kleinen Fluß schwimmen kann, den Ozean zu überqueren? Ohne alle Egoismen aufzugeben, ist es unmöglich, den höchsten Zustand zu erreichen."

Saumya: „Japa, Meditation und Gebet - welche dieser Praktiken beseitigt Vasanas am wirksamsten?"

Amma: „Gebet mit absoluter Konzentration reicht schon allein aus. Jedoch nur wenige Leute beten unablässig, außerdem mangelt es ihnen an Konzentration dabei. Deshalb verwenden wir andere Methoden wie Japa, Meditation und hingebungsvolles Singen. Auf diese Weise erhalten wir die Erinnerung an Gott kontinuierlich lebendig. Neu gesetzte Saat müssen wir düngen, regelmäßig gießen, vor Tieren schützen, sowie die Würmer und Insekten vernichten, die sie befallen. All diese Tätigkeiten geschehen zur Verbesserung der Ernte. Vergleichsweise dienen die verschiedenen spirituellen Übungen der Beschleunigung unseres Fortschritts auf das Ziel zu."

Saumya: „Amma hat mich gebeten, von sieben bis acht Uhr abends 'Om Namah Shivaya' zu singen; daher kann ich nicht an den Bhajans teil nehmen."

Amma: „Sorg dich darum nicht, Tochter. Amma wird jemand anderen bitten, diese Zeit zu übernehmen.

Amma sah auf die Uhr an der Wand. Es war viertel vor fünf. Sie schloß das Gespräch mit den Worten: „Es ist Zeit für Bhajans. Laß Amma jetzt ein Bad nehmen. Tochter, wann immer du Probleme hast, solltest du kommen und Amma davon berichten."

Saumya verneigte sich vor Amma. Ihr Gesicht leuchtete vor Freude über das lange Gespräch mit Amma und die Klärung ihrer Zweifel.

Kurz darauf begab sich Amma zum Kalari, und es begannen die Bhajans, die stets dem Devi Bhava Darshan vorausgehen. Die selbe Mutter, die als Guru geduldig so lange Zeit die Fragen ihrer Jüngerin beantwortet hatte, begab sich jetzt in den Zustand einer verehrenden Gläubigen, deren Herzenssehnsucht ins Singen hinein strömt. Sie sang mit ihrem ganzen Wesen; durch die tiefe Hingabe in Verzückung geraten, vergaß sie alles um sich herum.

Mittwoch, den 20. August 1986

Seine Wut in den Griff bekommen

Alle hatten im Ashram seit dem Morgen ohne Ruhepause gearbeitet. Jetzt war später Nachmittag. Bei der Arbeit ging es darum, das Ashramgelände aufzuräumen und Baumaterial zu transportieren, das zum Betongießen für das neue Gebäude verwendet wurde. Amma half beim Tragen einiger Stahlstangen. Ihr weißer Sari war voller grüner Algen von den feuchten Stangen.

Ein Verehrer, der in Rajasthan arbeitete, war die Nacht zuvor eingetroffen. Er geriet leicht in Wut und hatte zu Amma gebetet, ihm dabei zu helfen, sie zu überwinden. Amma, die in allen wohnt, wußte davon. Sie wendete sich lächelnd an ihn mit den Worten: „Mein Sohn, Amma findet, daß du etwas zu viel Wut in dir hast. Beim nächsten Ausbruch solltest du Ammas Bild vor dich stellen und mit ihr schimpfen. Sage ihr: 'Ist es dieser Ärger, den ich durch Verehrung von dir erhalte? Du mußt ihn sofort von mir nehmen! Wenn nicht, dann...' Nimm ein Kissen und schlage darauf ein, in der Vorstellung es sei Amma. Du kannst sogar Dreck auf Amma werfen, wenn dir danach ist. Werde jedoch nicht mit anderen wütend."

Ammas Liebe ließen Tränen in die Augen des Mannes steigen.

Bei Sonnenuntergang war die Arbeit fast fertig. Amma beteiligte sich gerade am Steinetragen. Als ihre Kinder sahen, wie sie den größten Stein auf ihren Kopf lud, versuchten sie, sie davon abzubringen. Sie baten Amma, nur die kleineren zu nehmen. Es war ihr jedoch schmerzlich, zu sehen wie ihre Kinder die schwereren trugen. Ihre Antwort lautete: „Kein physischer Schmerz ist so schlimm wie der innere."

Harte Arbeit wurde zu einer Art der Gottesverehrung. Jeder versuchte, mehr zu tragen, als gehoben werden konnte.

Ihr Schweiß fiel gleich Blumen der Anbetung zu den Füßen der Mutter des Universums - Blumen, die die goldene Saat eines neuen Zeitalters enthielten.

Samstag, den 23. August 1986

Amma saß mit ein paar Haushältern auf der Veranda des Kalari. Vijayalakshmi, eine seit ungefähr einem Jahr verheiratete Frau, befand sich darunter. Eine Freundin hatte sie kürzlich zu Amma mitgenommen. Sie verehrte Amma vom ersten Augenblick der Begegnung an und vertraute ihr völlig. Sie kam seitdem regelmäßig, ihr Mann jedoch konnte Amma nicht viel abgewinnen. Er hegte kein Interesse an spirituellen Angelegenheiten, hatte aber nichts gegen Besuche seiner Frau bei Amma. Nach ihrer Begegnung mit Amma hörte Vijayalakshmi auf, auf ihre äußere Erscheinung zu achten. Sie legte ihren Schmuck und teuren Saris beiseite, und trug nur weiße Kleidung. Das allerdings mißfiel ihrem Mann, der ein erfolgreicher Ingenieur mit einem großen Freundeskreis war.

Amma: „Tochter, gefällt es meinem Sohn, wenn du weiß trägst?"

Vijayalakshmi: „Das tut nichts zu Sache, Amma. Ich habe all meine anderen Saris und Blusen weg gelegt. Ich möchte sie Bedürftigen geben. Ich habe viel Kleidung, die ich nicht brauche."

Amma: „Mache im Moment nichts dergleichen, Tochter! Tue nichts, was schmerzlich für deinen Mann ist. Du hast ein bestimmtes Dharma, vernachlässige es nicht. Mein Sohn hat nichts dagegen, daß du hierher kommst; ist das nicht großartig?"

Vijayalakshmi: „Amma, er findet Zeit für Hunderte von Sachen, aber er hat nicht die Zeit, ein einziges Mal zu dir zu kommen. Jahrelang habe ich mich heraus geputzt und ging überall mit ihm hin; aber damit ist jetzt Schluß. Ich habe all diesen

Pomp und das Sich-Her-Zeigen satt. Dieser Baumwollsari und diese Bluse sind mehr als ausreichend für mich."

Amma: „Sprich nicht so, Tochter. Es stimmt zwar, daß er Amma nicht aufsucht, aber er verfügt trotzdem über viel Hingabe."

Vijayalakshmi: „Wie meinst du das? Er besucht nicht einmal einen einzigen Tempel. Als ich ihn bat, mich zum Guruvayoor-Tempel zu begleiten, antwortete er: 'Als ich im College war, beschloß ich, niemals einen Fuß in einen Tempel zu setzen. Deinetwegen habe ich einmal meinen Schwur gebrochen. Da deine Familie so fromm ist, war ich gezwungen, gegen mein eigenes Wort zu gehen.' Amma, ich muß mir immer noch seine Klage darüber anhören, daß wir in einem Tempel geheiratet haben"

Amma lachte und entgegnete: „Tochter, er kommt vielleicht nicht hierher oder geht in keinen Tempel, aber er hat ein gutes Herz. Er hat Mitgefühl mit den Leidenden. Das allein reicht. Tochter, tue nichts, was er nicht mag."

Vijayalakshmis Gesicht zeigte Enttäuschung.

Amma: „Kein Anlaß zur Sorge. Ist es nicht Amma, die dir dies sagt? Trägst du nur weiß, so regt dein Mann sich darüber auf. Was sagt er dann seinen Freunden? Kleide dich also in weiß, wenn du hierher kommst, zu Hause jedoch oder wenn du mit ihm unterwegs bist, leg die übliche Kleidung und Schmuck an. Ansonsten werden die Leute Amma bezichtigen, nicht wahr? Dein Mann ist ebenfalls Ammas Sohn; also gräme dich nicht, Tochter."

Vijayalakshmi hatte hierauf nichts mehr zu sagen, ihr Gesichtsausdruck ließ erkennen, daß sie Ammas Worte akzeptierte.

Ausübung von Handlungen

Ein anderer Besucher, Ramachandran, warf eine Frage auf: „In vielen Büchern heißt es, daß in den alten Gurukulas den

Handlungen mehr Bedeutung beigemessen wurde, als der Ausübung von Sadhana. Obwohl in den Upanishaden steht, daß Karma-Yoga allein nicht zur Selbstverwirklichung führt, haben die Gurus neue Schüler mit der Aufgabe betraut, in den ersten zehn oder zwölf Jahren die Kühe zu weiden oder Feuerholz zu schneiden. Warum haben sie das getan?"

Amma: „Innere Reinigung ist unmöglich ohne selbstloses Handeln. Als erstes benötigt ein spiritueller Mensch Selbstlosigkeit. Dem Jünger wurden bestimmte Aufgaben zugewiesen, um ihn daraufhin zu prüfen. Zeigte er bei seiner Arbeit Opferbereitschaft und Selbstlosigkeit, wies das auf Festigkeit in seinem Entschluß, das Ziel zu erreichen.

Die Bereitschaft des Jüngers, jedes Wort des Gurus ergeben anzunehmen, macht ihn zum König der Könige; es läßt ihn zum Herrscher aller drei Welten werden.

Ein Aspirant muß ausreichend geprüft werden, bevor er als Jünger im eigentlichen Sinn angenommen wird. Ein echter Meister nimmt einen neuen Schüler nur nach solchen Prüfungen an.

Schließlich geht es darum, einem Erdnußverkäufer die Leitung eines Diamantengeschäftes anzuvertrauen. Es machte nichts aus, eine Erdnuß zu verlieren, aber ein Diamant ist sehr viel wertvoller. Eine spirituelle Person soll der Welt Frieden und Glück verleihen. Es ist die Pflicht des Gurus zu prüfen, ob der Jünger die notwendige Wachsamkeit (Shraddha) und Reife dafür hat, da er ansonsten nur Schaden anrichtet.

Ein junger Mann begab sich einmal zu einem Ashram in der Hoffnung, dort ansässig zu werden. Der Guru bemühte sich, ihn davon abzubringen. Er erklärte ihm, daß der Zeitpunkt dafür noch nicht gekommen sei. Der junge Mann wollte jedoch nicht heim kehren. Schließlich gab der Guru nach. Er betraute den neuen Schüler mit der Aufgabe, auf einen Obstgarten in der Nähe des Ashrams aufzupassen.

Als der junge Mann am Abend zum Ashram zurück kehrte, nachdem er den ganzen Tag über seiner Pflicht nach gekommen war, erkundigte sich der Guru: 'Was hast du heute gegessen?' Der Schüler antwortete: 'Ich aß ein paar Äpfel von den Bäumen. Sein Lehrer wies ihn zurecht: „Wer hat dir das erlaubt?' Der Schüler schwieg.

Am nächsten Tag ging er wieder zu seiner Arbeit. Dies Mal pflückte er keine Früchte von den Bäumen, sondern aß lediglich, was zu Boden gefallen war. Am Abend schimpfte der Guru erneut mit ihm. Am darauf folgenden Tag aß er kein Obst mehr. Als er sich hungrig fühlte, verzehrte er einige Beeren von einer wilden Pflanze. Da diese Beeren giftig waren, brach er zusammen und unfähig, sich zu erheben, blieb er im Obstgarten liegen.

Er flehte den Guru laut um Vergebung an. Einige Jünger, die sein Rufen vernommen hatten, kamen herbei und fanden ihn. Sie boten ihm etwas zu Trinken an, aber er lehnte ab mit den Worten, daß er nichts ohne die Erlaubnis des Gurus essen oder trinken wolle. In dem Augenblick erschien Gott vor ihm und sagte: 'Ich will dir deine Kraft zurück geben und dich zu deinem Guru bringen.' Er entgegnete: 'Nein, Gott! Nur, wenn mein Guru seine Zustimmung gibt, möchte ich deine Stärkung. Da er diese Ebene der Ergebenheit erreicht hatte, kam der Guru selbst zu ihm und segnete ihn. Augenblicklich erlangte er seine Kräfte zurück. Auf dem Boden lang gestreckt verneigte er sich vor dem Guru und erhob sich dann.

Dieser Art von Prüfung unterzogen die Gurus in früheren Zeiten die strebenden Schüler, um ihre Eignung zu prüfen.“

Geduld

Ramachandran: „Amma, bei der Beobachtung deines Verhaltens mit deinen Kindern erhält man den Eindruck, daß dein Tadel mehr zu ihrem Wachstum beiträgt, als dein Lob.“

Amma: „Um die rechte Disziplin und Demut zu entwickeln, sollte der Jünger dem Guru Ehrfurcht als auch Hingabe entgegen bringen. Anfänglich lernen die kleinen Kinder ihre Lektionen aus Furcht vor dem Lehrer. Bis zum College-Besuch lernen sie aus eigener Initiative, da sie für ihr Leben ein Ziel haben.

Geduld ist die einzige Eigenschaft, die vom Anfang bis zum Ende des spirituellen Lebens notwendig ist. Bevor ein Baum wachsen kann, muß die Schale der Saat brechen. Ähnlich muß das Ego verschwinden, bevor die Wirklichkeit erkannt werden kann. Der Guru ersinnt viele Prüfungen, um zu sehen, ob der Schüler lediglich aus vorübergehendem Enthusiasmus zu ihm gekommen ist oder aus wirklicher Liebe zum Ziel. Wie die Überraschungstests in der Schule, schickt der Guru seine Prüfung ohne Vorankündigung. Es ist die Pflicht des Gurus, das Ausmaß der Geduld, Selbstlosigkeit und des Mitgefühls fest zu stellen. Er beobachtet, ob der Jünger über die Stärke verfügt, verschiedene Nervenproben durch zu stehen. Er ist dazu bestimmt, in der Zukunft eine leitende Funktion in der Welt zu übernehmen. Tausende von Menschen kommen vielleicht zu ihm und legen ihr Vertrauen in ihn. Damit solche Leute nicht getäuscht werden, muß der Jünger über eine gewisse Stärke, Reife und über Mitgefühl verfügen. Geht er in die Welt hinaus ohne diese Eigenschaften, wird er die Welt ernsthaft hinters Licht führen.

Um den Gottsucher zu formen, stellt der Guru ihn auf viele Proben. Ein Guru gab einem Schüler einmal einen großen Stein und trug ihm auf, daraus eine Skulptur für ein Altarbildnis zu schaffen. Der Schüler verzichtete auf Essen und Schlaf, und es dauerte nicht lang, bis er eine Statue fertig hatte. Er stellte sie dem Guru zu Füßen, verbeugte sich mit aneinander gelegten Händen und ging dann auf die Seite.

Der Guru warf einen Blick darauf und warf die Figur fort, wobei sie in Stücke zerbarst. 'Macht man so eine Statue?' fragte er verärgert. Der Schüler betrachtete das zerbrochene Werk und dachte: 'Viele Tage habe ich an dieser Statue gearbeitet, ohne Pause für Essen oder Schlaf, und er verlor nicht ein einziges Wort des Lobes.' Der Guru wußte um seine Gedanken und reichte ihm einen anderen Stein mit der Aufforderung, es nochmals zu probieren.

Mit viel Achtsamkeit fertigte der Schüler eine noch schönere Statue als zuvor und brachte sie zum Guru. Es war sicher, daß der Guru dieses Mal zufrieden sein würde. Aber das Gesicht des Gurus wurde augenblicklich rot vor Ärger, als er die Statue erblickte. 'Erlaubst du dir einen Scherz mit mir? Diese ist ja noch schlechter als die vorhergehende!' Mit diesen Worten feuerte er die Statue zu Boden, wo sie wiederum in Stücke zersprang. Der Schüler stand mit demütig gesengtem Kopf da. Er war nicht verärgert, sondern traurig. Der Guru überreichte ihm einen weiteren Stein mit der Anweisung, erneut eine Statue zu fertigen.

Gehorsam schuf der Schüler mit großer Sorgfalt eine weitere Figur. Sie war sehr schön. Er brachte sie wiederum zu den Füßen des Gurus dar. Sofort ergriff sie der Guru und schleuderte sie unter harten Vorwürfen fort. Dies Mal jedoch fühlte der Schüler weder Verärgerung noch Traurigkeit über die Reaktion des Lehrers, da er die Haltung völliger Ergebenheit entwickelt hatte. Er dachte: 'Wenn das dem Willen meines Gurus entspricht, so ist es mir recht. Jedes Verhalten von ihm ist zu meinem Besten.' Er erhielt einen neuen Stein, den er freudig entgegen nahm. Er kehrte mit einer weiteren schönen Statue zurück, die der Guru wieder zerschmetterte, was er ohne die leiseste Gefühlsregung hin nahm. Erfreut darüber schloß ihn der Lehrer in die Arme, legte die Hände auf seinen Kopf und segnete ihn.

Hätte eine dritte Person das Verhalten des Gurus beobachtet, wäre sie vielleicht erstaunt über seine Grausamkeit gewesen oder hätte möglicherweise gedacht, er sei verrückt. Nur der Guru und der ergebene Jünger konnten wissen, was wirklich vor sich ging. Mit jedem Zerbrechen einer Figur wirkte der Lehrer daran, ein wahres Gottesbild im Herzen des Schülers zu erschaffen. Was dabei brach, war dessen Ego. Nur ein Satguru kann das bewirken, und nur ein echter Jünger kann die darin enthaltene Freude erfahren.

Der Jünger sollte begreifen, daß der Guru besser weiß, was gut oder schlecht für ihn ist, als auch was generell gut oder schlecht ist. Man sollte sich niemals an einen Guru wenden mit dem Wunsch, sich einen Namen zu machen, bzw. Ruhm zu erwerben, sondern ausschließlich zum Zweck der Überantwortung des Selbst. Ärgern wir uns darüber, daß der Guru uns oder unsere Handlungen nicht lobt, dann ist die Erkenntnis notwendig, daß wir für Jüngerschaft noch nicht geeignet sind. Wir sollten den Lehrer bitten, diesen Ärger zu entfernen. Es ist notwendig zu begreifen, daß jede Handlung des Gurus unserem eigenen Wohl dient.

Hätte der Jünger in dieser Geschichte den Guru aus dem Gefühl heraus verlassen, daß seine Arbeit nicht das verdiente Lob erhielt, wäre für ihn das Tor zur ewigen Glückseligkeit verschlossen geblieben. Die Gurus teilen ihren Schülern verschiedene Aufgaben zu, weil sie wissen, daß Geduld und Reife nicht allein durch Meditation erworben werden kann. Die durch Meditation gewonnenen Eigenschaften sollten in den Handlungen offenbar werden. Es ist kein Zeichen wahrer Spiritualität, wenn man Frieden nur in der Meditation erfährt und nicht zu anderen Zeiten. Jede Handlung sollte als eine Art der Meditation gesehen werden können. Dann wird *karma* (Tätigkeit) wahres *dhyana* (Meditation)."

Vijayalakshmi: „Eine Freundin von mir erhielt *mantra diksha* (Mantra-Einweihung) vom Ramakrishna-Ashram. Amma, was ist der Sinn und Zweck von Mantra-Einweihung?"

Amma: „Milch wird nicht von allein zu Joghurt. Wir müssen der Milch eine kleine Menge Joghurt beigeben, um den Prozess in Gang zu setzen. Nur so erhalten wir Joghurt. Auf ähnliche Weise erweckt das vom Guru gegebene Mantra die spirituelle Kraft im Jünger.

So wie ein Sohn Leben durch die Keimzelle des Vaters erhält, so lebt der Jünger durch das Prana des Gurus. Das bei der Einweihung eingeflößte Prana und der dabei gefaßte Entschluß von seiten des Gurus helfen ihm, die Vollkommenheit zu erreichen. Während der Initiation schließt der Guru den Jünger an den inneren Faden an."

Vijayalakshmi: „Gibst du mir ein Mantra, Amma?"

Amma: „Wenn du das nächste Mal kommst, Tochter."

Eine Gruppe von Besuchern kam nun hinzu und nahm um Amma herum Platz. Einer von ihnen erwähnte einen Sannyasi, der kürzlich *mahasamadhi* erreicht hatte (den Körper in erhobenem Zustand verlassen).

Besucher: „Ich wohnte der Beisetzung in einer Gruft bei. Es wurde eine Zelle errichtet, die mit Salz, Kampfer und heiliger Asche gefüllt wurde. Dahinein wurde der Körper gegeben.

Ramachandran: „Wird der Körper nicht von Würmern verzehrt, selbst wenn er in Salz und Kampfer gelegt wird?"

Ein anderer Besucher: „Ich hörte, daß Jnanadeva einem Anhänger viele Jahre nach seinem Mahasamadhi im Traum erschien. Darin gab er die Anweisung, die Gruft, die seinen Körper enthielt, zu öffnen. Als der Anhänger dem nachkam, entdeckte er, daß Baumwurzeln den Körper umschlungen hatten und Druck ausübten. Der Körper wies keine Anzeichen der Verwesung auf. Die Baumwurzeln wurden entfernt und die Samadhi-Gruft wieder geschlossen."

Amma: „Wenn das Leben entwichen ist, was macht das für einen Unterschied? Empfinden wir Bedauern, wenn Würmer in unseren ausgeschiedenen Exkrementen wachsen? Dem entspricht der Körper; er ist vergänglich. Nur die Seele ist unsterblich."

Nun berichtete ein Anhänger Amma von einer Geschichte, die er in der Zeitung über den Ashram gelesen hatte. Sie betraf den Fall Shakti Prasad, einem jungen Mann, der in den Ashram gekommen war, um ein Brahmachari zu werden. Um ihn zu zwingen zurück zu kommen und um seinen Ashrambeitritt zu vereiteln, hatte der moslemische Vater Klage beim obersten Gerichtshof erhoben.

Amma flüsterte: „Shiva!" Dann saß sie eine Weile schweigend da. Schließlich fuhr sie mit einem Lachen fort: „Laßt uns das dem Alten der Tage (Shiva) erzählen. Er befindet sich jedoch in tiefer Meditation und wird von nichts von alledem berührt. Er hat ein Auge mehr als alle anderen; trotzdem scheint er dies hier nicht zu betrachten. Er kommt nicht auf unsere Ebene hinunter, also sind wir es, die ringen müssen."

Besucher: „Amma, was meinst du damit?"

Amma: „Shivas drittes Auge ist das Auge der Weisheit, des höchsten Wissens. Er befindet sich in Jnana Bhava - nichts berührt ihn. Amma hingegen ist die Mutter. Sie betrachtet alle Wesen als ihre eigenen Kinder, und sie wird von Mitgefühl bewegt."[55]

Als Amma sprach, strömten einem Brahmachari, der in ihrer Nähe saß, die Tränen das Gesicht hinunter. Er war bekümmert über die Nachricht, daß Amma für eine Tour durch die Vereinigten Staaten abreisen würde. Er war nicht unglücklich über die Tour als solches - ihm war nur der Gedanke unerträglich, drei Monate von ihr getrennt zu sein. Die Nachricht über Ammas Auslandsbesuch hatte Trauer im ganzen Ashram ausgelöst. Zum

---

[55] Shakti Prasads Vater verlor den Fall schließlich. Das Urteil des Obersten Gerichtshofs brachte einen Wendepunkt in der Rechtssprechung Indiens, wodurch jetzt der freien Religionswahl des Individuums der Vorzug gegeben wird.

ersten Mal würde Amma für solch lange Zeit vom Ashram fort sein. Obwohl die Abfahrt noch Monate hin war, brachen viele der Ashrambewohner in Tränen aus, wann immer sie daran dachten.

Amma wandte sich dem Brahmachari zu und wischte sanft seine Tränen ab. Sie sagte zu ihm: „Mein Sohn, bei solchen Anlässen sieht Amma, wer von euch sich als würdig erweist. Sie möchte wissen, wer von euch die Ausrichtung auf das spirituelle Ziel (Lakshya Bodha) und Disziplin aufrecht erhält, selbst wenn sie weit weg ist."

In diesem Moment gab die mütterliche Liebe der Pflicht als Guru, der seine Jünger unterweist, nach. Trotzdem schien der göttliche Strom ihrer Liebe nahe daran überzuströmen, da ihr Herz immer beim Anblick der Tränen ihrer Kinder schmolz. Selbst ihre Rolle als Guru wurde durch ihre mütterliche Zuneigung stark abgemildert.

Montag, den 25. August 1986

Kuttan Nair aus Cheppad war ein Verehrer Ammas, der als Haushälter lebte. Bei seiner ersten Begegnung mit Amma hatte er - wie viele andere - gedacht, daß die göttliche Mutter Ammas Körper während des Dhevi Bhava bewohnte. Aber durch die Beobachtung von Ammas Verhalten nach dem Devi Bhava gelangte er allmählich zu der Überzeugung, daß die Gegenwart der göttlichen Mutter fortwährend in ihr leuchtete. Nachdem der älteste Sohn, Srikumar, ständiger Ashrambewohner wurde, besuchte Amma häufig das Heim Mr. Nairs. Jeder ihrer Besuche war ein Fest für die Kinder dieser Familie. In der Süd-West-Ecke des Hauses wurde ein Zimmer für Amma reserviert. Sie meditierte häufig in dem Raum. Bei ihren Aufenthalten sangen Amma und ihre Kinder Bhajans im Puja-Zimmer der Familie. Bei diesen Anlässen führte Amma ebenfalls eine Puja aus.

Amma hatte den Nairs einen Besuch für diesen Morgen zugesagt, da das Haus sich auf ihrem Weg nach Kodungallur befand. Mittlerweile war es fast Mittag, und Amma mit ihren Kindern war noch nicht eingetroffen. In Erwartung ihrer Ankunft hatte keines der Familienmitglieder bis jetzt gegessen. Da der Vormittag nun so gut wie vorbei war, nahmen sie an, Amma habe es sich anders überlegt. Was sollten sie mit all dem Essen machen, das für Amma und ihre Begleitung hergerichtet worden war?

Kuttan Nair begab sich in den Puja-Raum und schloß die Tür. Er vernahm draußen Rufe, ignorierte sie jedoch. Er schaute auf Ammas Bild und beschwerte sich in Gedanken: „Warum hast du vergebliche Hoffnung in uns erweckt?"

Im selben Augenblick erhob sich draußen Ammas Stimme wie ein klarer Glockenschlag. „Wie hätten wir eher kommen können? Denkt einmal, wie schwierig es schon für eine Familie mit zwei Kindern ist, reisefertig zu werden! Es waren im Ashram so viele Vorkehrungen zu treffen, insbesondere, da wir zwei Tage lang abwesend sind. Viele Dinge mußten bedacht werden. Die Arbeiter sind dort, und es mußte Sand gesiebt werden. Ferner brauchten die zurück bleibenden Kinder Trost. Es gab so vieles zu erledigen..."

Ein Brahmachari erklärte: „Amma kam um sieben Uhr morgens aus ihrem Zimmer und gab den anwesenden Besuchern einen frühen Darshan. Dann half sie uns, zwei Bootsladungen Sand von der Fähre zum Ashram zu tragen. Inzwischen war es elf Uhr geworden, und wir hätten schon früh morgens nach Kodungallur abfahren sollen. Wir brachen dann eilig auf - ohne etwas gegessen zu haben."

Auch jetzt blieb keine Zeit zum Essen. Amma ging direkt in den Puja-Raum, sang einige Kirtans und vollzog eine Puja. Als sie heraus kam, umringten die jungen Kinder sie.

Amma sagte zu ihnen nur kurz: „Amma kommt später wieder. Heute ist keine Zeit. " Enttäuschung stand in den Augen der Kinder. Es bestand jetzt selten die Chance, so wie früher mit Amma zu spielen. Streichelnd tröstete Amma jedes Kind und gab ihnen Süßigkeiten. Es wurde ein Frühstück zusammen gepackt und im Fahrzeug verstaut. Nach einem Darshan für alle setzten Amma und ihre Jünger ihre Fahrt fort, mit der Absicht, das „Frühstück" unterwegs zu sich zu nehmen.

Br. Balu wartete am Stadtrand von Ernakulam auf Amma. Zur Erledigung von Ashramangelegenheiten, war er schon am Vortag eingetroffen. Er berichtete Amma nun, daß ein Anhänger aus Ernakulam auf sie wartete, in der Hoffnung auf einen Besuch in seinem Heim.

Amma: „Wie könnten wir dort hingehen, wo die Kinder in Kodungallur Amma für letzten Freitag und Samstag eingeladen hatten und wir den Besuch auf heute verschoben, da eines meiner Kinder am Sonntag nach Europa zurück kehren mußte? Morgen müssen wir nach Ankamali fahren. Also haben wir das Zwei-Tages-Programm auf ein eintägiges verkürzt. Wenn wir nicht so bald wie möglich in Kodungallur eintreffen, tun wir den Leuten dort Unrecht. Daher können wir nirgendwo anders einen Besuch abstatten. Das Frühstück haben wir schon für eine Mahlzeit irgendwo unterwegs in den (Klein-)Bus gepackt, um die Zeit eines Hausbesuches einzusparen."

Wieder unterwegs, nutzten die Brahmacharis sogleich die Gelegenheit, Amma ihre Fragen zu stellen.

Brahmachari: „Amma, ist es möglich, ohne die Hilfe eines Gurus, allein durch Sadhana und Satsang, das Ziel zu erreichen?"

Amma: „Das Reparieren einer Maschine läßt sich nicht einfach durch die Lektüre eines Buches lernen. Man muß eine Reparaturstelle aufsuchen und dort von einem Fachmann ausgebildet werden. Es ist notwendig, von jemandem zu lernen, der über Erfahrung verfügt. Desgleichen ist ein Guru unerläßlich, um einen auf die Hindernisse im Verlaufe des Sadhanas aufmerksam zu machen und zu lehren, wie man sie überwindet und das Ziel erreicht."

Br: „In den Schriften steht viel über die Hindernisse beim Sadhana. Reicht es nicht, die Schriften zu lesen und danach seine Übungen auszurichten?"

Amma: „Auf einer Medizinflasche mag zwar eine Dosierungsanleitung angegeben sein, aber trotzdem sollte die Medizin nicht ohne unmittelbare Anweisung eines Arztes genommen werden. Die Aufschrift enthält lediglich allgemeine Hinweise; der Arzt hingegen entscheidet, welches bestimmte Medikament in welcher Dosierung und in welcher Weise eingenommen werden sollte. Er richtet sich nach der jeweiligen individuellen Konstitution und dem momentanen Gesundheitszustand. Bei falscher Einnahme kann eine Medizin mehr Schaden als Nutzen bringen. Ähnlich kann man durch Satsang und Bücher bis zu einem gewissen Grad spirituelles Wissen erwerben. Bei ernsthaftem Engagement in spirituellen Praktiken könnte es jedoch ohne Guru gefährlich sein. Das Ziel läßt sich ohne einen Satguru nicht erreichen."

Br: „Reicht es nicht aus, einen Guru zu haben? Ist es notwendig, sich in seiner Nähe aufzuhalten?"

Amma: „Sohn, wenn wir einen Setzling umpflanzen, bleibt etwas Erde vom ursprünglichen Platz an der Pflanze. Dadurch kann sie sich leichter an die neuen Bedingungen gewöhnen. Ansonsten könnte es schwierig für sie sein, in der neuen Erde zu wurzeln. Die Gegenwart des Gurus wirkt wie Erde vom Ursprungsort, die der Pflanze bei der Anpassung hilft. Dem Sucher fällt es anfänglich schwer, ohne Unterbrechungen regelmäßig sein Sadhana auszuführen. Die Anwesenheit des Gurus verleiht ihm die Stärke, alle Hindernisse zu überwinden und konsequent auf dem spirituellen Pfad zu bleiben.

Apfelbäume brauchen zum Wachsen ein geeignetes Klima und zur richtigen Zeit Wasser und Dünger, außerdem müssen Schädlinge und Krankheiten bekämpft werden, die den Baum befallen. Vergleichsweise befindet sich ein Sadhak in einem Guru-kula in der günstigsten Umgebung für spirituelle Praktiken, und der Guru schützt ihn vor allen Hindernissen."

Br: „Ist es nicht ausreichend, nur die Art von Sadhana aus-zuüben, die einem am meisten liegt?"

Amma: „Der Guru verordnet das Sadhana, das für den Jünger am besten geeignet ist. Er entscheidet, ob wir uns der Komtemplation widmen sollten oder dem selbstlosen Dienen, bzw. ob Japa und Gebet ausreichend sind. Manche Menschen verfügen nicht über die geeignete Konstitution für Yoga-Praktiken. Andere wiederum sind nicht fähig, längere Zeit zu meditieren. Was wird das Ergebnis sein, wenn hundertfünfzig Leute in einen Bus steigen, der nur für fünfundzwanzig gedacht ist? Ein kleiner Mixer läßt sich nicht in der selben Weise verwenden wie eine große Mühle, denn wenn wir ihn längere Zeit laufen lassen, überhitzt er und geht kaputt. Der Guru verschreibt die spirituellen Übungen gemäß der körperlichen, psychischen und intellektuellen Konstitution."

Br: „Ist es denn nicht für jeden gut zu meditieren?"

Amma: „Der Guru kennt den körperlichen und geistigen Zustand besser als man selbst. Seine Ratschläge richten sich nach dem Entwicklungsstand des Gottsuchers. Wird dieser Punkt nicht verstanden, kann Sadhana, das gemäß von irgendwo gefundenen Anweisungen aufgenommen wurde, mentales Ungleichgewicht auslösen. Ein Übermaß an Meditation kann den Kopf überhitzen, als auch zu Schlaflosigkeit führen. Der Guru berät jeden einzelnen Schüler gemäß dessen Naturell hinsichtlich Dauer der Meditation, und auf welchen Körperbereich er sich dabei konzentrieren sollte.

Wenn wir zu einem bestimmten Ort in Begleitung einer Person fahren, die dort wohnt und den Weg kennt, können wir leicht das Ziel erreichen. Ansonsten könnte es leicht geschehen, daß ein Weg von einer Stunde zehn Stunden in Anspruch nimmt. Selbst mit einer Karte können wir uns verfahren oder Räubern in die Hände fallen. Reisen wir mit ortskundiger Begleitung, haben wir nichts zu befürchten. Eine ähnliche Rolle spielt der Guru bei unseren spirituellen Übungen. In jedem Sadhana-Stadium können sich Hindernisse in den Weg stellen; es wäre dann schwierig, ohne Guru weiter zu kommen. Der Aufenthalt in der Gegenwart eines Satgurus ist die wahre Satsangart."

Während Ammas spiritueller Ausführungen nahmen ihre Kinder kaum wahr, wie die Zeit verstrich. Aber Amma wußte besser als sie selbst, wie hungrig sie waren. Sie erkundigte sich: „Wie spät ist es, Kinder?"

„Drei Uhr, Amma."

„Haltet an, wenn ihr einen schattigen Platz seht."

Sie hielten fürs Mittagessen am Straßenrand und setzten sich unter einen Baum. Die Brahmacharis rezitierten das fünfzehnte Kapitel der Bhagavad Gita. Selbst unterwegs besteht Amma auf die übliche Rezitation der Gita vor dem Essen. Sie teilte das Essen, das aus Reis und *chamandi* (Kokosnußsoße) bestand, an alle aus. Wasser wurde von einem nahegelegenen Haus geholt.

Während des Essens raste ein Pärchen auf einem Motorroller vorbei. Auf das Paar zeigend fragte Amma: „Möchtet ihr so mit jemandem reisen? Amma meint nicht, daß bei euch nicht solche Wünsche auftauchen könnten. Wenn das der Fall ist, solltet ihr sie jedoch durch eingehende Betrachtung sofort wieder los werden. Ihr könnt euch vorstellen, eure Phantasiefrau bei der Fahrt in einen tiefen Graben zu werfen. Dann kehrt sie nicht mehr zurück!" Amma brach in Lachen aus.

Darshan am Strassenrand

Da sich die Straße in sehr schlechtem Zustand befand, empfahlen einige der Brahmacharis, eine andere Route zu nehmen, die durch die Stadt Alwaye führt. Amma lehnte jedoch ab. So setzten sie den Weg auf der selben Straße fort. Schon bald sahen sie einige Leute, die am Straßenrand auf Amma warteten. Vielleicht war es ihretwegen, daß Amma die andere Strecke nicht nehmen wollte. Die Leute baten Amma, vor der Weiterfahrt eine kurze Pause einzulegen.

Sehr liebevoll sagte Amma zu ihnen: „Meine lieben Kinder, dazu ist leider keine Zeit! Aber beim nächsten Mal." Die Leute akzeptierten ihre Antwort. Als das Fahrzeug gerade dabei war anzufahren, kam aus einiger Entfernung eine Frau auf sie zugerannt, darum flehend zu warten.

Frau: „Amma, heute morgen um zehn Uhr habe ich für die Brahmacharis Kaffee gemacht. Die ganze Zeit habe ich hier gewartet. Ich hatte nur gerade kurz heim gehen müssen. Amma, bitte komm vor der Weiterfahrt nur für einen Augenblick bei mir vorbei!"

Amma erklärte, daß es schon sehr spät sei und sie daher die Fahrt nicht unterbrechen könne.

Die Frau: „Du mußt unbedingt kommen, Amma! Bitte! Nur für ganz kurz!"

Amma: „Wir haben versprochen, bis drei Uhr in Kodungallur einzutreffen, und es ist schon vier Uhr. Ein anderes Mal, Tochter. Amma wird wieder einmal Kodungallur besuchen."

Die Frau: „Dann warte hier bitte nur eine Minute. Ich habe Milch für dich in einer Flasche bereit gestellt und schicke meinen Sohn sie zu holen. Trinke wenigstens die Milch, bevor du abfährst!"

Amma gab dieser Bitte nach, die mit solch offensichtlicher Hingabe geäußert wurde; und die Frau schickte ihren Sohn, die Milch zu holen. Inzwischen legte eine alte Frau, die neben dem Wagen stand, Amma eine Girlande um. Amma nahm ihre Hände und segnete sie. Tränen der Hingabe stiegen in die Augen der Frau.

Inzwischen kehrte der Sohn mit der Milch zurück. Seine Mutter goß sie in ein Glas und reichte es Amma. Erst dann erinnerte sich die Frau an die Bananen, die sie für die Brahmacharis gekocht hatte. Erneut ließ sie ihren Sohn nach Hause laufen. Erst nachdem die Bananen im Fahrzeug verstaut worden waren, ließ sie Amma abfahren. Devi ist in der Tat in den Händen ihrer Verehrer!

Um fünf Uhr kamen sie in Kodungallur an und die Bhajans begannen um sieben Uhr. Wie immer ließ Ammas wunderbarer Gesang Wellen der Hingabe in die Atmosphäre aufsteigen!

Dienstag, den 2. September 1986

Amma befand sich in der Darshanhütte und empfing Besucher. Ein Arzt und seine Familie waren aus Kundara eingetroffen. Die junge Tochter des Arztes saß neben Amma und meditierte.

Amma sprach über den Angriff, der am Vortag von einem der Ashramnachbarn gegen die Brahmacharis gerichtet wurde.

Amma: „Gestern bekamen die Kinder ein paar richtige vedische Mantren zu hören! Unser Nachbar hielt kein Wort zurück. Da die Kinder sich das nicht anhören wollten, ließen sie sehr laut ein Bhajanband laufen. Widerrede konnten sie sich schlecht erlauben, oder? Schließlich tragen sie dieses Gewand."

Amma wandte sich an die Brahmacharis mit den Worten: „Wir sind Bettler, Kinder! Bettler ertragen alles, was sie hören. Diese Haltung brauchen wir jetzt. Verlieren wir schon unseren klaren Kopf durch ein paar Worte eines Nachbarn und machen dann selber viel Lärm, verlieren wir unseren inneren Frieden. Soll die Kraft, die durch langes Sadhana gewonnen wurde, für solche trivialen Angelegenheiten vergeudet werden? Schenken wir dem Nachbarn keine Beachtung, so bleiben seine Worte bei ihm. Seine Worte können nur auf uns wirken, wenn wir sie ernst nehmen. Gott prüft uns durch seine Worte. Er gibt uns die Gelegenheit zu beurteilen, wie gut wir Gelerntes assimiliert haben - nämlich, daß wir nicht unser Körper, Fühlen oder Denken sind. Was können die Worte des Mannes uns anhaben? Hängt unser innerer Frieden und unsere Gelassenheit von anderen Leuten ab?

Würde er sich einem Grobian gegenüber so verhalten? Er nahm sich dieses üble Verhalten gegenüber den Kindern nur heraus, weil sie so sanft wie kleine Kinder sind. Wißt ihr, was sie sagten? Ihre Worte waren: „Amma, obwohl er einen Krach inszenierte und nicht aufhörte, uns zu beschimpfen, kam uns nicht der Impuls, darauf ein zu gehen. Für uns war es, als ob eine ausgerastete Person zu uns sprach; und wer würde die Worte eines Verrückten ernst nehmen?"

Der Arzt begann nun zu sprechen: „Die Familie, die neben unserem Krankenhaus wohnt, ist nicht einmal bereit, irgend jemandem etwas zu trinken zu geben. Sogar wenn wir sagen, daß wir das Wasser selbst mit einem Eimer und Seil aus dem Brunnen ziehen, lassen sie es nicht zu. Sie meinen, wir würden dabei den Schlamm im Brunnen aufwühlen. Nicht einmal den Patienten im Krankenhaus wollen sie Wasser geben. Es ist traurig, daß es Menschen mit solch boshafter Einstellung gibt!"

Amma: „Laßt uns darum beten, daß bessere Menschen aus ihnen werden."

Der Arzt: „Gott verwandelt Meereswasser für uns in Regen. Es ist traurig, wenn jemand dieses Wasser als Besitz beansprucht."

Amma (auf seine Tochter blickend): „Meine Tochter meditiert seit dem Augenblick, wo sie sich hin gesetzt hat. Was ist mit ihr geschehen?"

Der Arzt: „Amma, bei ihrem ersten Besuch hast du zu ihr gesagt: 'Du solltest meditieren, dann wird Gott dich so intelligent machen, daß du in deinen Studien gut abschneiden wirst.' Seitdem hat sie täglich meditiert." Amma schaute liebevoll lächelnd auf das Mädchen.

Eine Frau verneigte sich vor Amma und erhob sich dann. Amma erkundigte sich: „Tochter bist du gekommen, weil mein Sohn Satish dir von Amma erzählt hat?"

Die Augen der Frau öffneten sich weit vor Verwunderung. Dann begann sie unbändig zu weinen. Amma wischte ihre Tränen fort. Nachdem sie sich ein wenig beruhigt hatte, antwortete die Frau: „Ja, Amma, ich komme aus Delhi. Bei einem Besuch in Sivagiri traf ich Satish. Er war es, der mir von Amma erzählte und mir den Weg hierher beschrieb. Während ich mich vor dir verbeugte, überlegte ich, ob du mir wohl seinen Namen nennen könntest. Und sobald ich aufstand, hast du seinen Namen ausgesprochen!" Amma lachte unschuldig wie ein Kind, und die Frau setzte sich neben sie.

Meditation an den „Backwaters" (Lagune)

Einige Brahmacharis waren nach Ernakulam gefahren, um Vorräte einzukaufen. Es war bereits spät in der Nacht, und sie waren noch nicht zurückgekehrt. Amma saß am Ufer der „Backwaters" und wartete auf sie. Brahmacharis saßen um sie herum. Wenn jemand aus dem Ashram weg gefahren war und nicht rechtzeitig zurückkam, wartete Amma in der Regel an der Bootsanlegestelle auf ihn, ganz gleich wie lang es dauern mochte. Erst nach der Rückkehr des Betreffenden ging sie schlafen.

Auf den „Backwaters" fuhr ein Boot schnell an ihnen vorbei und erzeugte Wellen, die gegen das Ufer klatschten.

Bald war das Geräusch verklungen. Amma: „Es kann sein, daß sie sehr spät kommen, also sitzt nicht untätig herum. Meditiert!" Alle rückten in Ammas Nähe.

Amma: „Laßt uns zuerst einige Male „OM" singen. Stellt euch vor, daß der Klang im Muladhara-Chakra (Basis der Wirbelsäule) beginnt, zum Sahasrara-Chakra (Scheitel-Zentrum) aufsteigt, sich überall im Körper ausbreitet und sich schließlich in Stille hinein auflöst."

Amma ließ dreimal das OM erklingen. Nach jedem Mal machte sie eine kleine Pause, bevor sie wieder ansetzte, damit alle mitsingen konnten. Die heilige Silbe schwoll wie der Ton eines Muschelhorns an, hallte in der Lautlosigkeit der Nacht wieder und löste sich langsam in völlige Stille auf. Alle versenkten sich in die Meditation. Abgesehen vom Rauschen des nahegelegenen Meeres und der Brise, die durch die Palmen wehte, war alles still. Als etwa zwei Stunden vergangen waren, ertönte wieder ein gemeinsames OM.

Amma sang nun einen Kirtan und die Gruppe wiederholte jede Zeile.

Adbhuta charitre...

Oh, du, vor der sich die himmlischen Wesen verneigen,
deine Geschichte ist voller Wunder.
Verleih mir die Kraft, mich deinen Füßen hinzugeben.
Ich bringe dir all meine Taten dar,
die in der Dunkelheit meiner Unwissenheit geschahen.
Oh, Beschützerin der Unglücklichen,
vergib mir alles, was ich aus Unwissenheit getan habe.

Oh Herrscherin des Universums,
oh Mutter, bitte leuchte in meinem Herzen
wie die aufsteigende Sonne in der Morgendämmerung.

Laß mich alle als gleich ansehen -
frei von jeglichem Gefühl der Verschiedenheit.

Oh, große Göttin, Urgrund aller Handlungen -
der tugendhaften, als auch der sündhaften.
Oh Befreierin von aller Knechtschaft,
gib mir deine Sandalen,
die die grundlegenden Tugenden schützen
auf dem Pfad der Befreiung,
auf dem Weg des Dharmas.

Als sie das Lied beendet hatten, hörten sie am anderen Ufer das Hupen eines Autos. Die Scheinwerfer eines Lastwagens tauchten auf. Amma erhob sich sofort und fragte: „Kinder, ist das unser Lastwagen?"

Bald darauf glitt das Boot mit den Brahmacharis durch das Wasser und erreichte das Ashramufer. Die heimkehrenden Brahmacharis waren voller Freude, als sie sahen, daß Amma auf sie wartete. Sie sprangen aus dem Boot und warfen sich voller Enthusiasmus vor ihr nieder, gerade so, als hätten sie sie wochenlang nicht gesehen.

Als sie das Boot entluden, fragte Amma: „Ist mein Sohn Ramakrishnan nicht mit euch zurückgekommen?"

„Er wird in Kürze hier sein. Er mußte einen Mann ins Krankenhaus bringen. Auf dem Rückweg hat eine Gruppe von Leuten den Lastwagen angehalten und einen Mann gebracht, der bei einem Kampf verletzt worden war. Sie baten uns, ihn ins Krankenhaus bringen. Zuerst entgegneten wir, daß wir dich fragen müßten, Amma. Aber es stand kein anderes Fahrzeug zur Verfügung; so fuhr Ramakrishnan ihn ins Krankenhaus."

Amma: „Unter solchen Umständen braucht ihr Amma nicht zu fragen. Wenn irgend jemand zu euch kommt, der krank oder verletzt ist, solltet ihr versuchen, den Betreffenden auf der Stelle ins Krankenhaus zu bringen, ganz gleich, ob Freund oder Feind. Wenn wir Menschen nicht in solchen Situationen helfen können, wann vermögen wir es dann?" Es war 2 Uhr 30 am Morgen, als Ramakrishnan endlich zurückkehrte. Erst dann ging Amma auf ihr Zimmer.

Sonntag, den 14. September 1986

Auf dem Ashramgelände herrschte völliges Chaos, da gerade das neue Gebäude errichtet wurde. Überall lagen Ziegelsteine verstreut. Auch wenn die Ashrambewohner versuchten, alles in Ordnung zu bringen, war am nächsten Tag das Durcheinander genauso schlimm wie zuvor. Amma sah den Ashram nicht gerne in solchem Zustand, deshalb begann sie jedesmal, wenn sie ihr Zimmer verließ, aufzuräumen.

An diesem Tag kam Amma früh heraus. Sie bat die Brahmacharis, Schaufeln und Körbe zu bringen. Sie begannen, einen großen Sandhaufen, der in einer Ecke des Hofes lag, zu einer entfernten Stelle zu tragen. Amma band ein Handtuch um ihren Kopf und machte sich daran, die Körbe zu füllen. Sie arbeitete mit großem Einsatz, und ihr Enthusiasmus steckte die anderen an. Als sie bemerkte, daß ein Brahmachari während der Arbeit unaufhörlich redete, sagte sie: „Kinder, sprecht nicht bei der Arbeit. Rezitiert euer Mantra! Das ist nicht einfach nur Arbeit, das ist Sadhana. Welcher Art von Tätigkeit ihr auch gerade nachgeht, wiederholt soweit möglich euer Mantra im Geiste. Nur dann ist es Karma-Yoga. Es genügt nicht, nur über das spirituelle Leben zu lesen, davon zu hören oder lediglich darüber zu sprechen - ihr müßt es in die Praxis umsetzen. Aus diesem Grund müssen wir diese Art von Arbeit verrichten. Euer Geist sollte nicht einmal für eine Minute von Gott abschweifen."

Amma begann zu singen, und alle stimmten ein.

Nanda Kumara Gopala....

Oh Sohn Nandas, Beschützer der Kühe,
Wunderschöner Knabe aus Brindavan,
Oh du, der du Radha verzaubert hast,
Oh, dunkelfarbiger Gopala.
Oh Gopala, der du den Govardhana-Hügel emporgehoben hast
Und der im Bewußtsein der Gopis spielt...

Der Sandhaufen verschwand innerhalb von Minuten. Als nächstes machten sie sich daran, in zwei Ecken des Ashrams den Kies zu waschen und Sand zu sieben (um den gröberen vom feineren zu trennen).

Ein Besucher, der mit seiner Familie gekommen war, wünschte, daß Amma das Annaprasana seines kleinen Baby-Sohnes ausführte. Nach Beendigung der Arbeit, mit der sie gerade beschäftigt war, ging Amma mit der Familie zum Kalari-Tempel. Dort waren die Vorbereitungen für die Zeremonie bereits abgeschlossen. Amma setzte das Baby auf ihren Schoß. Sie trug Sandelholzpaste auf seine Stirn auf und streute Blütenblätter über seinen Kopf. Dann führte sie ein Kampfer-Arati für das Baby aus. Sie hielt den kleinen Jungen, liebkoste ihn und fütterte ihn mit Reis. Bei der Betrachtung dieser Szene hätte man meinen können, sie sei Yashoda, die das Baby Krishna füttert und mit ihm spielt. Für Amma war dies nicht einfach irgendein Baby. Es war kein anderes als das geliebte Kind von Ambadi.

Als Amma an diesem Abend zur Meditationszeit aus ihrem Zimmer kam, waren zwei Brahmacharis außerhalb der Meditationshalle in eine hitzige Debatte verwickelt. Amma blieb stehen und hörte ihnen zu. Völlig in die Auseinandersetzung vertieft, bemerkten sie Ammas Gegenwart nicht.

Brahmachari: „Die höchste Wahrheit ist Advaita (Nicht-Dualismus). Es gibt nichts als Brahman."

Zweiter Brahmachari: „Wenn es nichts anderes als Brahman gibt, was ist dann die Grundlage des Universums, das wir erleben?"

Erster Brahmachari: „Unwissenheit. Das Universum ist ein Produkt des Geistes (mind).

Zweiter Brahmachari: „Wenn es nur Einheit gibt, wer ist dann von der Unwissenheit betroffen? Brahman?"

„Kinder!", rief Amma. Die beiden drehten sich schnell um und wurden still, als sie Amma sahen.

Amma: „Es ist schon gut, über Advaita zu sprechen, aber um es zu erfahren, müßt ihr Sadhana praktizieren. Was nützt es einem, wenn man den Reichtum eines anderen verwahrt? Zu dieser Stunde solltet ihr meditieren, statt die Zeit mit Diskutieren zu verschwenden. Das ist der einzige Reichtum, den ihr habt. Ihr solltet unaufhörlich Japa machen. Das ist der einzige Weg, etwas im spirituellen Leben zu erreichen und den Betrüger (individuelles Bewußtsein), der seinen Wohnsitz in euch aufgeschlagen hat, zu vertreiben.

Die Honigbiene sucht nach Honig, wohin sie sich auch immer wendet. Nichts anderes kann sie anlocken. Eine gewöhnliche Fliege dagegen zieht es vor, selbst in einem Rosengarten sich weiterhin an Exkremente zu halten. Jetzt gleicht unser Bewußtsein noch der gewöhnlichen Fliege. Das muß sich ändern. Wir müssen ein Bewußtsein entwickeln, das nur das Gute in allem sucht, so wie eine Honigbiene, die überall, wo sie ist, nach Honig ausschaut. Argumentieren wird uns niemals helfen, das zu erreichen, Kinder! Wir müssen versuchen, das Gelernte in die Praxis umzusetzen.

Nicht-Dualismus ist die Wahrheit, aber wir müssen sie in unser Leben hineinbringen. Wir sollten in der Lage sein, in jeder Situation fest in dieser Wahrheit verwurzelt zu sein."

Amma tröstet einen blinden Jugendlichen

Amma ging zum Gästehaus, in dem sich ein blinder junger Mann aufhielt und betrat sein Zimmer. Sobald er bemerkte, daß Amma anwesend war, verbeugte er sich zu ihren Füßen. Er befand sich seit einigen Tagen im Ashram und hatte zu diesem Zeitpunkt völlig seine Fassung verloren.

Seit dem Tag seiner Ankunft im Ashram hatten sich die Brahmacharis um ihn gekümmert. Sie hatten ihn zum Speisesaal begleitet und ihm täglich bei seinen persönlichen Bedürfnissen geholfen. An diesem Tag waren viele Besucher zum Mittagessen eingetroffen, und der Reis war schnell verzehrt. Es wurde mehr Reis gekocht. Der Brahmachari, dessen Aufgabe es war, dem blinden Jugendlichen zu helfen, konnte ihn wegen der Menschenmenge nicht zu Beginn des Mittagessens in den Speisesaal begleiten.

Als dieser schließlich kam, um ihn abzuholen, sah er den jungen Mann mit Hilfe eines anderen Besuchers die Treppe hinunter kommen. „Entschuldige bitte", sagte der Brahmachari. „In der Hektik habe ich vergessen, dich früher abzuholen. Heute sind so viele Menschen hier. Es ist kein Reis mehr da. Es wird gerade wieder welcher gekocht, der bald fertig sein wird."

Aber der junge Mann konnte dem Brahmachari nicht vergeben. „Ich habe Geld. Wieso sollte es ein Problem sein, Reis zu bekommen, wenn ich zahlen kann?" Während er das sagte, ging er in sein Zimmer zurück. Obwohl er so barsch gesprochen hatte, schrieb der Brahmachari dies dem Hunger des jungen Mannes zu. Er holte einige Früchte und brachte sie in dessen Zimmer. „Der Reis wird bald fertig sein. Ich werde ihn dir bringen. Bitte, iß doch inzwischen diese Früchte", sagte er. Doch der junge Mann schrie ihn an und lehnte die Früchte ab.

Amma begab sich zum Gästehaus, als sie von dem Zwischenfall hörte. Zum Brahmachari sagte sie in strengem Ton:

„Wie unachtsam du bist! Warum hast du ihm nicht rechtzeitig sein Essen gebracht? Begreifst du nicht, daß er nicht sehen kann und deshalb nicht alleine zum Speisesaal kommen kann? Wäre er nicht blind, wäre er sofort nach dem Läuten der Glocke zum Essen gegangen. Hätte es dir zu lange gedauert, ihn abzuholen, weil du zu beschäftigt warst, warum hast du ihm sein Essen dann nicht aufs Zimmer gebracht? Wenn du gegenüber Menschen wie ihm kein Mitgefühl aufbringst, wer wird dann jemals Mitleid von dir erfahren? Kinder, vergeudet keine einzige Gelegenheit, die ihr bekommt, denjenigen zu dienen, die Gott verehren. Es mag sein, daß eure Hilfe nicht immer angenommen wird, wenn es euch gerade gelegen ist. Der Dienst, den ihr Menschen wie ihm leistet, ist wahrer Gottesdienst."

Während Amma den Rücken des jungen Mannes streichelte, sagte sie: „Hast du dich verletzt gefühlt, mein Sohn? Er konnte dich nach dem Glockenläuten nur deshalb nicht zum Essen abholen, weil er mit Arbeit überlastet war. Der Brahmachari, der dich sonst zum Speisesaal begleitet, ist heute nicht hier. Und der andere Sohn, dem die Aufgabe, sich um dich zu kümmern, übertragen worden war, half den anderen bei der Essensausgabe, weil heute sehr viele Menschen da sind. Er vergaß dich, weil er so sehr von seiner Arbeit in Anspruch genommen war. Das ist der Grund, warum niemand rechtzeitig zu dir kam. Sohn, denke bitte nicht, daß es absichtlich geschehen ist.

Wo immer man sich aufhält, ist es notwendig, sich den Umständen anzupassen. Bei allem brauchen wir Geduld. Hier im Ashram haben wir die Gelegenheit zu lernen, mit einer Haltung des Verzichts zu leben. Nur dann können wir Gottes Gnade erlangen. Sohn, du solltest bedenken, daß dies ein Ashram ist. Siehst du Schwächen bei anderen, solltest du ihnen verzeihen. Das ist ein Ausdruck deiner Verbindung mit Amma und dem Ashram."

Der junge Mann brach in Tränen aus. Mit großer Zärtlichkeit wischte Amma seine Tränen fort und fragte.: „Hast du etwas gegessen, mein Sohn?" Er schüttelte den Kopf. Amma bat einen Brahmachari, etwas von dem Essen zu bringen, das inzwischen fertig war. Dann setzte sie sich auf den Boden, nahm die Hand des jungen Mannes und zog ihn zu sich, so daß er nahe bei ihr saß. Der Brahmachari brachte einen reichlich mit Reis und Curry gefüllten Teller. Amma formte den Reis zu Bällen und fütterte den jungen Mann mit ihren eigenen Händen. In ihrer Liebe badend, verwandelte er sich in ein kleines Kind. Nachdem sie ihn mit allem Reis und Curry auf dem Teller gefüttert hatte, ließ sie ihn aufstehen, führte ihn zum Wasserhahn und half ihm beim Waschen seiner Hände. Schließlich brachte sie ihn auf sein Zimmer.

Jeder Schlag seines Herzens muß mit lauter Stimme verkündet haben: „Obwohl ich nicht sehen kann, habe ich Amma heute mit den Augen meines Herzens gesehen!"

Montag, den 15. September 1986

Onam-Fest im Ashram

Das Onam-Fest ist für die Menschen in Kerala ein Tag großer Freude, an dem traditionell die Familienmitglieder zusammenkommen, um zu feiern. Aus allen Teilen des Landes waren Ammas Kinder gekommen, um die Onam-Festtage mit ihr zu verbringen. Viele kleine Kinder waren mit ihren Eltern eingetroffen. Amma spielte mit ihnen. Die Jungen und Mädchen nahmen sich bei den Händen und bildeten einen Kreis um Amma, um sie darin einzufangen. Normalerweise wurde einige Tage zuvor eine Schaukel aufgestellt, auf der Amma dann mit den Kindern während des Onamfestes schaukelte. Aber diesmal gab es keine

Schaukel. Wegen der Errichtung des neuen Gebäudes war zur Zeit kein Platz, um sie aufzustellen. Doch als nun Amma all die Kinder beisammen sah, wollte sie eine Schaukel für sie. Daher brachten die Brahmacharis Nedumudi und Kunjumon schnell einen Balken zwischen zwei Pfeilern an, die für das neue Gebäude errichtet worden waren, und hängten eine Schaukel daran. Die Kinder brachten Amma dazu, sich darauf zu setzen und schoben sie dann zur Freude aller an.

Amma beteiligte sich auch an der Vorbereitung des Onam-Festes für ihre Kinder. Sie schnitt Gemüse, half, das Feuer an den Kochstellen zu entfachen und beaufsichtigte alles. Mittags ließ Amma alle kleinen Kinder in der nordwestlichen Ecke des Speisesaals Platz nehmen. Sie ließ sich in ihrer Mitte nieder und forderte sie auf, „OM" zu singen. Amma sang zuerst, dann folgten die Kinder. Einen Augenblick lang hallte der heiligen Klang in der Umgebung nach. Die Töne, die den unschuldigen Herzen der Kinder entsprangen, erfüllten die Atmosphäre mit einer erquickenden Süße.

Als nächstes ließ Amma Bananenblätter als Teller vor den Kindern auslegen. Das Essen war zubereitet, aber noch nicht in die für die Essensausgabe vorgesehenen Kübel umgefüllt worden. Auch die Pappadams waren noch nicht frittiert. Aber Amma wollte nicht länger damit warten, die kleinen Kinder zu füttern. Deshalb gab sie die verschiedenen Speisen in kleine Behälter und begann, sie auszuteilen. Damit nicht zufrieden, beugte sie sich zu jedem Kind hinunter und formte Bälle aus dem Reis, der auf den Bananenblättern lag und fütterte jedes Kind mit ihren eigenen Händen.

Bis Amma mit der Fütterung der Kleinen fertig war, hatten ihre erwachsenen Kinder (die Haushälter und Brahmacharis) in den zwei angrenzenden Räumen Platz genommen. Nun teilte sie auch an sie das Essen aus. Für diesen Augenblick hatten ihre

Haushälterkinder ihre Familien zurückgelassen und waren zu ihr gekommen. Indem sie sie mit ihren eigenen Händen bediente, beglückte Ammapurneswari[56] sie alle.

Während des Essens rief jemand aus: „Ayyo! (Oh, nein!)" Vielleicht hatte er in eine Chilli-Schote gebissen. Als Amma das hörte, erklärte sie: „Kleine Kinder sagen niemals 'Ayyo', ganz gleich, was ihnen zustößt. Sie rufen nur laut: 'Amma!' Dieses 'Ayyo!' schleicht sich ein, wenn wir älter werden. In jedem Alter und unter allen Umständen sollte der Name Gottes als allererstes auf unserer Zunge sein. Dazu brauchen wir Übung, deshalb sollten wir ständig unser Mantra rezitieren. Kinder, ihr solltet euch darin schulen, 'Krishna' oder 'Shiva' statt 'Ayyo' zu rufen, wenn ihr euch euren Zeh stoßt oder euch sonst etwas zustößt."

Eine Besucherin: „Man sagt, daß wir den Gott des Todes rufen, wenn wir 'Ayyo!' sagen."

Amma: „Das stimmt, denn wenn wir nicht Gottes Namen wiederholen, kommen wir dem Tod näher. Etwas anderes als den Namen Gottes zu äußern, ist eine Einladung an den Tod. Wollen wir nicht sterben, müssen wir einfach nur unaufhörlich Gottes Namen singen!" Amma lachte.

Nachdem Amma Payasam an ihre Kinder verteilt hatte, gab sie ihnen Zitronenscheiben. Sie nahm selbst dies zum Anlaß, die Saat der Spiritualität in ihr Bewußtsein zu sähen: „Kinder, Payasam und Zitronen gleichen Hingabe und Wissen. Die Zitrone hilft euch, den Payasam zu verdauen. Desgleichen hilft Wissen, eure Hingabe mit dem richtigen Verständnis ihrer Grundlagen zu durchdringen.

Weisheit ist unerläßlich, um in den Genuß vollständiger Hingabe zu gelangen. Aber Wissen ohne Hingabe ist bitter, es ist keine Süße vorhanden. Diejenigen, die sagen: 'Ich bin alles', haben selten Mitgefühl. Hingabe jedoch beinhaltet Mitleid."

---

[56] Der Aspekt der Göttlichen Mutter, der Nahrung gibt

Amma vergaß nicht, jeden einzelnen zu fragen, ob er schon gegessen hatte. Wie das mütterliche Oberhaupt einer großen Sippe schenkte sie jeder Einzelheit, die ihre Kinder betraf, ihre Aufmerksamkeit. Eine Familie, die gewöhnlich frühzeitig zum Onam-Fest eintraf, kam in diesem Jahr erst spät. Amma erkundigte sich nach der Ursache dafür und ebenfalls nach den schulischen Leistungen der Kinder.

Nach dem Essen begannen die Brahmacharis zusammen mit den im Ashram weilenden Haushältern, das Ashramgelände in Ordnung zu bringen. Wegen der laufenden Bauarbeiten befand der Ashram sich in einem ungeordneten Zustand, und die Aufräumarbeiten zogen sich bis in den Abend hinein. Nach den Bhajans schloß sich Amma der Gruppe an. Sie füllten Löcher und Gräben vor der Baustelle mit Erde auf und bedeckten die Fläche mit sauberem, weißem Sand. All dies diente als Vorbereitung für Ammas Geburtstag, der schon in einer Woche bevor stand. Tausende von Anhängern wurden für diesen Tag erwartet.

Nach dem Abendessen kamen noch mehr Menschen, die sich um Amma herum versammelten. Amma sprach eine Weile mit ihnen und legte sich dann in den Sand. Ihr Kopf ruhte dabei im Schoß einer Anhängerin. Amma blickte zu Markus, einem jungen Mann aus Deutschland und sagte lachend: „Schaut euch seinen Kopf an!" Markus Kopf war ziemlich kahl. Nur ein schmaler Kranz aus blondem Haar umgab eine große, kahle Fläche auf seinem Kopf. „Arbeit, Arbeit - immer nur Arbeit, ob im Regen oder Sonnenschein, am Tag oder bei Nacht", sagte Amma mit Bezug auf Markus.

Markus: „Alles Land wird für die Geburtstagsfeier benutzt. Es ist kein Land mehr übrig. (Er berührte seinen Kopf) Jetzt nutzen wir das hier für unsere Landwirtschaft." Alle lachten.

Ein Besucher: „Etwa weil sich viel Dreck (Erde) darin befindet?" Auf diese Bemerkung hin stimmte Amma in das allgemeine

Gelächter ein. Auch Markus lachte. Ein anderer Anhänger: „Das nennt man Chertala!"[57]

Ein Brahmachari, der gerade von einem Besuch bei seiner Familie zurückgekehrt war, verneigte sich vor Amma und setzte sich neben sie. Amma sagte zu ihm: „Sohn, als du gerade am Gehen warst, hat Amma dir da nicht gesagt, daß sie dir Payasam geben wird, wenn du heute zurückkommst?"

Brahmachari: „Aber es kann kein Payasam mehr übrig sein, Amma. Alles Essen, das mittags serviert wurde, muß inzwischen aufgegessen sein."

Amma: „Gott wird welchen bringen. Würde er zulassen, daß Amma ihr Wort nicht hält?"

Genau in dem Augenblick kam eine Familie aus Kollam, die kurze Zeit zuvor eingetroffen war, auf Amma zu und überreichte ihr eine Schüssel mit Payasam. Amma verteilte es an den Brahmachari und die übrigen Anwesenden. Sie selbst aß nur ein paar Cashewnüsse, die ein Kind aus dem Payasam heraus gelesen und Amma gegeben hatte.

Amma: „Amma mag Cashewnüsse nicht so sehr. Sie hat eine Menge davon auf ihrem Zimmer. Kinder haben sie mitgebracht. Amma ißt sie gewöhnlich nicht, aber manchmal mag Amma den Geschmack von Cashewnüssen in Payasam oder einigen Currygerichten." Amma nahm eine Weintraube, etwas Kardamon und ein Stück Cashewnuß aus dem Payasam und legte alles in ihre Handfläche. Sie sagte: „Dies verleiht dem Payasam seinen Geschmack, genau wie Spiritualität dem Leben Süße gibt.

---

[57] Chertala heißt eine Küstenstadt nördlich vom Ashram. Der Name bedeutet wörtlich 'mit Erde (Schmutz) gefüllter Kopf' auf Malayalam (*cher*: Erde, Schmutz; *tala*: Kopf).

Entsagende, die ihre Familien besuchen

Amma sagte zu einem Brahmachari, der gerade von seiner Familie zurückgekehrt war: „Mein Sohn, du sagst, du hättest keine Verwandten, keinen Besitz usw., und dennoch bist du nach Hause gegangen. Gleichzeitig kommen aber jene, die behaupten, daß sie sich dir so sehr verbunden fühlen, nur ganz selten hierher. Bedenke alles, was du tust, sehr sorgfältig. Unser Onam ist ein spirituelles Fest. Wenn wir eine Rolle in der Welt annehmen, sollten wir sie gut spielen. Wir kamen zum spirituellen Leben, um von unserem 'Ich'-Gefühl frei zu werden. 'Meine Eltern, mein Bruder, meine Schwester, alle meine Bekannten und Verwandten' sind in jenem 'Ich' enthalten. Wenn das 'Ich' verschwindet, so verschwinden sie ebenfalls. Übrig bleibt dann das 'Du' - das heißt Gott. Wir sollten alles seinem Willen überlassen und dementsprechend leben. Nur dann kommt uns der Gewinn aus der Aufnahme spiritueller Lebensführung zu.

Wenn immer du den Ashram verläßt, verlierst du Zeit für dein Sadhana. Jeder Augenblick deines Lebens ist wertvoll. Wenn dein Vater und deine Mutter ein solch starkes Verlangen haben, am Onam-Fest mit ihrem Sohn zu Abend zu essen, können sie hierher kommen. Wir haben dafür alle erforderlichen Vorbereitungen getroffen. Wenn du weiterhin nach Hause gehst, wirst du all das Samskara, das hier in dir gewachsen ist, verlieren, und nur deine Bindungen werden übrig bleiben.

Zu Beginn ihres Sadhana sollten Sadhaks ihren Familien fern bleiben. Sonst werden sie wegen ihrer Bindung an ihre Familien keinen Fortschritt in ihrem Sadhana erreichen. Die Anhaftung an die Familie gleicht dem Aufbewahren von sauren Nahrungsmitteln in einem Gefäß aus Aluminium. Dieses wird Löcher bekommen, und dann kann man nichts mehr darin aufbewahren. Jede Bindung an etwas anderes als Gott vermindert unsere spirituelle Kraft. Anhaftung ist der Feind des Sadhaks. Er sollte sie als seinen Feind ansehen und sich von solchen Verbindungen fern halten. Wenn du ein am Ufer vertäutes Boot zu rudern versuchst, wirst du nirgendwohin gelangen.

Wir sind Kinder des Selbst. Wir sollten die gleiche Beziehung mit unserer Familie haben, wie mit jeder anderen Person. Wenn unsere Eltern alt und krank sind, ist es nicht falsch, wenn wir bei ihnen sind und uns um sie kümmern. Aber selbst in diesem Fall ist alles verloren, wenn wir das Gefühl von ‘*meinem* Vater’ oder ‘*meiner* Mutter’ haben. Wir sollten Mitgefühl hegen und sie so behandeln als seien sie Gott. Diese Haltung gilt auch zu Hause. Wenn diejenigen, die von ‘meinem Sohn’ oder ‘meiner Tochter’ reden, wahre Liebe empfänden, würden sie dann nicht hierher kommen, um dich zu sehen? Wenn du als spiritueller Sucher in den Ashram kommst, hast du als solcher zu leben, sonst wirst du weder deiner Familie noch der Welt von Nutzen sein. Und das ist nicht recht, Kinder!

Wasser sollte an die Wurzel eines Baumes gegossen werden und nicht an die Spitze, denn nur dann wird das Wasser jeden Teil des Baumes erreichen. In gleicher Weise werden wir alle Lebewesen des Universums lieben, wenn wir echte Liebe für Gott empfinden, weil Gott in den Herzen aller Wesen wohnt. Gott ist die Basis von allem. Deshalb sollten wir ihn in allen Lebensformen sehen und ihn in allen Formen lieben und ehren.

Gott ist im Tempel

Einer der Besucher begann, über Dayananda Saraswati[58] zu sprechen. Er beschrieb Dayanandas Ausführungen gegen die

---

[58] Der Gründer der Hindu-Reformbewegung Arya Samaj. Er war bestrebt, die vedischen Praktiken wieder zu beleben und sprach sich gegen die Verehrung von Bildnissen aus.

Verehrung von Bildnissen und erzählte, wie er zu seiner Auffassung gelangt war.

„Eines Tages beobachtete Dayananda, wie eine Maus eine Süßigkeit davontrug, die als Opfergabe vor das Bildnis der Göttlichen Mutter (Devi) gelegt worden war. Er dachte: 'Welche Kraft ist im Bildnis Devis, wenn sie nicht einmal verhindern kann, daß eine Maus das ihr dargebrachte Essen stiehlt? Wie können wir dann erwarten, daß ein solches Abbild die Probleme, die in unserem Leben auftauchen, lösen kann?' Und seit jenem Tag war Dayananda ein entschiedener Gegner der Verehrung von Bildnissen."

Amma, die ruhig zugehört hatte, entgegnete: "Wenn ein Sohn das Bild seines Vaters betrachtet, erinnert er sich dann an den Künstler, der es gemalt hat, oder an seinen Vater? Die Symbole Gottes helfen uns, unsere Konzentration auf ihn zu stärken. Wir zeigen auf das Bild eines Papageis und sagen einem Kind, daß es ein Papagei sei. Wenn das Kind erwachsen ist, kann es einen Papagei ohne die Hilfe eines Bildes erkennen. Wenn Gott überall und alles Gott ist, ist er dann nicht auch in jener Figur aus Stein? Wie können wir dann Bildnisse ablehnen? Und wenn die Maus nahm, was Devi geopfert worden war, können wir dies so betrachten, daß das kleine Geschöpf als es hungrig war, sich das nahm, was seiner eigenen Mutter dargebracht worden war. Denn schließlich ist Devi die Mutter aller Wesen."

Besucher: „Viele Brahmanen haben jahrelang Japa und Puja ausgeführt ohne das Selbst zu verwirklichen."

Amma: „Wesentlich ist Loslösung und die Sehnsucht nach Erfahrung der Wahrheit. Durch Tapas (Askese) allein kann Gott nicht erreicht werden. Voraussetzung dazu sind ein reines Herz und Liebe.

Besucher: „In der Gita steht geschrieben, daß der Körper ein Tempel (Kshetra) ist."

Amma: „Wir machen Aussagen wie 'Gott ist in uns und nicht außerhalb von uns', weil wir noch ein Gefühl von innen und außen haben. Wir sollten alle Körper als Tempel betrachten und alle Dinge als unseren eigenen Körper."

Kastenunterschiede sind bedeutungslos

Anhänger: „ Amma, auch heute noch befolgen die Menschen in Indien das auf dem Kastensystem beruhende *ayitham*[59]. Selbst gelehrte Gurus halten sich daran."

Amma: „Kennst du die Geschichte des Straßenkehrers aus der niederen Kaste, der sich Sri Shankaracharya näherte. Dieser sagte, er solle aus dem Weg gehen. Daraufhin fragte ihn der Straßenkehrer: 'Was soll zur Seite treten, der Körper oder die Seele? Wenn sich die Seele entfernen soll, wohin könnte sie gehen? Die eine Seele ist überall. Wenn ich den Körper weg bewegen soll, sage mir den Unterschied zwischen meinem und deinem Körper? Beide bestehen aus demselben Stoff. Sie unterscheiden sich nur in der Hautfarbe.'"

Einer der anwesenden Gläubigen sang einen Reim aus einem Lied, der lautete: „Einige rühmen sich so sehr, Brahmanen zu sein, als sei nicht einmal der Gott Brahman ihnen ebenbürtig." Amma lachte.

Amma: „Ein wahrer Brahmane ist jemand, der Brahman erkannt und seine Kundalini bis hinauf ins Sahasrara (tausendblättriger Lotus) am Scheitel des Kopfes emporgehoben hat. Der Grund für die Empfehlung, daß diejenigen, die ein hochentwickeltes Samskara haben, vermeiden sollten, mit jenen

---

[59] Die Bezeichnung *Ayitham* auf Malayalam (in Sanskrit *asuddham)* bezieht sich auf die Befolgung des Glaubens, daß eine Person aus der höheren Kaste durch die Annäherung oder die Berührung einer Person aus bestimmten niederen Kasten verunreinigt wird.

in Berührung zu kommen, die nur über ein grobes Samskara verfügen, besteht darin, daß dann ihr eigenes beeinträchtigt wird. Aber wo kann man heutzutage noch einen wahren Brahmanen finden? In den Schriften steht geschrieben, daß im Kali-Zeitalter Brahmanen zu Sudras[60] und Sudras zu Brahmanen werden. In heutiger Zeit sind also solche Vorschriften bedeutungslos.

In alten Zeiten wurde den Menschen die Art von Arbeit übertragen, die am besten ihrem Samskara entsprach. Aber heute trifft man diese Praxis nicht mehr an. In jenen Tagen wurden hervorragende Brahmanen mit den Aufgaben im Tempel betraut. Heute können wir den Sohn eines Brahmanen nicht als Brahmanen und den Sohn eines Kshatriyas (Kriegerkaste) nicht als Kshatriya bezeichnen. Es gibt viele Mitglieder der traditionellen Kaste der Fischer in dieser Gegend, die gut ausgebildet sind und gute Arbeitsstellen haben. Sie sind nicht einmal mit der traditionellen Arbeit ihrer Kasten-Gemeinschaft vertraut."

Ein junger Mann warf die Frage auf: „Sagt nicht der Herr in der Gita 'Ich selbst habe die vier *varnas* (Hauptkasten) gegründet'? Ist deshalb nicht Er für all das Unrecht, das heute im Namen des Kastensystems und der Religion begangen wird, verantwortlich?"

Ein anderer Anhänger antwortete darauf: „Warum zitierst du nicht auch noch die nächste Zeile? Dort heißt es: 'Gemäß der Gunas.' Das bedeutet, daß man zum Brahmanen oder *chandala* (Kastenloser)[61] durch seine Handlungen und sein Verhalten wird und nicht durch Geburt."

Amma: „Man wird erst durch die zeremonielle Übergabe der heiligen Schnur *(upanyana)* zum Brahmanen, so wie man erst mit der Taufe zum Christen wird. Im Islam gibt es ähnliche Rituale. Was ist ein Kind vor einer solchen Zeremonie wirklich?

---

[60] Sudra ist gemäß dem althergebrachten indischen Gesellschaftssystem die niederste der vier Hauptkasten. Die Brahmanen bilden die höchste Kaste.

[61] Ein Chandala gehört zur niedersten Kaste, noch unterhalb der Sudras.

Du siehst, der Mensch hat all diese Kasten eingeführt und nicht Gott. Es führt daher zu nichts, Gott die Schuld an allem Unrecht zu geben, das im Namen des Kastensystems und der Religion begangen worden ist."

Durch Ammas Worte wurde die Diskussion beendet. Inzwischen war es spät geworden, aber nicht einmal die kleinen Kinder waren zu Bett gegangen. Eine Menschenmenge hatte sich um die Schaukel versammelt. Einige Erwachsene versuchten, ein kleines Mädchen zu überreden, ein Lied zum Onam-Fest zu singen. Zuerst sträubte sie sich schüchtern, aber schließlich sang sie mit ihrer unschuldigen Stimme:

Maveli nadu vaneedum kalam...

„Als Maveli62 über das Land herrschte,
waren alle Menschen gleichberechtigt.
Es gab weder Diebstahl noch Betrug,
und nicht ein einziges Wort der Falschheit..."

Denen, die in Ammas Nähe saßen und beobachteten, wie die weichen Herbstwolken über den mondhellen Himmel trieben, schien es, daß Onam als Fest zum Gedenken an eine vergangene Zeit, als die Welt noch schön war, weil Gleichberechtigung herrschte, hier in Ammas Gegenwart jeden Tag war, weil hier all die Menschen verschiedener Rassen, Kasten und Glaubensbekenntnisse als die Kinder der einen liebenden Mutter zusammen lebten.

---

[62] Maveli oder Mahabali war ein Dämonenkönig, der im Ruf stand, über sein Land mit Gerechtigkeit und Rechtschaffenheit geherrscht zu haben. Nach dem tradionellen Glauben in Kerala soll er jedes Jahr zum Onam-Fest auf die Erde kommen, um zu sehen, wie es seinen frühreren Untertanen ergeht.

Mittwoch, den 17. September 1986

Die Brahmacharis erhielten gerade Unterricht, als Amma ihren Raum verließ und zum Kuhstall hinüberging. Der hinter dem Kuhstall gebaute Tank zum Auffangen der Ausscheidungen der Kühe war voll. Amma füllte einen Eimer mit dem Inhalt des Tanks und schüttete ihn unter den Kokosnußpalmen aus. Bald darauf erschienen die Brahmacharis von ihrem Unterricht. Sie nahmen Amma den Eimer ab und setzten die Arbeit fort, die sie begonnen hatte. Da die Brahmacharis darauf bestanden, beendete sie ihre Tätigkeit und ging fort.

Ihre Hände, Füße und Kleidung waren mit Kuhdung beschmiert und bespritzt. Eine Verehrerin Ammas drehte den Wasserhahn auf und versuchte, Ammas Hände und Füße zu waschen, aber sie ließ es nicht zu.

„Nein, meine Tochter, Amma macht es selbst. Warum sollen auch deine Hände noch schmutzig werden?"

Anhängerin: „Amma, warum machst du diese Art von Arbeit? Hast du dafür nicht deine Kinder ?"

Amma: „Tochter, wenn Amma nicht mitarbeitet, werden sie es ihr nachmachen, faul werden und der Welt zur Last fallen. Das darf nicht geschehen. Amma macht es Freude zu arbeiten. Es tut ihr nur leid für Gayatri. Wenn Amma diese Arbeiten macht, werden ihre Kleider schmutzig, und Gayatri ist dann diejenige, die sie wäscht. Auch wenn Amma versucht, sie selbst zu waschen, wird Gayatri das nicht zulassen. Aber manchmal überlistet Amma sie und wäscht ihre Kleidung selbst!" Amma lachte.

Eine andere Frau trat vor und verneigte sich vor Amma.

Amma: „Verneige dich nicht jetzt, Tochter! Ammas Kleidung ist voller Kuhdung. Laß Amma gehen, um ein zu Bad nehmen. Sie kommt dann wieder." Amma ging auf ihr Zimmer und kehrte nach wenigen Minuten zurück. Die Gläubigen, die sich beim

263

Kalari-Tempel aufgehalten hatten, versammelten sich um sie. Die Brahmacharis kamen ebenfalls.

Satsang ist wichtig, Sadhana unerlässlich

Ein Brahmachari stellte die Frage: „Amma, warum mißt du Satsang so viel Bedeutung zu?"

Amma: „Satsang lehrt uns rechte Lebensweise. Wenn wir während der Reise zu einem fernen Ort eine Landkarte bei uns haben, können wir ihn rechtzeitig erreichen, ohne uns zu verirren. Ebenso können wir mit Hilfe von Satsang unser Leben richtig gestalten und allen Gefahren ausweichen. Hast du Kochen gelernt, kannst du mühelos ein Mahl zubereiten, und wenn du Landwirtschaft studiert hast, kannst du ohne Probleme Ackerbau betreiben. Dein Leben wird von Freude erfüllt sein, wenn du begreifst, worin das wahre Ziel des Lebens besteht, und wenn du dich in der richtigen Art und Weise darum bemühst, es zu verwirklichen. Satsang unterstützt uns dabei.

Mit Feuer können wir unser Haus niederbrennen oder es zum Kochen unser Nahrung nutzen. Und mit einer Nadel können wir uns ins Auge stechen oder unsere Kleidung nähen. So müssen wir für alles den richtigen Nutzen finden. Satsang hilft uns, die wahre Bedeutung des Lebens zu verstehen und dem entsprechend zu leben. Durch Satsang gewinnen wir einen Schatz, der uns unser ganzes Leben über erhalten bleibt."

Brahmachari: „Ist Satsang allein ausreichend, um Gottverwirklichung zu erreichen?"

Amma: „Einen Vortrag über die Theorie des Kochens zu hören, reicht nicht, um den Hunger zu stillen. Dazu muß man die Nahrung kochen und essen. Um Früchte anzubauen, reicht es nicht aus, nur Landwirtschaft zu studieren. Du mußt die Obstbäume anpflanzen und sie pflegen."

Das Wissen alleine, daß sich an einer bestimmten Stelle Wasser in der Erde befindet, ist unzureichend, dadurch erhält man noch kein Wasser. Du mußt an der Stelle einen Brunnen graben. Deinen Durst kannst du auch nicht löschen, indem du bloß das Bild eines Brunnens betrachtest. Es ist notwendig, Wasser aus einem tatsächlich vorhandenen Brunnen herauf zu befördern und davon zu trinken. Und nützt es dir etwas, in einem geparkten Auto zu sitzen und auf eine Landkarte zu starren? Um an dein Ziel zu kommen, mußt du die Straße entlang fahren, die auf der Landkarte eingezeichnet ist. Genauso ist es unzureichend, lediglich an Satsangs teilzunehmen oder in den Schriften zu lesen. Um die Wahrheit zu erfahren, mußt du ihnen gemäß leben.

Nur durch Sadhana können wir es verhindern, in die äußeren Umstände unseres Lebens verstrickt zu werden und erfahren, wie wir das durch das Studium der Schriften Gelernte in unser Leben integrieren können. Wir sollten durch die Teilnahme an Satsangs die spirituellen Prinzipien erlernen und dann ihnen gemäß leben. Wir sollten uns aller Wünsche entledigen und Gott frei von jeglicher Begierde und ohne irgend eine Erwartung verehren.

Auch wenn es in den Schriften heißt: 'Ich bin Brahman', 'Du bist das' usw., muß zunächst die Unwissenheit aus uns entfernt werden, bevor die Erkenntnis der Wirklichkeit in uns erstrahlen kann. Ständig zu sagen: 'Ich bin Brahman', ohne Sadhana zu praktizieren, ist so, als ob man ein blindes Kind Prakasham (Licht) nennt.

Ein Mann sagte einmal in einer Rede: 'Wir sind Brahman, nicht wahr? Deshalb besteht kein Grund für Sadhana.' Nach dem Vortrag wurde ihm das Essen serviert. Der Ober servierte ihm eine Platte mit Zetteln, die folgende Aufschriften trugen: Reis, Sambar und Payasam. Es war kein Essen auf der Platte. Der Vortragende wurde ärgerlich. 'Was meinst du, was du tust! Willst du mich beleidigen?' fragte er.

Dieser antwortete: „Ich habe vorhin ihren Vortrag gehört, in dem sie erklärten, daß sie Brahman seien, und daß diese Vorstellung allein ausreichend sei. Sadhana sei nicht nötig. So dachte ich, daß sie sicherlich zustimmen werden, daß der Gedanke an eine Mahlzeit genügt, um ihren Hunger zu stillen. Es besteht offensichtlich keinen Grund zu essen.'

Reden allein genügt nicht, Kinder! Wir müssen handeln. Nur durch Sadhana können wir die Wahrheit verwirklichen. Für jemanden, der keine Anstrengungen unternimmt, ist Satsang wie eine Kokosnuß, die man einem Schakal gibt: sein Hunger wird davon niemals gestillt werden. Ein Stärkungsmittel verbessert deinen Gesundheitszustand, vorausgesetzt, du befolgst die Gebrauchsanweisung auf der Flasche und nimmst die richtige Dosierung. Satsang gleicht dem Lernen jener Gebrauchsanweisung, und Sadhana entspricht dem Einnehmen des Stärkungsmittels. Satsang lehrt uns, das Ewige vom Vergänglichen zu unterscheiden, aber nur durch Sadhana können wir erfahren und verwirklichen, was wir gelernt haben.

Wenn wir die verschiedenen Teile eines Radios in der vorgeschriebenen Weise zusammen setzen und es an eine Batterie anschließen, können wir, ohne unser Haus zu verlassen, die Sendungen einer weit entfernten Radiostation hören. Wir können in unserem Körper unendliche Glückseligkeit erfahren, indem wir durch Sadhana in der richtigen Weise auf unseren Geist einwirken und unser Leben gemäß den Lehren der Mahatmas führen. Wir brauchen nichts weiter als Sadhana und selbstloses Dienen zu praktizieren.

Wie viel Vedanta wir auch studieren, ohne Sadhana können wir die Wirklichkeit nicht erfahren. Das, was wir suchen, ist in uns, aber um es zu erreichen, müssen wir Sadhana ausüben. Damit aus dem Samen ein Baum wird, müssen wir ihn in die

Erde pflanzen, ihm Wasser geben und düngen. Es genügt nicht, ihn nur in unseren Händen zu halten."

Niemand bemerkte, wie die Zeit verstrich, während sie Ammas nektargleichen Worten lauschten. Schließlich forderte Amma alle auf: „Geht zu Bett, Kinder. Es ist sehr spät geworden. Müßt ihr nicht morgen früh zum Archana aufstehen?"

Alle erhoben sich und gingen nur halbherzig fort. Nachdem sie ein wenig gegangen waren, schauten sie sich um und sahen Ammas bezaubernde Gestalt, die ins Mondlicht getaucht war. War es nicht der strahlende Glanz ihres Gesichts, der sich im Mond, in der Sonne und in den Sternen spiegelte?

> *Tameva bhantam anubhati sarvam*
> *Tasya bhasa sarvamidam vibhati.*
> *Tameva........*

> *Wenn er strahlt, erstrahlt alles in seinem Gefolge.*
> *Durch sein Licht leuchtet alles.*
>
> – Katha-Upanischade

Glossar

Achyuta: "Der Unvergängliche, der Ewige". Einer der Namen Vishnus.

Adharma: Unrecht, Sünde, der göttlichen Harmonie entgegengerichtet.

Advaita: Nicht-Dualismus. Die Philosophie, die lehrt, daß die höchste Realität nicht teilbare Einheit ist.

Ahimsa: Friedfertigkeit, Gewaltlosigkeit. Kein Lebewesen in Gedanken, Wort oder Tat zu verletzen.

Ambika: "Mutter." Die göttliche Mutter.

Ammachi: Mutter.

Anna prasana: Die erste feste Nahrung, die ein Baby erhält.

Annapurna: Die Göttin des Reichtums. Eine Form Durgas.

Arati: Ritual, beim dem ein Licht brennenden Kampfers dargeboten wird, sowie eine Glocke vor der Tempelgottheit oder einer heiligen Person als abschließender Höhepunkt der Puja (Verehrung) geläutet wird. Vom Kampfer bleiben keine Reste, was die völlige Vernichtung des Egos symbolisiert.

Archana: „Zur Verehrung darbringen." Eine Art des Gottesdienstes, bei dem die Namen einer Gottheit gesungen werden, gewöhnlich 108, 300 oder 1000 Namen bei einer Zusammenkunft.

Asana: Eine kleine Matte, auf der der Aspirant beim Meditieren sitzt. Yoga-Stellung.

Ashram: „Ort des Strebens". Ein Ort, an dem spirituelle Sucher und Aspiranten leben, bzw. den sie besuchen, um spirituelle Lebensführung und Übungen zu praktizieren. In der Regel gibt es dort einen spirituellen Meister, Heiligen oder Asketen, der die Suchenden anleitet.

Atman: Das wahre Selbst. Die essentielle Natur unseres wahren Seins. Einer der Grundsätze des Sanatana Dharma ist, daß wir nicht unser physischer Körper, Intellekt, Denken, unsere Gefühle oder Persönlichkeit sind, sondern unser ewiges, reines, makelloses Selbst.

AUM: Heilige Silbe. Urton bzw. Schwingung, die Brahman und die gesamte Schöpfung repräsentiert. Aum ist das Urmantra und befindet sich gewöhnlich am Anfang anderer Mantren.

Avadhut: Eine selbstverwirklichte Seele, die nur die Einheit von allem sieht und dadurch alle gesellschaftlichen Konventionen transzendiert hat.

Avatar: „Herabkunft". Eine göttliche Inkarnation. Das Ziel einer göttlichen Inkarnation besteht darin, das Gute zu beschützen, das Böse zu zerstören, Rechtschaffenheit in der Welt wieder herzustellen und die Menschheit zum spirituellen Ziel zu führen. Sehr selten handelt es sich bei einem Avatar um eine volle Herabkunft. (Purnavatar)

Ayitham: Der aus dem Malayalam stammende Begriff *ayitham* (abgeleitet vom Sanskrit-Wort *asuddham*) bezieht sich auf die Beachtung der Auffassung, daß eine Person aus einer hohen Kaste beschmutzt wird durch die Annäherung oder Berührung von jemandem aus bestimmten niederen Kasten.

Ayurveda: "Die Wissenschaft vom Leben" . Altindisches ganzheitliches Gesundheits- und Medizinsystem. Ayurvedische Arzneien werden gewöhnlich aus Heilkräutern und -pflanzen hergestellt.

Bhagavad Gita: "Lied Gottes". Bhagavad = des Herrn; Gita = Lied, mit besonderem Bezug zu Ratschlägen. Die Lehren, die Krishna Arjuna auf dem Schlachtfeld von Kurukshetra zu Beginn des Mahabharata-Krieges erteilte. Sie ist ein praktischer Leitfaden für das tägliche Leben des Menschen und enthält die Essenz Vedischer Weisheit.

Bhagavan: „Der segensreiche Herr, Gott". Gemäß der Vedanta, einem Zweig vedischer Literatur, ist Bhagavan derjenige, welcher die Seelenwanderung beendet und Vereinigung mit dem Höchsten Geist schenkt.

Bhagavata: Siehe Srimad Bhagavatam.

Bhajan: Hingebungsvoller Gesang.

Bhakti: Hingabe

Bhakti Yoga: „Einheit durch Hingabe." Pfad der Hingabe. Der Weg zur Selbstverwirklichung über Hingabe und völlige Gottergebenheit.

Bhasma: Heilige Asche.

Bhava: Göttliche Laune.

Bhava darshan: Zu diesem Anlaß empfängt Amma ihre Anhänger in einem erhobenen Zustand der göttlichen Mutter. In der Anfangszeit erschien Amma auch in Krishna-Bhava.

Bhiksha: Almosen, Essensgabe.

Bijakshara: Ein Saat-Buchstabe in einem Mantra.

Brahmachari(ni): In Zölibat lebende(r) Jünger(in), der spirituelle Disziplinen praktiziert und in der Regel von einem Guru unterwiesen wird.

Brahmacharya: „Gottestreue, Beständigkeit in Gott." Zölibat und diszipliniertes Gedanken- und Sinnesleben.

Brahman: Die absolute Wirklichkeit; das Ganze; das Höchste Wesen, das alles umfaßt und durchdringt, das eins und unteilbar ist.

Brahma Sutras: Aphorismen vom Weisen Badarayana (Veda Vyasa), die die Vedanta-Philosophie erläutern.

Brindavan: Der Ort, an dem der historische Krishna als junger Hirte lebte.

Chammandi: Kokosnuß-Chutney (Soße).

Chandala: Aussätziger.

Chechi: (Malayalam) "Ältere Schwester." Es ist eine liebevollere Anrede als mit dem Namen.

Dakshayani: Ein Name der göttlichen Mutter Parvati.

Darshan: Eine Audienz bei einer heiligen Person, bzw. deren Anblick oder eine göttliche Vision.

Devi: "Die Strahlende." Die Göttin.

Devi Bhava: "Der göttliche Zustand Devis." Der Zustand, in dem Amma ihre Einheit und Identität mit der göttlichen Mutter offenbart.

Dhara: Ein fortlaufender Flüssigkeitsstrom. Der Begriff wird häufig verwendet für eine medizinische Behandlungsform, bei der eine therapeutische Flüssigkeit kontinuierlich über den Patienten gegossen wird. Ferner ist Dhara eine Bezeichnung für eine Form des zeremoniellen Badens einer göttlichen Figur.

Dharma: „Das, was das Universum aufrecht erhält." Dharma hat zahlreiche Bedeutungen, dazu gehören: das göttliche Gesetz; Gesetz des Lebens in Einklang mit göttlicher Harmonie; Rechtschaffenheit, Religion, Pflicht, Verantwortung, rechtes Verhalten, Gerechtigkeit, Tugendhaftigkeit und Wahrhaftigkeit. Dharma steht für die inneren Prinzipien von Religion.

Dhyana: Meditation, Kontemplation.

Diksha: Initiation, Einweihung.

Dosha: Pfannkuchen aus Reismehl.

Durga: Ein Name Shaktis, der göttlichen Mutter. Sie wird oft mit einer Anzahl von Waffen in den Händen und auf einem Löwen reitend dargestellt. Sie zerstört Böses und schützt Gutes. Sie zerstört die Wünsche und negativen Tendenzen (Vasanas) ihrer Kinder und enthüllt das höchste Selbst.

Dwaraka: Die Inselstadt, in der Krishna lebte und seinen Pflichten als König nachkam.

Nachdem Krishna seinen Körper verlassen hatte, versank Dwaraka im Meer. Archäologen haben vor kurzem die Überreste einer Stadt im Meer in der Nähe Gujarats entdeckt. Man nimmt an, daß es Dwaraka ist.

Ekagrata: Volle Konzentration.

Gayatri: Das bedeutendste Mantra in den Veden; es steht in Verbindung mit der Göttin Savita. Nach Erhalten von Upanayana sollte man dieses Mantra singen. Ferner: die Göttin Gayatri.

Gita: „Lied". Siehe *Bhagavad Gita*

Gopala: "Kuhhirtenjunge." Einer der Namen Krishnas.

Gopi: Die Gopis waren Kuhhirten- und Milchmädchen, die in Brindavan lebten. Sie waren die engsten Anhänger Krishnas und waren für ihre erhabene Hingabe an den Herrn bekannt. Sie stehen für die intensivste Gottesliebe.

Grihasthashrami: Ein Grihasthasrami ist ein Haushälter, der sich dem spirituellen Leben widmet.

Guna: Die Ur-Natur (Prakriti) besteht aus drei Gunas, d.h. Grundeigenschaften, -tendenzen oder Hauptgewichtungen, die aller Manifestation zugrunde liegen: Sattva (Tugendhaftigkeit, Reinheit, heitere Gelassenheit), Rajas (Aktivität, Leidenschaft) und Tamas (Dunkelheit, Trägheit, Unwissenheit). Diese drei Gunas stehen in ständiger Wechselwirkung miteinander.

Guru: „Jemand, der die Dunkelheit der Unwissenheit beseitigt". Spiritueller Meister/Führer.

Gurukula: Ein Ashram mit einem lebenden Guru, der dort ansässige Jünger unterweist.

Guruvayoor: Ein Wallfahrtsort in Kerala, in der Nähe von Trissur, wo ein berühmter Krishna-Tempel steht.

Haimavati: Ein Name der göttlichen Mutter Parvati.

Hatha Yoga: Ein System physischer and mentaler Übungen, die in alten Zeiten entwickelt wurden, mit dem Ziel, den Körper und seine vitalen Funktionen zu vollendeten Instrumenten zu machen, um dadurch die Selbstverwirklichung zu unterstützen.

Homa: Opferfeuer.

Hridayasunya: Herzlos.

Hridayesha: Herr des Herzens.

Japa: Wiederholung eines Mantras, Gebets oder eines göttlichen Namens.

Jarasandha: Der mächtige König von Magadha, der mit Krishna 18 Schlachten schlug und von Bhima getötet wurde.

Jivatman: Die individuelle Seele.

Jnana: Spirituelle oder göttliche Weisheit. Wahres Wissen bedeutet direkte Erfahrung ohne irgendwelche Erkenntnisse des begrenzten Geistes, Intellekts und der Sinne. Es wird erreicht durch spirituelle Übungen und die Gnade Gottes oder des Gurus.

Kali: „Die Dunkle". Ein Aspekt der göttlichen Mutter. Aus der Perspektive des Egos kann sie furchterregend wirken, da sie es zerstört. Jedoch zerstört sie das Ego und transformiert uns nur aufgrund ihres unermesslichen Mitgefühls. Kali hat viele Formen. In ihrer wohlwollenden Gestalt ist sie bekannt als Bhadra-Kali. Der Anhänger weiß, daß sich hinter ihrer grimmigen Fassade die liebende Mutter befindet, die ihre Kinder beschützt und die Gnade der Befreiung schenkt.

Kamandalu: Ein Kessel mit Griff und gebogenem Ausgußstück, der von Mönchen benutzt wird, um Wasser und Nahrung zu holen.

Kamsa: Krishnas dämonischer Onkel, der von ihm getötet wurde.

Kanji: Reissuppe.

Kanna: „Der mit den schönen Augen". Ein Kosename von Krishna als Baby. Es gibt viele Geschichten über Krishnas Kindheit, und er wird manchmal in der Gestalt des göttlichen Kindes verehrt.

Kapha: Siehe "Vata, pitta, kapha."

Karma: Handlung, Tat.

Karma Yoga: „Einheit durch Handlung." Der spirituelle Pfad losgelösten, selbstlosen Dienens und auf dem die Früchte aller Handlungen Gott geweiht werden.

Karma yogi: Ein Karmayogi folgt dem Pfad selbstloser Handlung.

Kartyayani: Ein Name der göttlichen Mutter Parvati.

Kauravas: Die hundert Kinder Dhritharasthras and Gandharis. Die Kauravas waren die Feinde der Pandavas, die sie im Mahabharata-Krieg bekämpften.

Kindi: Ein traditionelles Gefäß aus Bronze oder Messing mit Tülle, das gewöhnlich bei Gottesdiensten verwendet wird.

Kirtan: Hymne. Geistige Lieder, deren Zeilen ein Sänger vorsingt und dann von allen anderen nachgesungen wird.

Krishna: „Er, der uns zu sich zieht; der Dunkle." Die Hauptinkarnation Vishnus. Er wurde in einer Königsfamilie geboren, wuchs jedoch bei Pflegeeltern auf und lebte als junger Kuhhirte in Brindavan, wo er von seinen hingebungsvollen Gefährten, den Gopis und Gopas, geliebt und verehrt wurde. Später wurde Krishna der Herrscher Dwarakas. Seinen Cousins, den Pandavas, w3ar er ein Freund und Berater, insbesondere für Arjuna, dem er seine Lehren in der Bhagavad Gita vermittelte.

Krishna bhava: Der Zustand, in dem Amma ihre Einheit und Identität mit Krishna zeigt.

Kumkum: Saffran.

Kshatriya: Krieger-Kaste.

Kshetra: Tempel; Feld; Körper.

Kundalini: „Die Schlangenkraft." Die geistige Energie, die wie eine eingerollte Schlange an der Basis der Wirbelsäule ruht. Durch geistige Übungen wird sie zum Aufsteigen durch den Sushumna-Kanal (einem feinstofflichen Nerv in der Wirbelsäule) und über die Chakras (Kraftzentren) gebracht. Wenn die Kundalinikraft von Chakra zu Chakra aufsteigt, beginnt der spirituelle Aspirant feinere Bewußtseinsebenen zu erfahren. Zum Schluß erreicht die Kundalini das höchste Chakra oben auf dem Kopf (Sahasrara-Lotus), was zur Erlösung führt.

Lakshya bodha: Ständig auf das höchste Ziel ausgerichtet sein, sich stets dessen bewußt sein.

Damit einhergehende Weisheit und Erkenntnis.

Lalita Sahasranama: Die Tausend Namen der göttlichen Mutter in der Gestalt Lalitambikas.

Leela: „Spiel". Die göttlichen Bewegungen und Handlungen, die von ihrer Natur her frei sind und nicht unbedingt den Naturgesetzen unterliegen.

Mahatma: „Große Seele." Wenn Amma den Begriff „Mahatma" verwendet, meint sie eine selbstverwirklichte Seele.

Mahasamadhi: Wenn eine verwirklichte Seele stirbt, wird es als Mahasamadhi, „großes Samadhi", bezeichnet.

Mala: Rosenkranz - gewöhnlich aus Rudraksha-Samen, Tulasi- oder Sandelholzperlen gefertigt.

Mantra: Heilige Formel oder Gebet, das ständig wiederholt wird. Dadurch werden die in einem schlummernden spirituellen Kräfte geweckt und das Erreichen des Ziels findet Unterstützung. Es ist am wirkungsvollsten, wenn es von einem spirituellen Meister während einer Einweihung gegeben wurde.

Mantra diksha: Mantra-Initiation (Einweihung).

Mataji: "Mutter." Das Suffix "ji" bedeutet Respekt.

Maya: "Illusion." Die göttliche Kraft oder der Schleier, mit dem Gott in seinem göttlichen Schöpfungsspiel sich selbst verbirgt, den Eindruck der Vielfalt und damit die Illusion der Trennung hervorruft.

Wenn Maya die Wirklichkeit verschleiert, täuscht sie uns und erweckt in uns die Annahme, daß die Vollendung außerhalb von uns selbst liegt.

Mookambika: Die göttliche Mutter in dem Aspekt, in dem sie in dem berühmten Tempel in Kalloor in Südindien verehrt wird.

Mukti: Befreiung, Erlösung

Muladhara: Das unterste der sechs Chakren, das sich an der Basis der Wirbelsäule befindet.

Mudra: Heilige Handstellung oder -geste, die spirituelle Wahrheiten darstellt.

Nanda: Krishnas Pflegevater.

Narayana: Nara = Wissen, Erkenntnis, Wasser. „Der in höchster Erkenntnis Etablierte." „Der in den Urwassern (Ursprungswassern) Lebende." Name Vishnus.

Nasyam: Eine ayurvedische Reinigungsbehandlung, bei der ein spezielles medizinisches Öl in die Nase geleitet wird.

Ojas: Sexuelle Energie, die durch spirituelle Übungen in vitale Energie umgewandelt wird.

Om Namah Shivaya: Das Panchakshara Mantra (aus fünf Buchstaben bestehend). Bedeutung: „Gegrüßt sei der glücksverheißende Shiva."

Pada puja: Verehrung der Füße Gottes, des Gurus oder eines Heiligen. So wie die Füße den Körper tragen, trägt das Guru-Prinzip die höchste Wahrheit. Daher repräsentieren die Füße des Guru die höchste Wahrheit.

Pandavas: Die fünf Söhne König Pandus und Helden des Mahabharata-Epos.

Paramatman: Der höchste Geist, das höchste geistige Prinzip; Brahman.

Parvati: „Berges-Tochter." Shivas göttliche Gemahlin. Ein Name der göttlichen Mutter.

Payasam: Süßer Reispudding.

Peetham: Heiliger Sitz.

Pitta: Siehe "Vata, pitta, kapha."

Pradakshina: Eine Art der Verehrung, bei der man im Uhrzeigersinn einen heiligen Ort, einen Tempel oder eine heilige Person umrundet.

Prarabdha: Pflichten, Lasten. Die Frucht vergangener Handlungen aus diesem und vorher gehenden Leben, die in diesem Leben zur Manifestation kommt.

Prasad: Geweihte Gaben, die nach der Puja verteilt werden. Ferner wird jede Gabe eines Mahatmas, die er als Zeichen seines Segens gibt, als Prasad betrachtet.

Prema: Höchste Liebe.

Prema bhakti: Höchste Liebe und Hingabe.

Puja: Rituelle Verehrung/Gottesdienst.

Purnam: Voll, perfekt.

Radha: Eine von Krishnas Gopis. Sie stand Krishna von allen Gopis am nächsten und personifiziert die höchste und reinste Gottesliebe. In Goloka, der himmlischen Wohnstatt Krishnas, ist Radha Krishnas göttliche Gemahlin.

Rajas: Aktivität, Leidenschaft. Eine der drei Gunas oder grundlegenden Eigenschaften der Natur.

Rama: „Der Freude Gebende". Der göttliche Held in dem Epos „Ramayana". Er war eine Inkarnation Vishnus und gilt als Ideal/Vorbild der Tugendhaftigkeit.

Ramayana: „Das Leben Ramas." Eines der größten indischen epischen Gedichte, welches das Leben Ramas beschreibt. Der Verfasser ist Valmiki. Rama war eine Inkarnation Vishnus. Ein Hauptteil des Epos erzählt von der Entführung Sitas, der Gemahlin Ramas, nach Sri Lanka durch Ravana, dem Dämonenkönig, und von ihrer Rettung durch Rama und seine Anhänger.

Rasam: Eine Brühe aus Tamarinde, Salz, Chili, Zwiebeln usw.

Ravana: Der Dämonenkönig Sri Lankas, der Bösewicht im Ramayana.

Rudraksha: Die Samen des Rudraksha-Baumes, die über medizinische Wirkung, sowie spirituelle Kraft verfügen und in Bezug zu Shiva stehen.

Sadhak: Ein spiritueller Aspirant, der Sadhana mit dem Ziel der Selbstverwirklichung ausübt.

Sadhana: Spirituelle Disziplin und Übungen, wie Meditation, Gebet, Japa, Lesen heiliger Schriften, Fasten usw.

Sahasrara: „Mit tausend Speichen" = tausendblättrig (Lotus). Das höchste Chakra (oben am Scheitel). Die Kundalini (Shakti) vereinigt sich dort mit Shiva. Es ähnelt einer Lotusblüte mit tausend Blättern.

Samadhi: Sam = mit; adhi = der Herr. Vereinigung mit Gott. Ein Zustand tiefer Konzentration, in dem alle Gedanken aufhören; die mentale Ebene taucht in einen Zustand völliger Stille, in dem nur reines Bewußtsein übrig bleibt, während man in Gott (Atman, Selbst) weilt.

Sambar: Gemüsebrühe mit scharfen Gewürzen.

Samsara: Die Welt der Vielfalt. Der Zyklus von Geburt, Tod und Wiedergeburt.

Samskaras: Samskara hat zwei verschiedene Bedeutungen: Kultur und die Summe der im Menschen gespeicherten Erfahrungsinhalte (aus diesem und früheren Leben). Das durch diese Eindrücke entstandene „Programm" wirkt sich auf seinen Charakter, seine Handlungs- und Reaktionsweise, sein Fühlen und sein Denken (Einstellung) aus.

Sanatana Dharma: "Die ewige Religion." Die traditionelle Bezeichnung für den Hinduismus.

Sandhya: Sonnenaufgang, Mittag oder Sonnenuntergang - meistens ist der Sonnenuntergang gemeint.

Sankalpa: Ein schöpferischer, integraler Entschluß, der zur Verwirklichung kommt. Der Sankalpa-Beschluß eines gewöhnlichen Menschen zeigt nicht immer das gewünschte Ergebnis, der eines selbstverwirklichten Wesens jedoch führt zur unausweichlichen Manifestation des beabsichtigten Resultates.

Sannyasi: Ein Mönch oder eine Nonne mit offiziellen Gelübden der Entsagung. Ein Sannyasi trägt traditionsgemäß ein orangefarbenes Gewand, welches das Verbrennen aller Anhaftungen symbolisiert.

Satguru: Ein selbstverwirklichter, spiritueller Meister.

Satsang: Sat = Wahrheit, Sein; sanga = Zusammensein mit. Aufenthalt in der Gesellschaft weiser und tugendhafter Menschen. Auch: spiritueller Vortrag eines Weisen oder Gelehrten.

Shakti: Kraft. Shakti ist auch eine Bezeichnung der Weltenmutter, dem dynamischen Aspekt Brahmans.

Shastri: Religiöser Gelehrter.

Shiva: „Der Glückverheißende; der Gnädige, der Gute." Ein Aspekt des höchsten Seins. Das maskuline Prinzip; der statische Aspekt Brahmans. Auch der Aspekt der Trinität, der mit der Zerstörung des Universums verbunden ist und mit der Zerstörung des Unwirklichen.

Shraddha: Auf Sanskrit bedeutet Shraddha Glaube, der auf Weisheit und Erfahrung beruht; auf Malayalam hingegen Aufmerksamkeit bei jeder Handlung (Amma verwendet ihn oft in dieser Bedeutung) und hingebungsvoll ausgeführte Arbeit.

Sri or Shree: "Leuchtend, heilig." Ein Präfix, der Achtung und Verehrung ausdrückt.

Shridara: "Der, der Lakshmi hält." Ein Name Vishnus.

Srimad Bhagavata: Eine der 18 Schriften, die als Puranen bekannt sind und sich mit den Inkarnationen Vishnus befassen, besonders detailliert mit dem Leben Krishnas. Hierin wird der Pfad der Hingabe besonders betont.

Tamas: Dunkelheit, Trägheit, Apathie, Unwissenheit. Tamas ist eine der drei Gunas bzw. grundlegenden Eigenschaften der Natur.

Tandava: Shivas Tanz der Glückseligkeit, insbesondere in der Abenddämmerung.

Tapas: "Hitze." Selbstdisziplin, Askese, Genügsamkeit, Buße und Selbstaufopferung; spirituelle Übungen, durch die die Unreinheiten in unserem Bewußtsein verbrannt werden.

Tapasvi: Jemand, der sich mit Tapas, bzw. spiritueller Askese befaßt.

Tenga: Kokosnuß auf Malayalam.

Tirtham: Heiliges Wasser.

Tyaga: Entsagung, Askese.

Upanayana: Eine traditionelle Zeremonie, bei der ein Kind von Eltern einer höheren Kaste den heiligen Faden erhält und in die Studien der Heiligen Schriften eingeweiht wird.

The Upanishads: "Zu den Füßen des Meisters sitzen." "Das, was Unwissenheit zerstört." Der vierte und abschließende Teil der Veden, der sich mit der Vedanta-Philosophie befaßt.

Vada: In Öl gebackener Imbiß, Appetithappen, Pastete aus Hülsenfrüchten.

Vairagya: Losgelöstheit, Abstand.

Vanaprastha: Lebensabschnitt der Zurückgezogenheit. In der altindischen Tradition gibt es vier Lebensabschnitte. Im ersten wird das Kind in ein Gurukula geschickt, um das Leben eines Brahmachari zu leben; im zweiten heiratet er und lebt als Haushälter, der ein spirituelles Leben führt (grihasthashrami). Das dritte Satadium: Wenn die Kinder alt genug sind und auf eigenen Beinen stehen können, ziehen sich die Eltern in eine Einsiedelei oder einen Ashram zurück, um sich einem rein spirituellen Leben mit geistigen Übungen zu widmen. Im vierten Abschnitt entsagen sie der Welt völlig und werden Sannyasins.

Varna: Hauptkaste. Die vier Hauptkasten sind: Brahmane, Kshatriya, Vaishya und Sudra.

Vasana: Von "vas" = lebend, verbleibend. Vasanas sind die latenten Tendenzen oder subtilen Impulse/Wünsche in uns, mit der Tendenz in unsere Handlungen und Gewohnheiten einzugehen.. Vasanas resultieren aus Erfahrungseindrücken (Samskaras), die im Unterbewußtsein existieren.

Vata, pitta, kapha: Gemäß der alten Wissenschaft des Ayurveda gibt es drei Grundlebenskräfte oder biologische Typen, genannt Vata, Pitta, Kapha, die den Elementen Luft, Feuer und Wasser entsprechen. Diese drei Elemente bestimmen die Lebensprozesse von Wachstum und Verfall und spielen eine ursächliche Rolle im Krankheitsverlauf. Die Vorherrschaft von einem oder zwei dieser Elemente bestimmen die körperliche und psychologische Veranlagung eines Menschen.

Veda: "Wissen Weisheit." Die alten Heiligen Schriften des Hinduism. Eine Sammlung heiliger Texte auf Sanskrit, aus vier Teilen bestehend: Rig, Yajur, Sama and Atharva. Sie zählen zu den ältesten Schriften der Welt. Die Veden werden als direkte Offenbarung der höchsten Wahrheit betrachtet, die Gott den Rishis zukommen ließ.

Vedanta: "Veda-ende." Die Philosophie der Upanishaden, der abschließende Teil der Veden, der besagt, das die letzendliche Wahrheit „Eines, ohne ein Zweites" ist.

Veena: Ein indisches Saiteninstrument, das mit der göttlichen Mutter in Verbindung steht.

Vrindavan (Brindavan): Der Ort, an dem der historische Krishna als junger Hirte lebte.

Vyasa: The Sage who divided the one Veda into four parts. He also composed 18 Puranas (epics), the Mahabharata and the Brahma Sutras.

Der Weise, der das eine Veda in vier Teile aufteilte. Er stellte auch die 18 Puranen zusammen (Epen), die Mahabharata und die Brahma Sutras.

Yaga: Komplizierter, langer vedischer Opferritus.

Yajna: Darbringung

Yama and niyama: Die Gebote und Verbote auf dem Yogapfad.

Yashoda: Krishnas Pflegemutter.

Yoga: "Zur Vereinigung." Eine Anzahl von Methoden, durch die die Einheit mit dem Göttlichen erreicht werden kann. Weg zur Selbstverwirklichung.

Yogi: Jemand, der Yoga praktiziert oder eins ist mit dem höchsten Sein.